Le complexe d'Atlantis

Eoin Colfer

Le complexe d'Atlantis

Artemis Fowl / 7

Traduit de l'anglais
par Jean-François Ménard

Gallimard Jeunesse

ARTEMIS FOWL

1. ARTEMIS FOWL
2. MISSION POLAIRE
3. CODE ÉTERNITÉ
4. OPÉRATION OPALE
5. COLONIE PERDUE
6. LE PARADOXE DU TEMPS
7. LE COMPLEXE D'ATLANTIS

LE DOSSIER ARTEMIS FOWL

ARTEMIS FOWL — LA BANDE DESSINÉE

Illustration de couverture : Kev Walker

Titre original : *Artemis Fowl and the Atlantis Complex*
Édition originale publiée par The Penguin Group, 2010

Pour Ciarán, qui entendra
de nombreuses histoires de rugby

ARTEMIS FOWL : MALFAISANT JUSQU'À PRÉSENT

Il était une fois un jeune Irlandais qui avait soif d'apprendre tout ce qu'il est possible de savoir. Il se mit donc à lire livre sur livre jusqu'à ce que son cerveau déborde d'astronomie, de mathématiques, de physique quantique, de poésie romantique, de science médico-légale et d'anthropologie, parmi une centaine d'autres sujets. Mais son livre préféré était un mince volume qu'il n'avait jamais lu par lui-même. C'était un vieil album que son père choisissait souvent de lui lire pour l'aider à s'endormir. Il avait pour titre *La Cruche d'or* et racontait l'histoire d'un petit malin avide de richesses qui capturait un farfadet en s'efforçant vainement de lui voler son or.

Lorsque son père avait fini de lire le dernier mot de la dernière page, c'est-à-dire « Fin », il refermait la couverture de cuir patiné, adressait un sourire à son fils et lui disait :

– L'idée de ce garçon n'était pas mauvaise. En s'organisant un peu mieux, il aurait pu réussir son coup.

Ce qui était une opinion inhabituelle dans la bouche d'un père. Un père *responsable*, en tout cas. Mais ce père-là ne faisait pas partie des parents conventionnels – car il s'agissait d'Artemis Fowl senior, le dirigeant d'un des plus grands empires criminels du monde. Son fils n'était pas plus conventionnel que lui. Il s'appelait Artemis Fowl II et allait devenir à son tour un personnage tout aussi redoutable, à la fois dans le monde des hommes et dans celui des fées, loin sous la terre.

« En s'organisant un peu mieux. » Artemis junior y pensait souvent lorsque son père l'embrassait sur le front. « Il suffisait de s'organiser un peu mieux. »

Il sombrait ensuite dans un sommeil peuplé de rêves dorés.

En grandissant, le jeune Artemis se rappela souvent *La Cruche d'or*. Il se livra même à quelques recherches pendant ses heures de classe et fut surpris de découvrir des preuves nombreuses et crédibles de l'existence du Peuple des fées. Ces heures d'étude et les projets qu'il avait en tête ne constituaient pour le jeune homme qu'une aimable distraction, jusqu'au jour où son père disparut dans l'Arctique, à la suite d'un malentendu avec la Mafiya russe. L'empire des Fowl s'effondra très vite, des créanciers surgissant des décombres tandis que les débiteurs s'y cachaient soigneusement.

« C'est à moi qu'il appartient de reconstruire notre fortune et de retrouver mon père », se dit alors Artemis.

Il épousseta son dossier consacré aux farfadets et décida de capturer une fée qu'il ne rendrait à son peuple qu'en échange d'une bonne quantité d'or.

« Seul un génie juvénile pourrait mener à bien ce projet, conclut Artemis avec raison. Quelqu'un qui ait un âge suffisant pour comprendre les principes du commerce, tout en étant assez jeune pour croire à la magie. »

Avec l'aide de Butler, son garde du corps aux multiples talents, Artemis, à l'âge de douze ans, parvint à capturer un farfadet et à le retenir prisonnier dans la cave aux murs renforcés du manoir des Fowl. En fait, il ne s'agissait pas d'*un* farfadet mais d'*une* elfe. Remarquablement humanoïde, par surcroît. Ce qu'Artemis avait tout d'abord envisagé comme la séquestration temporaire d'une créature inférieure s'apparentait à l'enlèvement d'une jeune fille, une situation moralement inconfortable.

Il y eut également d'autres complications : ces farfadets n'avaient rien de commun avec les aimables petites fées des livres pour enfants. C'étaient des personnages au caractère bien trempé, équipés d'un matériel de haute technologie et membres d'une unité d'élite de leur police : les Forces Armées de Régulation – Fées Aériennes de Détection, connues sous l'acronyme de FARfadet. Et Artemis avait enlevé Holly Short, le premier capitaine féminin dans l'histoire de cette unité. Un acte qui ne lui avait pas attiré l'affection des créatures féeriques solidement armées du monde souterrain.

Mais en dépit des embarras de sa conscience et des tentatives des FAR pour contrecarrer son plan, Artemis avait réussi à se faire livrer l'or mal acquis en échange de la libération de l'elfe.

Alors ? Tout est bien qui finit bien ?

Pas vraiment.

À peine la planète Terre s'était-elle remise du premier affrontement hommes-fées depuis des décennies que les FAR découvraient un trafic destiné à fournir aux gobelins des piles permettant d'alimenter leurs Néflask à laser. Suspect numéro un : Artemis Fowl. Holly Short emmena de force le jeune Irlandais à Haven-Ville pour l'interroger mais, à son grand étonnement, elle s'aperçut qu'Artemis Fowl pouvait être innocent de quelque chose. Tous deux conclurent alors un marché délicat : Artemis acceptait de traquer le fournisseur des gobelins à condition que Holly l'aide à arracher son père au gang russe qui le retenait prisonnier. En s'acquittant de leurs missions respectives, ils développèrent l'un pour l'autre un sentiment de respect et de confiance, soutenu par l'humour incisif qu'ils avaient en commun.

Tout au moins était-ce le cas jusqu'à une date récente. Ces temps derniers, la situation a changé. D'une certaine manière, l'intelligence d'Artemis est toujours aussi pénétrante, mais une ombre plane sur son esprit.

Il fut un temps où Artemis voyait des choses que nul autre ne pouvait percevoir mais, à présent, il voit des choses qui n'existent pas…

CHAPITRE PREMIER

DE LA FRAÎCHEUR DANS L'AIR

LE VATNAJÖKULL, ISLANDE

Le Vatnajökull est le plus grand glacier d'Europe. Sa surface nue, d'un blanc bleuté, s'étend sur plus de huit mille kilomètres carrés. Il offre un paysage en grande partie désolé et inhabité et, pour des raisons scientifiques, c'était le lieu idéal où Artemis Fowl pouvait expliquer au Peuple des fées comment il comptait s'y prendre exactement pour sauver le monde. En plus, un décor un peu spectaculaire ne saurait nuire à une telle présentation.

L'un des rares endroits du Vatnajökull où l'on peut observer une présence humaine est *Le Grand Labbe*, un restaurant situé sur les rives du lagon. Du mois de mai au mois d'août, on y propose des repas aux groupes de touristes amateurs de paysages glaciaires. Artemis s'était arrangé pour rencontrer le propriétaire de l'établissement *fermé pour la saison*, à l'aube du 1er septembre. Le jour de son quinzième anniversaire.

Artemis conduisit sa motoneige de location le long de la côte, où la surface onduleuse du glacier descendait en pente douce vers une étendue d'eau noire, parsemée de plaques de glace qui dessinaient des motifs extravagants. Le vent rugissait à ses oreilles, telle la foule surexcitée d'un stade, projetant une neige fondue qui lui cinglait le nez et la bouche comme des pointes de flèche. Le paysage était vaste et inhospitalier et Artemis savait qu'être blessé, tout seul dans cette toundra, entraînerait une mort rapide et douloureuse – ou à tout le moins l'infâme humiliation de se retrouver sous les flashes des tout derniers touristes de la saison, ce qui était un peu moins douloureux qu'une mort cruelle mais durait plus longtemps.

Le propriétaire du *Grand Labbe* était un Islandais massif qui pouvait se vanter de posséder à la fois une moustache de morse dont l'envergure atteignait celle d'un cormoran de bonne taille, et le nom improbable d'Adam Adamsson. Debout à l'entrée de son établissement, il faisait craquer ses doigts et tapait des pieds au rythme de la musique qu'il avait dans la tête, trouvant également le temps de pouffer de rire au spectacle de la trajectoire excentrique suivie par Artemis sur la rive glacée du lagon.

– Bravo ! Belle démonstration ! s'exclama Adamsson lorsque Artemis parvint enfin à arrêter la motoneige en la jetant contre la terrasse du restaurant. Nom d'un phoque, *harður maður*, je n'avais pas ri autant depuis que mon chien a essayé de dévorer son reflet.

Artemis eut un sombre sourire, conscient que le res-

taurateur se moquait de ses talents de pilote ou plutôt de leur totale absence.

– Humph, grogna-t-il.

Il descendit de son Ski-Doo avec la raideur d'un cowboy dont le cheval serait mort et qui aurait été obligé de conduire son troupeau pendant trois jours en montant la plus grosse de ses vaches.

Le vieil homme gloussa.

– Maintenant, vous grognez comme mon chien.

Il n'était pas dans les habitudes d'Artemis Fowl de faire des entrées dépourvues de dignité mais sans Butler, son garde du corps, à portée de main, il n'avait pu compter que sur lui-même. Or, en matière de conduite, ses aptitudes étaient notoirement insuffisantes. À l'école Saint-Bartleby, un jeune comique de six ans, héritier d'une fortune hôtelière, avait donné à Artemis le surnom de *Fowl au Pied gauche*, comme s'il avait eu deux pieds gauches avec lesquels il était incapable de taper dans un ballon de football. Artemis avait toléré ses moqueries pendant environ une semaine puis il avait racheté la chaîne d'hôtels du jeune héritier. Ce qui avait brusquement étouffé ses quolibets.

– Tout est prêt, j'imagine ? demanda Artemis en pliant ses doigts dans ses gants chauffants.

Il remarqua que l'une de ses mains était désagréablement chaude. Le thermostat avait dû prendre un coup quand il avait heurté et cassé net un obélisque de glace le long de la côte. Il arracha d'un coup de dents le fil d'alimentation électrique. Il ne courait aucun risque d'hypothermie, la température de l'automne se maintenant juste au-dessous de zéro.

– Bonjour à vous aussi, dit Adamsson. Je suis content de vous rencontrer enfin face à face, sinon les yeux dans les yeux.

Artemis ne saisit pas la perche qu'Adamsson lui tendait dans le genre «soyons donc amis». En ce moment, il n'y avait pas de place dans sa vie pour un ami de plus en qui il n'aurait eu aucune confiance.

– Je n'ai pas l'intention de vous demander la main de votre fille, monsieur Adamsson. Ne vous croyez donc pas obligé de faire des efforts pour briser la glace, nous pouvons nous en dispenser. Tout est prêt ?

Adam Adamsson ravala tous les «brise-glace» qu'il avait préparés et se contenta de hocher la tête une demi-douzaine de fois.

– Tout est prêt, dit-il. Votre caisse se trouve derrière. J'ai fait livrer du *Blue Lagoon Spa* un buffet végétarien et des repas à emporter. Quelques chaises ont été installées, comme vous me l'aviez sèchement demandé dans votre bref e-mail. Mais aucun de vos invités ne s'est encore montré. Il n'y a que vous – après tout le mal que je me suis donné.

Artemis prit sur le porte-bagages du Ski-Doo une mallette en aluminium.

– Ne vous inquiétez pas pour cela, monsieur Adamsson. Pourquoi n'iriez-vous pas à Reykjavik dépenser un peu de la somme prohibitive que vous m'avez soutirée pour utiliser pendant deux heures votre restaurant de troisième catégorie ? Vous trouverez peut-être une souche d'arbre esseulée disposée à écouter le récit de vos malheurs ?

« Deux heures. Troisième catégorie. Deux plus trois égalent cinq. Très bien. »

Ce fut au tour d'Adamsson de grogner tandis que les pointes de sa moustache de morse frémissaient légèrement.

– Pas la peine d'être arrogant, jeune homme. Nous sommes des hommes tous les deux, n'est-ce pas ? Les hommes ont droit à un peu de respect.

– Vraiment ? Nous devrions demander aux baleines ce qu'elles en pensent ? Ou aux visons ?

Adamsson se renfrogna, son visage buriné se ridant comme un pruneau.

– D'accord, d'accord, j'ai compris le message. Inutile de me reprocher les crimes des hommes. Vous êtes tous pareils, vous autres les adolescents. On verra si votre génération fera mieux que nous pour la planète.

Artemis fit claquer exactement vingt fois la fermeture de sa mallette avant d'entrer à grands pas dans le restaurant.

– Croyez-moi, nous autres les adolescents ne sommes pas tous pareils, dit-il en passant devant Adamsson. Et personnellement, j'ai l'intention de faire beaucoup mieux.

La salle du restaurant comportait plus d'une douzaine de tables sur lesquelles les chaises avaient été rangées les pieds en l'air. Seule l'une des tables était dressée. Sur une nappe blanche, devant chacune des cinq places, étaient posées une bouteille d'eau du glacier et une boîte contenant des aliments en provenance du spa.

« Cinq, pensa Artemis. Un bon chiffre. Solide. Prévisible. Quatre fois cinq font vingt. »

Artemis avait récemment décidé que le cinq était son chiffre. Chaque fois qu'il y avait un cinq quelque part, il lui arrivait de bonnes choses. L'être rationnel qui était en lui savait que c'était ridicule, mais il ne pouvait ignorer que les grandes tragédies de sa vie s'étaient produites au cours d'années non divisibles par cinq : son père avait été enlevé et mutilé et son vieil ami Julius Root, commandant des FAR, assassiné par l'infâme félutine Opale Koboï dans des années qui ne comptaient aucun cinq. Il mesurait un mètre soixante-cinq et pesait cinquante-cinq kilos. S'il touchait quelque chose cinq fois ou un nombre de fois multiple de cinq, il pouvait compter sur cette chose. Une porte restait fermée, par exemple, ou un porte-bonheur protégeait cette porte, comme il était censé le faire.

Aujourd'hui, les signes étaient favorables. Il avait quinze ans. Trois fois cinq. Et sa chambre d'hôtel de Reykjavik portait le numéro quarante-cinq. Même l'immatriculation du Ski-Doo qui, jusqu'à présent, l'avait transporté sans dommage était un multiple de cinq. En plus, le moteur de l'engin avait lui-même une cylindrée de cinquante centimètres cubes. Tout allait bien. Il n'attendait que quatre invités mais avec lui, ils seraient cinq. Donc, inutile de paniquer.

Une part de lui-même était horrifiée par cette nouvelle superstition des chiffres.

« Reprends-toi. Tu es un Fowl. Nous n'avons pas coutume de nous en remettre à la chance. Laisse tomber ces obsessions et ces compulsions ridicules. »

Artemis fit à nouveau claquer la fermeture de sa mallette pour apaiser les dieux des nombres – vingt fois, quatre fois cinq – et il sentit son rythme cardiaque ralentir.

« J'abandonnerai cette habitude demain, lorsque j'aurai fini ce travail. »

Il s'attarda devant le pupitre du maître d'hôtel jusqu'à ce qu'Adamsson et son tracteur à chenilles aient disparu derrière une éminence de neige qui aurait pu passer pour le dos d'une baleine. Il attendit encore une minute que le grondement du véhicule se soit éloigné, ne laissant plus entendre que quelques pétarades semblables à la toux d'un vieux fumeur.

« Bien. Le moment est venu de passer aux choses sérieuses. »

Artemis descendit les cinq marches de bois qui menaient à la principale salle de restaurant (« excellent, bon présage »), se faufilant entre des colonnes auxquelles étaient accrochées des répliques du masque ancien découvert à Storaborg. Il arriva enfin devant la table dressée. Les chaises étaient tournées vers lui et un léger frémissement, telle une brume de chaleur, scintillait au-dessus de la table.

– Bonjour, mes amis, dit Artemis en gnomique, se forçant à prononcer ces quelques mots du langage des fées d'un ton confiant, presque jovial. C'est aujourd'hui que nous allons sauver le monde.

La brume de chaleur se fit plus électrique, accompagnée de craquements semblables aux interférences d'une lumière au néon. Des visages se dessinèrent en transparence, comme des fantômes échappés d'un rêve. Les visages se matérialisèrent, suivis de membres et de torses. De petites silhouettes apparurent, telles des silhouettes d'enfants. Mais il ne s'agissait pas d'enfants. C'étaient des représentants du Peuple des fées avec, parmi eux, sans doute les seuls amis que comptait Artemis.

– Sauver le monde? s'exclama le capitaine Holly Short, des FARfadet. Toujours ce bon vieil Artemis Fowl, mais croyez bien que je dis ça par ironie car vouloir *sauver le monde* ne vous va pas du tout.

Artemis savait qu'il aurait dû sourire mais il en était incapable. Il s'efforça plutôt de trouver quelque chose à critiquer, ce qui paraissait plus conforme à son caractère.

– Vous auriez besoin d'un nouvel amplificateur de bouclier, Foaly, dit-il à un centaure assis en équilibre inconfortable sur une chaise conçue pour des humains. Je voyais votre scintillement depuis l'entrée. Vous vous prétendez expert en technologie? Il a quel âge, votre appareil?

Foaly donna un coup de sabot sur le plancher, un tic qui trahissait son agacement et l'empêchait toujours de gagner aux cartes.

– Moi aussi, je suis content de vous revoir, Bonhomme de Boue.

– Alors, quel âge?

– Je ne sais pas. Quatre ans, peut-être.

– Quatre. Vous voyez bien. À quoi ça rime, ce genre de chiffre?

Foaly fit la moue.

– Ce *genre* de chiffre ? Vous établissez des catégories, à présent ? Cet amplificateur peut encore servir une bonne centaine d'années. Il aurait peut-être besoin d'un petit réglage, c'est tout.

Holly se leva et s'avança d'un pas léger vers le bout de la table.

– Faut-il vraiment que vous vous lanciez tout de suite dans vos sarcasmes, tous les deux ? Vous ne trouvez pas que ça devient un peu lassant au bout de tant d'années ? On dirait deux chiens des rues qui marquent leur territoire.

Elle posa deux doigts fins sur le bras d'Artemis.

– Laissez tomber, Artemis, poursuivit-elle. Vous savez à quel point les centaures sont susceptibles.

Artemis n'arrivait pas à la regarder dans les yeux. Dans sa botte gauche, il remua vingt fois son gros orteil.

– Très bien, dit-il. Changeons de sujet.

– Ce serait gentil de votre part, dit la troisième fée assise à la table. Nous sommes venus de Russie pour cette réunion, Fowl. Alors, si nous pouvions aborder le sujet dont nous devons débattre…

De toute évidence, le commandant Raine Vinyaya n'aimait pas se trouver si loin de son cher centre de police. Elle avait pris la tête des FARfadet quelques années plus tôt et mettait un point d'honneur à suivre de très près chaque mission en cours.

– J'ai des opérations qui m'attendent, Artemis. Il y a des émeutes de félutins qui exigent la libération d'Opale

Koboï et nous avons une nouvelle prolifération de crapauds jureurs. Ayez donc l'amabilité d'en venir au fait.

Artemis approuva d'un signe de tête. Vinyaya adoptait à son égard une attitude ouvertement antagoniste et il pouvait compter sur la sincérité de ses sentiments. À moins bien sûr qu'elle ne cherche à bluffer et qu'elle soit en secret l'une de ses fans. Ou alors peut-être s'agissait-il d'un double bluff, ce qui signifiait qu'elle lui était vraiment hostile.

« Tout cela paraît dément, pensa Artemis. Même à mes propres yeux. »

Bien qu'elle mesurât à peine un mètre, le commandant Vinyaya avait une présence impressionnante et Artemis n'aurait jamais songé à la sous-estimer. Elle avait beau être âgée de près de quatre cents ans dans le monde des fées, elle paraissait tout juste d'âge mûr et son apparence était frappante à tout point de vue : mince, le teint cireux, elle avait les pupilles félines et très réactives qu'on observe parfois dans les yeux des elfes, mais ce n'était pas cette rareté qui constituait sa particularité physique la plus remarquable. Raine Vinyaya était dotée d'une crinière de cheveux argentés qui accrochait le moindre rayon de lumière et le répandait sur ses épaules en longues ondulations.

Artemis s'éclaircit la gorge et chassa les chiffres de ses pensées pour se concentrer sur son projet ou plutôt, comme il se plaisait à le nommer lui-même, LE PROJET. Finalement, tout bien considéré, c'était le seul plan qui comptait.

Holly lui donna un petit coup de poing sur l'épaule.

– Vous me paraissez bien pâle. Encore plus pâle que d'habitude. Vous vous sentez bien, pour votre anniversaire ?

Artemis réussit enfin à la regarder dans les yeux. L'un couleur noisette, l'autre bleu, ils étaient surmontés d'un large front et d'une frange de cheveux auburn que Holly avait laissée pousser pour agrémenter son habituelle coupe en brosse.

– Quinze ans aujourd'hui, marmonna Artemis. Trois fois cinq. C'est une bonne chose.

Holly cligna des yeux.

« Artemis Fowl qui marmonne ? Et ne dit rien sur sa nouvelle coiffure – d'habitude, il remarquait immédiatement les changements physiques. »

– Je... oui, sûrement... bredouilla-t-elle. Où est Butler ? Il inspecte le périmètre ?

– Non. Je l'ai envoyé ailleurs. Juliet a besoin de lui.

– Rien de grave ?

– Pas grave mais nécessaire. Des affaires de famille. Il vous fait confiance pour veiller sur moi.

Holly serra les lèvres comme si elle venait de goûter quelque chose d'amer.

– Il compte sur quelqu'un d'autre pour veiller sur son principal ? Vous êtes certain que c'est de Butler que nous parlons ?

– Bien sûr. D'ailleurs, il vaut mieux qu'il ne soit pas là. Chaque fois que quelque chose cloche dans mes plans, il n'est pas loin. Il est impératif, *vital*, que cette réunion ait lieu et qu'elle se passe bien.

La mâchoire de Holly tomba littéralement sous l'effet de la stupéfaction. C'était presque comique à voir. Si elle comprenait bien Artemis, il reprochait à Butler d'avoir fait rater certains de ses anciens projets. Butler ? Son allié le plus loyal.

– Bonne idée. Dans ce cas, allons-y. Il est temps que nous fassions avancer les choses, tous les quatre.

C'était Foaly qui avait parlé. Il avait prononcé le chiffre redouté sans penser aux conséquences.

« Quatre. Très mauvais chiffre. Le pire de tous. Les Chinois détestent le chiffre quatre car, dans leur langue, il se prononce comme le mot qui signifie la mort. »

Le fait qu'ils soient quatre dans la salle était peut-être pire encore que de prononcer le chiffre. Apparemment, le commandant Baroud Kelp n'avait pas pu venir. En dépit de l'antipathie bien connue qu'ils éprouvaient l'un pour l'autre, Artemis aurait voulu qu'il soit là.

– Où est le commandant Kelp, Holly ? Je croyais qu'il devait être avec nous aujourd'hui. Sa protection ne serait pas superflue.

Holly était debout devant la table, raide comme un piquet dans sa combinaison bleue, ses glands d'or étincelant sur sa poitrine.

– Baroud… le commandant Kelp a suffisamment à faire au centre de police, mais ne vous inquiétez pas. Il y a tout un commando tactique des FAR au-dessus de nos têtes, à bord d'une navette invisible. Même un renard des neiges ne pourrait entrer ici sans se faire roussir la queue.

Artemis se débarrassa de sa polaire et de ses gants.

– Merci, capitaine, votre sens de l'organisation m'encourage. À titre indicatif, combien y a-t-il de fées dans un détachement de cette sorte ? Très précisément ?

– Quatorze, répondit Holly, haussant un sourcil en accent circonflexe.

– Quatorze. Hmmm... Ce n'est pas très... commença Artemis.

Puis il eut une illumination.

– Il y a aussi un pilote, j'imagine ?

– Quatorze, pilote compris. C'est suffisant pour affronter n'importe quelle troupe d'humains.

Pendant un instant, il sembla qu'Artemis Fowl allait tourner les talons et fuir la réunion dont il avait lui-même demandé la tenue. Un tendon se contracta dans son cou et son index tapota le dossier de la chaise en bois. Puis Artemis déglutit et hocha la tête avec une nervosité qui s'échappa brièvement de lui, à la manière d'un canari essayant de s'arracher de la gueule d'un chat avant de se faire avaler.

– Très bien. Il faudra se contenter de quatorze. Holly, asseyez-vous, s'il vous plaît. Permettez-moi de vous présenter le projet.

Holly recula lentement, scrutant le visage d'Artemis pour y déceler l'insolence généralement perceptible dans ses traits narquois. Mais elle ne vit rien.

« Quel que soit ce projet, pensa-t-elle, c'est du sérieux. »

Artemis posa sa mallette sur la table, l'ouvrit d'un coup sec et souleva le couvercle dans lequel un écran était encastré. Pendant un instant, sa passion des gadgets remonta à la surface et il parvint même à lancer à

Foaly un pâle sourire qui étira ses lèvres d'à peine un centimètre.

– Regardez, vous allez beaucoup aimer cette petite boîte.

Foaly ricana.

– Ciel ! Est-ce que… Pourrait-il s'agir… d'un ordinateur portable ? Votre brillant esprit nous fait honte, Arty.

Les sarcasmes du centaure suscitèrent quelques grognements chez les autres.

– Eh bien, quoi ? protesta-t-il. C'est un ordinateur. Même les humains ne peuvent espérer impressionner qui que ce soit avec un ordinateur portable.

– Si je connais bien Artemis, dit Holly, il va se passer quelque chose d'impressionnant. Je me trompe ?

– Vous allez juger par vous-même, répondit Artemis en appuyant le pouce contre un scanner intégré dans la mallette.

Le scanner émit une lueur tremblotante tandis qu'il analysait le pouce qu'on lui soumettait, puis il décida de l'accepter en produisant une lumière verte. Pendant une seconde ou deux, rien ne se produisit. Enfin, un moteur se mit à ronronner comme si un chat satisfait s'étirait à l'intérieur de la mallette.

– Un moteur, dit Foaly. Vous parlez d'un prodige.

Les coins renforcés du couvercle se détachèrent soudain, projetés au-dessus de la mallette par un petit jet de liquide propulseur et allèrent se coller avec des ventouses contre le plafond. En même temps, l'écran se déplia sur plus d'un mètre carré, avec des enceintes de chaque côté.

– Eh bien, voilà un grand écran, maintenant, commenta Foaly. Histoire d'amuser la galerie. Il ne manque plus que des gants virtuels.

Artemis appuya sur un autre bouton de la mallette et les coins de métal collés au plafond – qui étaient en fait des projecteurs – envoyèrent un flot de données numériques vers le centre de la salle où elles se combinèrent pour former l'image en trois dimensions de la planète Terre tournant sur elle-même. L'écran afficha le logo de la société Fowl Industries, entouré de nombreux fichiers.

– C'est une mallette holographique, dit Foaly, qui prenait plaisir à rester de marbre. Nous en avons depuis des années.

– La mallette n'est pas holographique, elle est tout ce qu'il y a de plus réel, corrigea Artemis. Les images que vous allez voir, en revanche, sont holographiques. J'ai apporté quelques améliorations au système des FAR. La mallette est synchronisée avec divers satellites dont les ordinateurs peuvent créer des images en temps réel d'objets qui ne se trouvent pas dans le champ de ses capteurs.

– J'ai le même à la maison, marmonna le centaure. Pour la console de jeu de mon fils.

– Et le système est doté d'une intelligence interactive qui me permet de construire ou de modifier des modèles avec de simples mouvements de la main grâce à des gants virtuels, poursuivit Artemis.

Foaly se renfrogna.

– D'accord, Bonhomme de Boue. C'est bien, admit-il,

mais il ne put s'empêcher d'ajouter en post-scriptum : Pour un humain.

Les pupilles de Vinyaya se contractèrent à la lumière des projecteurs.

– Tout cela est bien gentil, Fowl, dit-elle, mais nous ne savons toujours pas pourquoi nous sommes ici.

Artemis s'avança à l'intérieur de l'hologramme et glissa les mains dans deux gants virtuels qui flottaient au-dessus de l'Australie. Les gants étaient légèrement transparents, avec d'épais doigts tubulaires et un enrobage rudimentaire qui avait l'apparence du polystyrène. Cette fois encore, le scanner de la mallette tremblota pensivement avant d'accepter les mains d'Artemis. Les gants émirent un faible bip et se contractèrent pour former une seconde peau autour des doigts d'Artemis, chaque jointure soulignée par un marqueur numérique.

– La Terre... commença-t-il, résistant à l'envie d'ouvrir son dossier de notes pour compter les mots.

Il connaissait ce discours par cœur.

– La Terre est notre maison. Elle nous nourrit, elle nous abrite. Sa gravité nous permet de ne pas nous envoler dans l'espace où nous serions gelés avant de fondre à nouveau pour être calcinés par le soleil. Ce qui n'aurait aucune importance puisque nous aurions été asphyxiés depuis longtemps.

Artemis marqua une pause, attendant les rires et il fut surpris qu'il n'y en ait aucun.

– C'était une petite plaisanterie, reprit-il. J'ai lu dans un manuel sur les techniques de présentation qu'une plaisanterie pouvait souvent briser la glace. Et en fait j'ai introduit l'image de la glace fondue dans la plaisanterie afin qu'il y ait un second degré dans mon humour.

– C'était une plaisanterie ? demanda Vinyaya. J'ai envoyé des officiers en cour martiale pour moins que ça.

– Si j'avais un fruit pourri sous la main, je vous le lancerais, ajouta Foaly. Pourquoi ne pas vous contenter de parler science en laissant les plaisanteries à ceux qui savent les faire ?

Artemis fronça les sourcils, très mécontent d'avoir improvisé car maintenant, il ne savait plus combien il y avait de mots dans son exposé. S'il finissait sur un multiple de quatre qui ne soit pas aussi un multiple de cinq, les conséquences pouvaient être très fâcheuses. Peut-être devait-il tout reprendre au début ? Mais ce serait une tricherie et les dieux des nombres ajouteraient simplement les mots des deux discours, ce qui ne l'avancerait à rien.

« Compliqué. C'est tellement difficile de compter, même pour moi. »

Mais il allait continuer parce qu'il était impératif que LE PROJET soit exposé maintenant, aujourd'hui, de telle sorte que LE PRODUIT puisse immédiatement entrer en fabrication. Artemis garda donc ses incertitudes dans le secret de son cœur et se lança avec brio dans sa présentation, s'arrêtant à peine pour reprendre son souffle, de peur que son courage l'abandonne.

– L'homme constitue la plus grande menace pour la Terre. Nous vidons la planète de tous ses combustibles fossiles et ensuite, nous les utilisons contre elle en provoquant le réchauffement climatique.

Artemis pointa un doigt virtuel vers l'écran agrandi et ouvrit plusieurs fichiers vidéo, chacun d'eux venant illustrer un de ses arguments.

– Les glaciers du monde perdent jusqu'à deux mètres d'épaisseur par an, ce qui représente plus d'un million de kilomètres carrés pour le seul océan Arctique au cours de ces trente dernières années.

Derrière lui, les vidéos montraient certaines conséquences du réchauffement climatique.

– Il faut sauver le monde, poursuivit Artemis. Et j'ai finalement pris conscience que c'était à moi qu'il appartenait de le sauver. Voilà pourquoi je suis un génie. C'est là ma raison d'être.

Vinyaya tapota la table de son index.

– Il y a à Haven un lobby, assez largement soutenu, qui recommande qu'on laisse le réchauffement climatique poursuivre son cours. Les humains provoqueront leur propre disparition et nous pourrons alors reprendre la planète.

Artemis avait prévu cette objection.

– C'est un argument évident, commandant, mais les humains ne sont pas seuls en cause, n'est-ce pas ?

Il ouvrit d'autres vidéos et les fées virent des ours polaires décharnés, échoués sur des morceaux de glace à la dérive, des élans du Michigan dévorés vivants par les populations de tiques de plus en plus nombreuses et des récifs de corail décolorés, privés de toute vie.

– Tout ce qui vit sur la planète ou dans ses profondeurs se trouve menacé.

Foaly se montra très agacé par cet exposé.

– Vous croyez que nous n'avons jamais pensé à ça, Bonhomme de Boue ? Vous pensez que ces questions-là ne sont jamais venues à l'esprit des chercheurs de Haven ou de l'Atlantide ? Pour être franc, je trouve votre discours très condescendant.

Artemis haussa les épaules.

– Vos sentiments n'ont aucune importance. Les miens non plus, d'ailleurs. La Terre doit être sauvée.

Holly se redressa sur sa chaise.

– Ne me dites pas que vous avez trouvé la solution.

– Je crois que si.

Foaly ricana.

– Vraiment ? Laissez-moi deviner. Envelopper les icebergs, peut-être ? Ou lancer des lentilles réfléchissantes dans l'atmosphère ? Pourquoi pas une couche nuageuse sur mesure ? Je chauffe ?

– Nous chauffons tous, répliqua Artemis. C'est bien cela le problème.

Il saisit d'une main l'hologramme qui représentait la Terre et le fit tourner comme un ballon de basket.

– Toutes ces solutions pourraient marcher, avec quelques modifications. Mais elles exigent une trop grande coopération entre les États et, comme nous le savons, les gouvernements humains n'aiment pas partager leurs jouets. Les choses changeront peut-être dans cinquante ans mais à ce moment-là, il sera trop tard.

Le commandant Vinyaya s'était toujours enorgueillie de sa capacité à juger d'une situation et, en cet instant, elle sentait son instinct bourdonner à ses oreilles comme le rugissement des vagues au bord du Pacifique.

Ce moment était historique. L'air lui-même semblait chargé d'électricité.

– Poursuivez, humain, dit-elle à voix basse, ses paroles portées par un air d'autorité. Expliquez-nous.

À l'aide de ses gants virtuels, Artemis isola les régions glacées de la Terre et rassembla cette masse sous la forme d'un carré.

– Recouvrir les glaciers est une excellente idée mais, même si leur topographie était aussi simple que ce carré plat, il faudrait faire travailler plusieurs armées pendant un demi-siècle pour mener à bien cette tâche.

– Ce n'est pas sûr, dit Foaly. Les bûcherons humains semblent détruire les forêts tropicales beaucoup plus vite que ça.

– Ceux qui agissent en marge de la loi sont plus rapides que ceux qui s'y conforment, reprit Artemis. C'est là que j'interviens.

Foaly croisa ses jambes antérieures, ce qui n'est pas très facile pour un centaure assis sur une chaise.

– Racontez-nous, je suis tout ouïe.

– C'est ce que je vais faire, répondit Artemis. Et je vous serais reconnaissant de bien vouloir m'épargner vos habituelles expressions d'horreur et d'incrédulité jusqu'à ce que j'aie terminé. Vos exclamations de stupeur chaque fois que j'avance une idée sont très lassantes et m'empêchent de compter les mots.

– Par tous les dieux ! s'exclama Foaly. Incroyable.

Raine Vinyaya lança au centaure un regard menaçant.

– Cessez de vous conduire comme un troll, Foaly.

J'ai fait un long voyage pour venir jusqu'ici et j'ai les oreilles glacées.

– Faut-il que je paralyse un centre nerveux du centaure pour le faire taire ? demanda Holly en souriant à peine. J'ai étudié les techniques de neutralisation des centaures autant que des humains, au cas où nous en aurions besoin. Je pourrais mettre tout le monde hors d'état de nuire autour de cette table en utilisant simplement un doigt ou un crayon bien dur.

Foaly était sûr à quatre-vingts pour cent que Holly bluffait mais il recouvrit quand même de ses mains les ganglions situés au-dessus de ses oreilles.

– Très bien, je me tairai.

– Parfait. Allez-y, Artemis.

– Merci. Mais gardez votre crayon dur à portée de main, capitaine Short. J'ai la forte impression qu'il pourrait bien y avoir de l'incrédulité dans l'air.

Holly tapota sa poche et cligna de l'œil.

– 2B graphite à mine résistante, rien de mieux pour provoquer rapidement la rupture d'un organe.

Holly plaisantait mais elle n'avait pas le cœur à cela. Artemis sentait que ses interventions ne servaient qu'à dissimuler les angoisses qu'elle éprouvait. Il se frotta le front de l'index et du pouce, d'un geste qui lui permit de jeter à la dérobée un coup d'œil vers son amie. Le front de Holly était contracté et ses yeux plissés par l'inquiétude.

« Elle sait », comprit Artemis, mais il n'aurait pu dire ce que Holly savait exactement. « Elle sait que quelque chose a changé, que les nombres pairs me sont devenus hostiles. Deux fois deux font quatre fées qui attirent la malchance sur mes plans. »

Artemis repensa à cette dernière phrase et, pendant un instant, la folie qu'elle révélait lui apparut clairement. Il ressentit alors un accès de panique, comme si un gros serpent glacé s'était lové dans son ventre.

« Aurais-je une tumeur au cerveau ? se demanda-t-il. Cela expliquerait les obsessions, les hallucinations, la paranoïa. Ou bien s'agit-il d'un trouble obsessionnel compulsif ? Le grand Artemis Fowl terrassé par une maladie très commune. »

Artemis s'accorda un moment pour essayer une vieille méthode d'hypnothérapie.

« Imagine-toi dans un endroit agréable. Quelque part où tu serais heureux et en sécurité. »

Heureux et en sécurité ? Il y avait bien longtemps que cela ne lui était pas arrivé.

Artemis laissa son esprit vagabonder et se retrouva assis sur un petit tabouret dans l'atelier de son grand-père. Un grand-père qui paraissait plus sournois que dans ses souvenirs. Il adressa un clin d'œil à son petit-fils de cinq ans et lui dit : « Tu sais combien ce tabouret a de pieds, Arty ? Trois. Seulement trois et ce n'est pas un bon chiffre pour toi. Pas du tout. Trois est presque aussi mauvais que quatre et nous savons tous à quoi le quatre fait penser en chinois, n'est-ce pas ? »

Artemis frissonna. La maladie altérait même ses souvenirs. Il pressa le pouce et l'index de sa main gauche l'un contre l'autre jusqu'à ce que leur extrémité blanchisse. Un système qu'il avait trouvé pour reprendre son calme lorsque la panique des chiffres devenait trop intense. Mais ces derniers temps, le système marchait de moins en moins bien et même pas du tout dans le cas présent.

« Je perds contenance, pensa-t-il avec un désespoir silencieux. La maladie est en train de gagner. »

Foaly s'éclaircit la gorge, balayant la rêverie d'Artemis.

– *Hello ?* Bonhomme de Boue ? Des gens importants attendent, avançons un peu.

– Ça va, Artemis ? demanda Holly. Vous voulez qu'on fasse une pause ?

Artemis faillit éclater de rire.

« Une pause pendant un exposé ? Autant se mettre à côté de quelqu'un habillé d'un T-shirt portant l'inscription JE SUIS AVEC UN FOU. »

– Non, non, tout va très bien. C'est un grand projet, le plus grand qui soit. Je veux simplement être sûr que ma présentation soit parfaite.

Foaly se pencha en avant jusqu'à ce que sa chaise, déjà en équilibre instable, oscille dangereusement.

– Vous n'avez pas l'air bien du tout, Bonhomme de Boue. Vous paraissez...

Le centaure se mordit la lèvre, cherchant le terme exact.

– Harassé, acheva-t-il. Artemis, vous avez l'air harassé.

On n'aurait pas pu dire mieux.

Artemis se redressa.

– Foaly, je pense que vous n'interprétez pas convenablement les expressions humaines. Peut-être nos visages vous paraissent-ils trop courts. Je ne suis pas le moins du monde harassé. Je pèse chacun de mes mots.

– Vous devriez peut-être les peser plus vite, conseilla aimablement Holly. Nous sommes très exposés, ici.

Artemis ferma les yeux en se concentrant.

Vinyaya tapotait la table du bout des doigts.

– Ne traînons plus, humain. Je commence à me demander si vous ne nous avez pas entraînés dans un de ces plans maléfiques dont vous avez le secret.

– Non, cette proposition est authentique. Écoutez-moi, s'il vous plaît.

– J'essaye de vous écouter. J'ai fait un long voyage dans ce but précis mais vous vous contentez de nous faire du spectacle avec votre mallette.

Artemis leva la main à hauteur de son épaule, le mouvement qui activait ses gants virtuels, et donna une petite tape sur le glacier.

– Ce qu'il faut, c'est recouvrir une surface significative des glaciers de la planète avec un revêtement réfléchissant qui ralentisse la fonte. Ce revêtement devra être plus épais sur les côtés, là où la glace fond plus rapidement. Ce serait très bien aussi de boucher les dolines les plus importantes.

– Il y a beaucoup de choses qui pourraient être *très bien* dans un monde parfait, dit Foaly qui, cette fois encore, réduisait en miettes sa promesse de se taire. Vous ne croyez pas que vos congénères seraient un tantinet contrariés si des petites créatures surgissaient du sol dans des engins spatiaux et se mettaient à tapisser la grotte du père Noël avec un revêtement réfléchissant ?

– Ils… Nous… C'est vrai. Voilà pourquoi cette opération doit se faire en secret.

– Recouvrir les glaciers en secret ? Vous auriez dû le dire avant.

– Je viens de le dire et il me semblait que nous étions tombés d'accord pour que vous gardiez le silence. Ces tirades continuelles sont fatigantes.

Holly adressa un clin d'œil à Foaly en faisant tourner un crayon entre ses doigts.

– Le problème pour recouvrir les icebergs c'est de savoir comment étaler le revêtement, poursuivit Artemis. Il semble que le seul moyen d'y parvenir consisterait à le dérouler comme un tapis, soit à la main, soit à l'arrière d'autoneiges spécialement conçues pour la circonstance.

– Ce qui ne serait pas vraiment une opération clandestine, fit remarquer Foaly.

– Exactement. Mais s'il existait une autre façon de répandre un revêtement réfléchissant, une façon apparemment naturelle ?

– Travailler avec la nature ?

– Oui, Foaly, c'est cela. La nature est notre modèle. Il devrait toujours en être ainsi.

La température de la salle semblait monter à mesure qu'Artemis s'approchait de sa grande révélation.

– Des chercheurs humains se sont efforcés de produire des feuilles métalliques réfléchissantes suffisamment fines pour pouvoir les manipuler, mais assez solides pour résister à la force des éléments.

– Stupide.

– Erroné, centaure. Mais sûrement pas stupide. Vos propres dossiers…

– Pendant une brève période, j'ai envisagé l'idée des feuilles métalliques. Mais comment avez-vous eu accès à mes dossiers ?

Ce n'était pas une vraie question. Foaly s'était depuis longtemps résigné au fait qu'Artemis Fowl était au moins aussi habile que lui pour pirater les systèmes informatiques.

– L'idée de base est raisonnable. Fabriquer un polymère réfléchissant.

Foaly mordillait ses jointures.

– La nature. Vous avez parlé d'utiliser la nature.

– Quelle est la chose la plus naturelle, ici ? demanda Artemis, en les mettant sur la voie.

– La glace, répondit Holly. La glace et…

– La neige, murmura le centaure d'un ton presque révérencieux. Bien sûr. Nom de nom, pourquoi n'y ai-je pas… La neige, n'est-ce pas ?

Artemis leva son gant virtuel et une neige holographique tomba sur eux.

– La neige, dit-il au milieu d'un blizzard qui tourbillonnait autour de lui. Personne ne serait surpris de voir de la neige.

Foaly s'était levé.

– Grossissez, ordonna-t-il. Grossissez et accentuez l'image.

Artemis toucha un flocon holographique, l'immobilisant en l'air. En le pinçant à plusieurs reprises, il agrandit le faux flocon jusqu'à ce que son irrégularité apparaisse nettement. Il était irrégulièrement régulier, formant un cercle parfait.

– Une nanogalette de silicium, dit Foaly, oubliant pour une fois de ne pas montrer à quel point il était impressionné. Une authentique nanogalette. Intelligente ?

– Extrêmement, confirma Artemis. Assez intelligente pour savoir de quel côté tomber sur le sol et pour se configurer elle-même de façon à isoler la glace et réfléchir le soleil.

– Donc, on imprègne le système nuageux ?

– Exactement, jusqu'aux limites de sa capacité.

Dans un bruit de sabots, Foaly pénétra à l'intérieur de la tempête holographique.

– Ainsi, quand il y a précipitations, nous avons notre couverture.

– Par progression incrémentielle, il est vrai, mais c'est quand même efficace.

– Bonhomme de Boue, je vous tire mon chapeau.

Artemis sourit, redevenant lui-même pendant un instant.

– Eh bien, il était temps.

Vinyaya interrompit le festival des amoureux de la science.

– Voyons si j'ai bien tout compris, dit-elle. Vous envoyez ces galettes dans les nuages et ensuite elles retombent en même temps que la neige ?

– Précisément. Nous pourrions les répandre directement à la surface dans les cas les plus désespérés mais je pense que pour des raisons de sécurité il vaudrait mieux que les engins ensemenceurs volent au-dessus de la couverture nuageuse, protégés par leur bouclier d'invisibilité.

– Et vous pouvez faire ça ?

– Nous le pouvons. Le Conseil devra approuver l'envoi d'une flotte entière de navettes modifiées, sans parler d'une station de contrôle.

Holly pensa à quelque chose.

– Ces galettes ne ressemblent pas beaucoup à des flocons de neige. Tôt ou tard, un humain avec un microscope verra la différence.

– Excellente remarque, Holly. Je ne devrais peut-être pas vous assimiler au reste des FAR en ce qui concerne l'intellect.

– J'imagine que je dois vous remercier ?

– Lorsque les galettes auront été découvertes, ce qui est inévitable, je lancerai une campagne sur Internet en les présentant comme des résidus échappés d'une usine chimique russe. J'expliquerai également que, pour une fois, nos déchets sont bénéfiques à l'environnement et je mettrai sur pied un programme pour étendre leur usage.

– Y a-t-il un facteur polluant ? interrogea Vinyaya.

– Quasiment pas. Les galettes sont entièrement biodégradables.

Foaly était enthousiaste. Il trottinait à travers l'hologramme, examinant de près la galette agrandie.

– Apparemment, c'est très bien. Mais est-ce vraiment si bien que ça ? On ne peut pas attendre du Peuple qu'il augmente le budget actuel, déjà énorme, pour financer un tel projet sans avoir la preuve qu'il réussira. À nos yeux, c'est encore une de vos manigances.

Artemis ouvrit un fichier sur l'écran.

– Voici mon bilan financier. Je sais qu'on peut s'y fier car je l'ai trouvé sur votre serveur, Foaly.

Foaly ne se donna même pas la peine de rougir.

– Il a l'air exact, en effet.

– Je suis prêt à investir tout ce que je possède dans ce projet. Cela devrait permettre de maintenir cinq navettes en vol pendant deux ans. À l'arrivée, il y aura naturellement des profits à tirer, quand les galettes seront mises en production. Je devrais alors récupérer mon investissement, peut-être même faire un bénéfice respectable.

Foaly faillit s'étouffer. Artemis Fowl risquant son propre argent dans un projet. Incroyable.

– Bien entendu, je ne m'attends pas à ce que le Peuple prenne ce que je dis pour argent comptant. Après tout, je me suis montré dans le passé – Artemis s'éclaircit la gorge – peu communicatif en matière d'information.

Vinyaya eut un rire sans joie.

– Peu communicatif. Je crois que vous êtes très indulgent avec vous-même, pour quelqu'un qui a pratiqué le kidnapping et l'extorsion de fonds. *Peu communicatif?* Allons, Artemis. Il se trouve que je crois à votre discours, mais d'autres membres du Conseil ne seront pas aussi charitables à votre égard.

– J'admets vos critiques et votre scepticisme, c'est pour cela que j'ai prévu une petite démonstration.

– Très bien, dit Foaly d'un air avide. Bien sûr qu'il va

y avoir une démonstration. Sinon, pourquoi nous faire venir ici ?

– Pourquoi, en effet.

– Pour un supplément de kidnapping et d'extorsion ? suggéra malicieusement Vinyaya.

– C'était il y a longtemps, lança sèchement Holly, d'un ton qu'elle n'avait pas coutume d'employer devant un officier supérieur. Je veux dire… c'était il y a longtemps… commandant. Artemis s'est révélé un ami du Peuple.

Holly Short pensait plus particulièrement à l'époque de la révolte des gobelins, quand l'action d'Artemis Fowl lui avait sauvé la vie, ainsi que celle de beaucoup d'autres.

Apparemment, Vinyaya elle aussi se rappelait la révolte des gobelins.

– OK, c'est le moment de vous accorder le bénéfice du doute, Fowl. Vous avez vingt minutes pour nous convaincre.

Artemis tapota cinq fois sa poche poitrine pour vérifier que son portable s'y trouvait bien.

– Ça ne devrait pas en prendre plus de dix.

Holy Short était une négociatrice expérimentée en matière de prise d'otages et, en dépit de l'importance du sujet traité, elle se désintéressa très vite des nanogalettes de silicium pour reporter son attention sur les manies d'Artemis. Elle avait fait quelques remarques au cours de la présentation, mais elle avait du mal à se retenir de prendre le visage d'Artemis entre ses mains et de lui demander ce qui n'allait pas.

« Il faudrait que je monte sur une chaise pour atteindre son visage, se dit Holly. Mon ami Artemis est presque un adulte, à présent. Un humain pleinement développé. Peut-être combat-il ses instincts sanguinaires et ce conflit intérieur le rend fou. »

Holly observa attentivement Artemis. Il était pâle, plus encore que d'habitude, telle une créature nocturne. Un loup arctique, peut-être. Ses pommettes saillantes et la forme triangulaire de son visage renforçaient cette impression. Peut-être était-ce le givre mais Holly crut voir une trace grise sur ses tempes.

« Il paraît vieux. Foaly avait raison : Artemis semble harassé. »

Il y avait aussi cette histoire de chiffres. Et cette façon de tapoter les choses. Ses doigts ne restaient jamais tranquilles. Au début, on aurait pu croire que c'était un simple hasard mais lorsque Holly eut l'idée de compter les coups, la structure lui apparut clairement. C'étaient toujours des cinq ou des multiples de cinq.

« Nom de nom, pensa-t-elle. Le complexe d'Atlantis. »

Elle lança une rapide recherche sur Wicca-pedia et trouva une brève définition :

Complexe d'Atlantis (At-lan-tiss) : Psychose commune chez les délinquants rongés par un sentiment de culpabilité, diagnostiquée pour la première fois par le Dr Dyp de l'Institut de neuropsychologie d'Atlantide. Le patient peut présenter les symptômes suivants : comportement obsessionnel, paranoïa, délires et, dans des cas extrêmes, trouble de la personnalité multiple. Le Dr E. Dyp est également connu pour sa chanson à succès *Je n'ai plus toute ma tête quand je pense à toi.*

Holly songea que cette dernière précision devait relever du Wicca-humour.

Foaly avait atteint la même conclusion au sujet d'Artemis et il l'écrivit à Holly dans un message qu'il lui envoya dans son casque, posé devant elle sur la table.

Holly donna une petite tape sur son casque pour inverser le sens de lecture et lut ce qui était écrit :

Notre bonhomme a des obsessions. Atlantis ?

Holly ouvrit un clavier gnomique sur son viseur et tapa quelque chose, lentement, pour ne pas attirer l'attention.

Peut-être. Les cinq ?

Elle envoya le message.

Oui, les cinq. Symptôme classique.

Puis, quelques secondes plus tard :

Une démonstration ! Fabuleux. J'♥ les démonstrations.

Holly s'efforça de rester impassible au cas où Artemis cesserait de compter pour prendre le temps de jeter un coup d'œil dans sa direction. Foaly était incapable de se concentrer longtemps sur quoi que ce soit, à moins que ce ne fût l'un de ses projets adorés.

Sans doute un trait commun aux génies.

La nature islandaise semblait retenir son souffle pour la démonstration d'Artemis. L'atmosphère aux couleurs ternes était entrecoupée de brumes qui flottaient dans l'air comme des feuilles de gaze qu'on aurait mises à sécher.

Les créatures féeriques sentirent le système de réchauffement de leurs combinaisons thermiques vibrer légèrement lorsqu'elles suivirent Artemis au-dehors, de l'autre côté du restaurant. L'arrière de l'établissement d'Adam Adamsson était encore moins impressionnant que la façade. Les timides efforts qui avaient été déployés pour rendre *Le Grand Labbe* hospitalier ne s'étaient manifestement pas étendus jusqu'à la partie postérieure du bâtiment. Une fresque représentant des baleines, qui avait l'air d'avoir été peinte par Adamsson lui-même avec une queue de renard vivant en guise de pinceau, s'arrêtait brusquement au-dessus de l'entrée de service, décapitant une malheureuse baleine à bosse. En plusieurs endroits, de gros morceaux de plâtre s'étaient détachés du mur et avaient été piétinés, s'enfonçant dans la boue et la neige.

Artemis amena son petit groupe d'invités jusqu'à une grande caisse cubique recouverte d'une bâche goudronnée.

Foaly ricana.

– Laissez-moi deviner. On dirait une bâche de jardin tout à fait banale, mais en fait il s'agit d'une feuille de camouflage avec une rétroprojection qui lui donne l'aspect d'une bâche.

Artemis avança encore de deux pas avant de répondre puis, d'un mouvement de tête, il fit signe à chacun de rester à sa place. Une goutte de sueur coula le long de son dos, due au stress de sa défaite dans le combat qu'il menait contre son comportement obsessionnel.

– Non, Foaly, dit-il. On dirait une bâche parce que c'est vraiment une bâche. Oui, une bâche, ajouta-t-il.

Foaly cligna des yeux.

– Oui, une bâche ? Nous sommes dans une de vos opérettes de Gilbert et Sullivan, à présent ?

Il rejeta la tête en arrière et se mit à chanter :

– *Je suis un centaure, oui, un centaure, c'est ce que je suis.* Ça ne vous ressemble pas de rajouter du texte, Artemis.

– Foaly qui chante, dit Holly. C'est sûrement interdit par la loi ?

Vinyaya claqua des doigts.

– Silence, les enfants. Essayez de contrôler votre tendance naturelle au chahut. J'ai hâte de voir ces nanogalettes en action avant de reprendre la navette qui nous ramènera vers les températures plus clémentes du cœur de notre planète.

Artemis s'inclina légèrement.

– Merci, commandant, c'est très gentil.

« Encore cinq mots, songea Holly. Les preuves s'accumulent. »

Artemis fit un geste circulaire de la main en direction de Holly comme s'il se présentait devant le public d'un théâtre.

– Capitaine, puis-je vous demander de retirer cette bâche ? Vous faites généralement preuve d'une certaine habileté pour démonter les choses.

Holly était presque emballée d'avoir une tâche à

accomplir. Elle aurait préféré parler sérieusement à Artemis mais au moins, enlever une bâche ne l'obligerait pas à ingurgiter d'autres données scientifiques.

– Avec joie, répondit-elle.

Elle se lança à l'attaque comme si la bâche avait insulté sa grand-mère. Un couteau de combat apparut soudain dans sa main et après trois coups judicieusement portés, la bâche se répandit sur le sol.

– Occupez-vous aussi de la caisse, pendant que vous y êtes, capitaine Short, dit Artemis, qui aurait bien voulu glisser dans sa phrase deux mots supplémentaires pour la renforcer.

Holly monta aussitôt sur la caisse et la mit en pièces, apparemment à coups de poing.

– Wouaoh ! laissa échapper Foaly. Voilà qui me semble excessivement violent, même pour vous.

Holly redescendit sur terre en laissant à peine une empreinte dans la neige.

– Non. C'est plutôt une science. *Cos tapa*. Le pied rapide. Un art martial ancien fondé sur les mouvements des animaux prédateurs.

– Regardez ! lança Foaly, en pointant frénétiquement le doigt vers les vastes étendues grises et sinistres. Quelqu'un qui s'intéresse à ce que vous dites !

Artemis était content d'entendre ces plaisanteries. Elles lui faisaient oublier qu'il n'avait plus beaucoup de prise sur le monde rationnel. Tandis que les fées s'amusaient à échanger leurs habituelles reparties, il se laissa aller un instant, son épine dorsale s'arrondit, ses épaules tombèrent, mais quelqu'un le remarqua.

– Artemis ?

Holly, bien sûr.

– Oui, capitaine Short ?

– Capitaine ? Sommes-nous des inconnus l'un pour l'autre ?

Artemis toussota dans sa main. Elle le scrutait. Il fallait détourner son attention. Rien d'autre à faire que de dire le chiffre à haute voix.

– Des inconnus ? Non. Nous nous connaissons depuis plus de *cinq* ans.

Holly fit un pas vers lui. Derrière la visière orange de son casque, ses yeux grands ouverts avaient un regard soucieux.

– Cette histoire de cinq me tracasse, Arty. Vous n'êtes plus vous-même.

Artemis passa rapidement devant elle en se dirigeant vers le container qui reposait sur le fond de la caisse.

– Qui d'autre pourrais-je être ? dit-il avec brusquerie, coupant court à toute discussion possible sur sa santé mentale.

Il agita la main d'un geste impatient dans la brume glacée qui l'entourait, comme si elle avait été là pour lui faire délibérément obstacle, puis il pointa son portable vers le container, actionnant à distance les serrures électroniques. Le container ressemblait à un banal réfrigérateur : large, pas très haut, avec une surface lustrée, il émettait un faible bourdonnement.

– Exactement ce qu'il leur faut en Islande, marmonna Foaly. De quoi faire un peu plus de glace.

– Oui, mais il fait de la glace d'une manière très particulière, répliqua Artemis en ouvrant la porte du réfrigérateur. Il est capable de sauver les glaciers.

– Il fabrique aussi des esquimaux ? demanda le centaure d'un ton innocent.

Il aurait voulu que son vieil ami Mulch Diggums soit là pour qu'ils puissent « en claquer cinq », comme ils disaient, paume contre paume, une pratique si puérile et démodée qu'elle aurait sûrement rendu Artemis fou, s'il ne l'était déjà.

– Vous avez dit qu'il s'agissait d'une démonstration, lança sèchement Vinyaya. Alors, allez-y, démontrez.

Artemis jeta à Foaly un regard venimeux.

– Avec grand plaisir, commandant.

À l'intérieur du container se trouvait un appareil chromé de forme carrée qui semblait un croisement entre une machine à laver à axe vertical et un canon court, à part l'enchevêtrement de câbles et de puces niché sous le châssis.

– Le Cube de Glace n'est pas très beau, je vous l'accorde, dit Artemis en préparant son matériel grâce à un signal infrarouge émis par le capteur de son portable. Mais je préférais accélérer la production plutôt que de passer encore un mois à fignoler la carrosserie.

Ils formaient un cercle irrégulier autour de l'appareil et Artemis ne put s'empêcher de penser que, vus d'un satellite, ils auraient eu l'air d'enfants jouant à on ne savait quel jeu.

Vinyaya avait le teint pâle et ses dents claquaient, bien que la température fût à peine au-dessous de zéro. Froide pour des humains, beaucoup moins supportable pour des fées.

– Allez, l'humain, allumez ce Cube de Glace. Il est temps de jeter le nain dans la coulée de boue.

Artemis ne connaissait pas cette expression propre au Peuple des fées, mais il devinait ce qu'elle signifiait. Il regarda son portable.

– Bien sûr, commandant. Je vais lancer la première poche de nanogalettes dès que l'appareil non identifié qui se trouve dans l'espace aérien au-dessus de nos têtes se sera éloigné.

Holly consulta l'écran de sa visière.

– Il n'y a rien dans l'espace, Bonhomme de Boue. Rien qu'une navette invisible qui vous causera de très gros ennuis si vous essayez de nous jouer un tour.

Artemis ne put étouffer un grognement.

– Inutile de faire de la rhétorique. Je vous assure, capitaine, qu'un vaisseau est en train de descendre dans l'atmosphère. Mes capteurs le signalent très clairement.

Holly eut une moue sceptique.

– Mes capteurs à moi ne détectent rien du tout.

– C'est bizarre, car mes capteurs sont les vôtres, répliqua Artemis.

Foaly donna un coup de sabot par terre, laissant une marque dans la glace.

– J'en étais sûr. Il n'y a donc rien de sacré pour vous ?

Artemis se redressa.

– Cessons de faire comme si nous ne passions pas la moitié de notre temps à nous espionner les uns les

autres. Je lis vos fichiers et vous lisez les miens, ou plutôt ceux que je vous laisse lire. Il y a un vaisseau qui semble se diriger droit sur nous et vos capteurs le repéreraient peut-être si vous utilisiez les mêmes filtres que moi.

Holly pensa à quelque chose.

– Vous vous souvenez du vaisseau d'Opale Koboï ? Celui qui était entièrement constitué de métal furtif ? Nos chers petits experts en informatique n'arrivaient pas à le détecter mais Artemis y est parvenu.

Artemis haussa les sourcils comme pour dire : « Même l'officier de police arrive à comprendre. »

– Je me suis contenté de chercher ce qui aurait dû être présent mais qui ne l'était pas. Les gaz ambiants, les traces de pollution et autres éléments du même ordre. Chaque fois que je détectais un vide apparent, je trouvais Opale. Depuis, j'ai appliqué la même technique à mes scanners. Je suis surpris que vous n'ayez pas appris ce petit truc, monsieur le *consultant* Foaly.

– Il ne nous faudra pas plus de deux secondes pour nous synchroniser avec notre navette et lancer une analyse atmosphérique.

Vinyaya se renfrogna et son agacement sembla répandre des ondes comme une brume de chaleur.

– Lancez donc, centaure, dit-elle.

Foaly activa les capteurs contenus dans ses gants et vissa sur un œil un monocle jaune. Ainsi équipé, il exécuta une série compliquée de clins d'œil, de cillements et de gestes divers tandis qu'il se connectait à un système virtuel visible de lui seul. Un observateur qui serait passé par là aurait pu croire que le centaure avait respiré des grains de poivre tout en dirigeant un orchestre imaginaire. Ce n'était pas un spectacle très séduisant et c'est sans doute pourquoi la plupart des gens préfèrent s'en tenir au matériel câblé.

Vingt-deux secondes plus tard, les exténuantes gesticulations de Foaly cessèrent brusquement et il se reposa, les mains à plat sur ses genoux.

– Voilà, dit-il d'une voix haletante. Pour commencer, je ne suis pas un *cher petit expert en informatique.* Et ensuite, il est très possible qu'un gros véhicule spatial non identifié se dirige vers nous à grande vitesse.

Holly dégaina aussitôt son arme comme si elle pouvait abattre à elle seule un engin spatial qui fonçait déjà sur eux.

Artemis se précipita vers son Cube de Glace, les bras tendus dans un geste maternel, puis il s'arrêta net, saisi d'un soupçon qui se répandit en lui comme une bouffée de chaleur.

– C'est votre vaisseau, Foaly. Avouez-le.

– Ce n'est pas vrai, protesta Foaly. Je ne possède aucun vaisseau. Je vais à mon travail en quadrocycle.

Artemis combattit sa paranoïa au point que ses mains en tremblaient, mais il semblait n'y avoir aucune autre explication à l'arrivée d'un étrange vaisseau spatial en cet instant précis.

– Vous voulez essayer de me voler mon invention. Comme à Londres quand vous êtes venu vous mêler de mes négociations concernant le Cube C.

Holly ne quittait pas le ciel des yeux tout en parlant à son ami humain :

– J’ai sauvé la vie de Butler, à Londres, dit-elle.

Artemis tremblait de tout son corps.

– Vraiment ? Ou bien vous l’avez *retourné* contre moi ?

Les paroles qu’il prononçait le dégoûtaient lui-même mais elles semblaient se forcer un passage entre ses lèvres comme un scarabée sortant de la bouche d’une momie.

– C’est à ce moment-là que vous avez formé votre alliance contre moi, n’est-ce pas ? Combien lui avez-vous proposé pour cela ?

Holly resta sans voix, laissant échapper un long soupir qui projeta un nuage de buée devant elle.

– Combien lui ai-je proposé ? dit-elle enfin. Butler ne vous aurait jamais trahi. Jamais ! Comment pouvez-vous penser une chose pareille, Artemis ?

Artemis regarda ses doigts comme s’il avait presque espéré qu’ils le saisissent à la gorge et l’étranglent.

– Je sais que c’est vous qui êtes derrière tout ça, Holly Short. Vous ne m’avez jamais pardonné de vous avoir enlevée.

– Vous avez besoin d’aide, Artemis, répliqua Holly, fatiguée de tourner autour du pot. Je pense que vous avez une maladie. Quelque chose qu’on appelle le complexe d’Atlantis.

Artemis recula, se cognant contre la croupe de Foaly.

– Je sais, dit-il lentement, en regardant son souffle prendre forme devant lui. Plus rien n’est clair, ces temps-ci. Je vois des choses, je soupçonne tout le monde. Cinq. Les cinq sont partout.

– Comme si nous pouvions faire quoi que ce soit pour vous nuire, Artemis, dit Foaly en tapotant ses cheveux ébouriffés.

– Je ne sais pas. Chercheriez-vous à me nuire ? Pourquoi pas ? J'ai la tâche la plus importante du monde à accomplir sur Terre, beaucoup plus importante que la vôtre.

Holly était en train d'appeler la cavalerie.

– Appareil non ident. en atmo, lança-t-elle dans son communicateur, utilisant les abréviations militaires qui semblent beaucoup moins compréhensibles que le langage usuel. Descendez à mon niveau plus sept pour station évac.

Dans un sifflement, une navette féerique devint visible à sept mètres au-dessus de leur tête. Elle apparut plaque par plaque, de l'avant à l'arrière. Pendant un bref instant, ils purent apercevoir les soldats qui étaient à bord avant que le fuselage ne se solidifie. Ce spectacle sembla plonger Artemis dans une confusion encore plus grande.

– C'est comme ça que vous comptez vous emparer de moi ? Me faire peur pour que je monte volontairement à bord et ensuite voler mon Cube de Glace ?

– Il est toujours question de cubes avec vous, remarqua Foaly, incidemment. Vous ne voudriez pas une belle petite sphère pour changer ?

– Et vous, centaure ! s'exclama Artemis en pointant un doigt accusateur. Vous vous introduisez toujours dans mon système. Êtes-vous aussi dans ma tête ?

Vinyaya avait oublié le froid. D'un geste des épaules,

elle se débarrassa de son épais manteau pour faciliter ses mouvements.

– Capitaine Short. Ce fou humain est votre contact. Tenez-le en laisse jusqu'à ce que nous soyons sortis d'ici.

L'expression était malheureuse.

– Me tenir en laisse ? C'est cela que vous avez fait pendant tout ce temps, capitaine Short ?

À présent, Artemis tremblait comme si tous ses membres étaient traversés d'un courant électrique.

– Artemis, lança Holly d'un ton pressant. Vous ne voudriez pas dormir un peu ? Vous allonger dans un endroit bien chaud et faire un somme ?

L'idée fit son chemin dans un coin de son cerveau.

– Oui. Dormir. Vous pouvez faire ça, Holly ?

Lentement, Holly avança d'un pas.

– Bien sûr. Il suffit d'un peu de mesmer. Quand vous vous réveillerez, vous serez un homme neuf.

Les yeux d'Artemis devinrent vitreux.

– Un homme neuf. Et LE PROJET ?

« Doucement, maintenant, songea Holly. De la douceur avant toute chose. »

– Nous nous en occuperons quand vous vous réveillerez.

Elle glissa une infime touche de magie dans les aigus de sa voix. Aux oreilles d'Artemis ce fut comme si des cloches de cristal tintaient à chaque consonne.

– Dormir, dit doucement Artemis, de crainte que le mot ne se brise s'il parlait trop fort. Dormir, rêver peut-être.

– Il cite Shakespeare, maintenant ? dit Foaly. A-t-on vraiment le temps ?

D'un regard réprobateur, Holly le fit taire, puis elle avança encore d'un pas.

– Quelques heures seulement. Nous pouvons vous éloigner d'ici, vous éloigner de tout ce qui va se passer.

– Éloigner d'ici, répéta en écho le jeune homme à l'esprit perturbé.

– Ensuite, nous pourrons parler du projet.

Le pilote de la navette rata son approche, rayant la surface du sol avec son stabilisateur arrière. De fins éclats de glace semblables à du sucre filé furent projetés dans un grincement cacophonique, ranimant les pupilles d'Artemis.

– Non ! hurla-t-il, la voix stridente pour une fois. Pas de magie. Un, deux, trois, quatre, cinq. Restez où vous êtes !

Un deuxième engin spatial s'invita dans le mélodrame. Apparaissant soudain dans le ciel lointain, il semblait surgi d'une autre dimension. Immense et lisse comme une spirale de crème glacée, il traînait derrière lui des propulseurs reliés à son fuselage par des câbles. Un moteur égaré se détacha et tournoya dans les nuages gris et lourds. Pour un appareil de cette taille, il faisait très peu de bruit.

Artemis fut saisi par ce spectacle.

« Des extraterrestres ? » pensa-t-il tout d'abord. Puis : « Non, pas des extraterrestres. J'ai déjà vu cela. À l'état de plan, en tout cas. »

Foaly eut la même pensée.

– Cet appareil me semble familier.

Des morceaux entiers du vaisseau géant devenaient invisibles à mesure qu'il refroidissait après la surchauffe provoquée par son entrée brutale dans l'atmosphère, ou plutôt, comme on devait s'en rendre compte plus tard, sa ré-entrée.

– C'est un engin qui fait partie de votre programme spatial, dit Artemis d'un ton accusateur.

– Possible, admit Foaly, ses joues se teintant d'une roseur coupable, une autre raison pour laquelle il perdait toujours au poker. Difficile à dire avec ces mouvements dans tous les sens.

La navette des FAR se posa enfin et une trappe d'accès s'ouvrit à bâbord.

– Tout le monde embarque, ordonna Vinyaya. Nous devons mettre un peu de distance entre ce vaisseau et nous.

Foaly avait trois ou quatre longueurs d'avance.

– Non, non. Cet appareil est un des nôtres. Il ne devrait pas être ici mais nous pouvons quand même le contrôler.

Holly eut une exclamation dédaigneuse.

– Sûrement. Vous avez fait un très bon travail jusqu'à présent.

Cette remarque était de trop pour le centaure qui finit par perdre son sang-froid. Il se cabra majestueusement sur ses jambes postérieures puis ses sabots retombèrent en brisant violemment la mince couche de glace.

– Ça suffit ! rugit-il. Une sonde spatiale à longue portée nous fonce dessus. Et même si son générateur nucléaire n'explose pas, la force de l'impact enverra une onde de choc qui suffira à tout détruire dans un rayon de vingt-cinq kilomètres. Alors, à moins que votre navette puisse voyager dans une autre dimension, embarquer dans cet appareil serait à peu près aussi utile que votre présence à un colloque scientifique.

Holly haussa les épaules.

– Je vous l'accorde. Qu'est-ce que vous suggérez ?

– Je suggère que vous vous taisiez et que vous me laissiez traiter le problème.

Le terme « sonde » évoque généralement un petit appareil annexe, avec des fioles d'échantillon dans sa cale et parfois quelques panneaux solaires perfectionnés fixés à l'arrière, mais cette machine était l'exact opposé. Elle était immense, décrivait des mouvements brusques et violents, fendait l'air dans un sifflement strident, avançant par bonds saccadés et traînant derrière elle des moteurs attachés par des câbles, tels des esclaves enchaînés.

– Cette chose, marmonna Foaly qui cligna de l'œil pour activer son monocle, semblait beaucoup moins hostile quand je l'ai conçue.

Les membres du commando reçurent l'ordre de maintenir leurs positions et le groupe ne put que regarder le vaisseau géant descendre sur eux, dans un hurlement qui devenait de plus en plus aigu sous l'effet du frottement que subissait le revêtement d'insonorisation. La friction atmosphérique déchirait la sonde comme avec des doigts griffus, arrachant du fuselage d'immenses plaques octogonales. Et pendant tout ce temps, Foaly s'efforçait de prendre le contrôle de l'engin.

– J'essaye de passer par l'antenne de la navette pour me connecter à l'ordinateur de la sonde et voir si je peux découvrir l'origine du dysfonctionnement. Peut-être pourrais-je alors programmer un bon petit vol stationnaire à trente mètres d'altitude. Et si j'arrivais à augmenter la puissance du bouclier d'invisibilité, ce serait très bien.

– Moins d'explications, dit Vinyaya, les dents serrées, et plus d'action.

Tout en s'absorbant dans sa tâche, Foaly continuait à lancer ses habituelles plaisanteries.

– Allons, commandant, je sais bien que vous autres, les militaires, vous vous délectez de ces situations tendues.

Pendant ce dialogue, Artemis resta immobile comme une statue, sachant que s'il donnait libre cours à ses tremblements, ils le submergeraient, pour toujours peut-être, et il serait perdu.

« Que s'est-il passé ? se demanda-t-il. Ne suis-je pas Artemis Fowl ? »

Puis il remarqua quelque chose.

« Ce vaisseau a quatre moteurs. Quatre. »

« La mort. »

Comme pour confirmer ses pensées, ou plutôt comme suscité par ces pensées, un éclair orange de pure énergie jaillit à la pointe du vaisseau en descente, tournoyant dans un mouvement menaçant, tel un porteur de mort.

– De l'énergie orange, remarqua Holly, en faisant mine de tirer dessus, le doigt pointé comme un pistolet. Vous êtes censé nous expliquer tout, Foaly. Alors expliquez-moi ça.

– Ne vous inquiétez pas, petit être de moindre intellect, répondit Foaly dont les doigts s'agitaient tellement sur son clavier qu'on n'arrivait plus à suivre leurs mouvements. Ce vaisseau n'est pas armé. C'est une sonde scientifique, par tous les dieux. Cet éclair de plasma sert à couper la glace, rien de plus.

Artemis ne put retenir plus longtemps ses tremblements qui convulsèrent sa mince silhouette.

– Quatre moteurs, dit-il en claquant des dents. Qu... quatre, c'est la mort.

Vinyaya qui se dirigeait vers la passerelle de la navette s'arrêta soudain. Elle se retourna, une gerbe de cheveux couleur acier s'échappant de son capuchon.

– La mort ? De quoi parle-t-il ?

Avant que Holly puisse répondre, le rayon de plasma orange fut traversé d'un bref frémissement puis fusa sur l'un des moteurs de la navette.

– Non ! non ! non ! dit Foaly, comme s'il s'adressait à un élève qui vient de commettre une erreur. Ça ne va pas du tout.

Horrifiés, ils regardèrent la navette s'embraser dans une énorme boule de chaleur qui rendit le fuselage transparent juste assez longtemps pour laisser voir à l'intérieur les membres du commando qui se tordaient de douleur.

Holly se rua sur Vinyaya qui cherchait un chemin à travers les flammes pour essayer de rejoindre ses soldats.

– Commandant !

Holly Short était rapide. Elle parvint à saisir le gant de Vinyaya avant que l'un des moteurs de la navette n'explose et n'envoie Holly tournoyer dans l'air brûlant, la projetant sur le toit du *Grand Labbe.* Elle tomba à plat sur l'ardoise, tel un papillon épinglé, contemplant stupidement le gant qu'elle tenait à la main. Le logiciel d'identification de son viseur s'était fixé sur le visage de Vinyaya et une icône d'alerte clignota doucement.

Un texte apparut sur son écran : *Blessure fatale du système nerveux central.* Holly sut que l'ordinateur disait la même chose dans son oreille mais elle ne put l'entendre. « Bouclez le périmètre et appelez les services d'urgence. »

Une blessure fatale ? Ça n'allait quand même pas recommencer. Dans cette nanoseconde, elle revit la mort de Julius Root, son ancien commandant.

La réalité revint sous la forme d'une onde de chaleur dévorante, qui transforma la glace en vapeur et fit éclater les calorimètres de sa combinaison.

Holly enfonça les doigts dans la neige molle qui recouvrait le toit et souleva son torse. Elle voyait comme dans un film muet la scène qui se déroulait autour d'elle, car ses filtres acoustiques s'étaient dilatés et disloqués pendant la nanoseconde séparant l'éclair et le bruit de la déflagration.

Les occupants de la navette n'étaient plus de ce monde... Voilà au moins qui était sûr.

« Ne dis pas "plus de ce monde", dis qu'ils sont morts, c'est cela, la vérité. »

– Concentre-toi ! lança-t-elle à voix haute, en tapant du poing sur le toit pour souligner chaque syllabe.

Elle aurait le temps plus tard d'avoir du chagrin. La situation de crise n'était pas terminée.

Qui n'est pas mort ?

Elle-même n'était pas morte. Elle saignait mais elle était vivante, de la fumée s'échappant des semelles de ses bottes.

« Vinyaya. Par les dieux. »

« Oublie Vinyaya pour l'instant. »

Dans un tas de neige, sous l'avant-toit, elle vit les jambes de Foaly galoper à l'envers.

« Est-ce que c'est drôle ? Est-ce que je dois rire ? »

Mais où était Artemis ? Soudain, Holly entendit son cœur battre très fort à ses oreilles et elle eut l'impression que son sang grondait comme une vague.

« Artemis. »

Se mettre à quatre pattes fut pour Holly une véritable entreprise, beaucoup plus difficile que prévu, et à peine ses genoux avaient-ils trouvé appui que ses coudes cédèrent, la renvoyant presque à sa position initiale.

« Artemis. Où es-tu ? »

Du coin de l'œil, Holly vit alors son ami marcher sur la glace. Apparemment, Artemis était indemne, même si son pied gauche traînait un peu. Il s'éloignait lentement mais d'un pas résolu de la navette en feu, des tôles noircies, tordues, qui se contractaient, du métal furtif s'égouttant comme du mercure après avoir atteint son point de fusion.

« Où vas-tu ? »

Il ne fuyait pas, c'était certain. Il paraissait plutôt se

placer délibérément sur la trajectoire de la sonde qui continuait à descendre.

Holly essaya de crier pour l'avertir. Elle ouvrit la bouche mais ne put que tousser en crachant de la fumée, sans avoir prononcé un mot. Une fumée qui avait un goût de bataille.

– Artemis, parvint-elle enfin à articuler après plusieurs tentatives.

Artemis leva les yeux vers elle.

– Je sais, dit-il, d'une voix éraillée. Le ciel paraît tomber mais ce n'est pas vrai. Rien de tout cela n'est réel, le vaisseau, les soldats, rien. Je m'en rends compte maintenant. Je… j'ai eu des hallucinations.

– Mettez-vous à l'abri, Artemis, cria Holly.

Elle avait l'impression que sa voix n'était plus la sienne, comme si son cerveau envoyait des signaux dans la bouche de quelqu'un d'autre.

– Ce vaisseau est bien réel. Il va vous écraser.

– Non, vous verrez.

Artemis souriait avec douceur.

– Accès de délire, voilà d'où vient ce vaisseau. J'ai simplement créé cette vision à partir d'un vieux souvenir, un des plans de Foaly auquel j'avais jeté un coup d'œil. Je dois affronter ma démence. Une fois que j'aurai réussi à me prouver que cette image n'existe que dans ma tête, alors je pourrai l'y enfermer sans qu'elle en sorte.

Holly avança à quatre pattes sur le toit. Elle sentait une vibration en elle, provoquée par la magie qui agissait sur ses organes. Ses forces revenaient, mais lentement.

Elle avait l'impression d'avoir des tuyaux de plomb à la place des jambes.

– Écoutez-moi, Artemis, faites-moi confiance.

– Non, aboya Artemis. Je ne fais confiance à aucun d'entre vous. Ni à Butler, ni même à ma propre mère.

Artemis se voûta.

– Je ne sais pas ce que je dois croire ou à qui faire confiance. Mais je sais qu'une sonde spatiale ne peut pas s'écraser à cet endroit, en cet instant précis. La probabilité pour que cela se produise est infinitésimale. Mon esprit me joue des tours et je dois lui montrer qui est le maître.

Holly ne perçut que la moitié de ce discours mais elle en avait entendu assez pour se rendre compte qu'Artemis parlait de son esprit à la troisième personne, ce qui était toujours un signe alarmant, quelles que soient les théories psychiatriques auxquelles on adhérait.

Indifférent aux doutes qu'Artemis formulait sur son existence, le vaisseau spatial continuait de foncer sur eux, projetant devant lui des ondes de choc. Pour un souvenir, il semblait très réel, chaque panneau de son revêtement profondément marqué par les tribulations de son voyage dans l'espace. De longues stries aux lignes brisées entaillaient le nez conique de l'appareil, telles des cicatrices laissées par la foudre, et la coque était criblée de trous, comme si on avait tiré dessus à la chevrotine. L'un des trois ailerons était entaillé. Un vide en demi-cercle, aux bords déchiquetés, donnait l'impression qu'une créature des espaces lointains l'avait mordu au passage. Un lichen teintait d'une étrange couleur l'endroit où une plaque carrée avait été arrachée du fuselage.

Même Artemis devait l'admettre. « Cet engin ne paraît pas particulièrement irréel. J'ai sans doute une imagination beaucoup plus développée que je ne le pensais. »

Deux des silencieux du vaisseau lâchèrent presque en même temps et un rugissement de moteur emplit la chape de ciel gris.

Artemis pointa un doigt raide vers l'appareil.

– Tu n'es pas réel ! hurla-t-il, mais lui-même n'entendit pas ses propres paroles.

Le vaisseau était suffisamment bas pour qu'Artemis puisse lire le message rédigé en plusieurs écritures et pictogrammes sur son nez en forme de cône.

– Je viens en paix, marmonna-t-il.

Et il songea aussitôt : « Quatre mots. La mort. »

Holly elle aussi remuait des pensées ; des images de tragédie et de destruction se succédaient dans son esprit, comme les lumières d'un train en pleine vitesse, mais une autre réalité s'imposa dans ce chaos.

« Il m'est impossible de l'atteindre depuis ce toit. Artemis va mourir et je ne peux rien faire d'autre que d'assister à sa mort. »

Une pensée folle lui vint alors en tête.

« Butler va me tuer. »

Chapitre 2

LA PRINCESSE DE JADE ET L'OURS FOU

LA VEILLE AU SOIR À CANCÚN, MEXIQUE

L'homme au volant de la Fiat 500 de location jura d'une voix sonore lorsque son large pied écrasa en même temps les deux minuscules pédales qui commandaient le frein et l'accélérateur, faisant caler la petite voiture pour la énième fois.

« Il me serait plus facile de conduire ce véhicule miniature si je pouvais m'asseoir sur le siège arrière pour éviter d'avoir les genoux coincés sous le menton », se dit l'homme. Il donna alors un brusque coup de volant et se rangea au bord de la magnifique lagune de Cancún. À la lueur produite par les reflets du million de lanternes qui scintillaient sur les balcons des suites de luxe, il accomplit sur la Fiat un acte de vandalisme qui allait lui coûter sa caution et peut-être même le propulser à la première place sur la liste noire des clients de Hertz.

– C'est mieux comme ça, grogna l'homme après avoir expédié le siège du conducteur au bas du talus.

« Ils ne peuvent s'en prendre qu'à eux-mêmes, chez Hertz, pensa-t-il, justifiant son geste par un raisonnement logique. Voilà ce qui arrive quand on donne une voiture jouet à un homme de ma corpulence. C'est comme si on essayait de mettre des balles de calibre 50 dans le chargeur d'un minuscule Derringer. Ridicule. »

Il se tassa tant bien que mal dans le véhicule et, conduisant depuis le siège arrière, se glissa dans la file des voitures qui, même vers minuit, étaient collées les unes aux autres comme les wagons d'un train.

« J'arrive, Juliet, pensa-t-il, serrant le volant comme si celui-ci avait représenté une menace pour sa petite sœur. Je suis en chemin. »

Le conducteur de cette Fiat réaménagée avec une certaine désinvolture se nommait Butler, bien sûr, le garde du corps d'Artemis, bien qu'il n'eût pas toujours été connu sous ce patronyme. Au cours de sa carrière de mercenaire, Butler avait adopté de nombreux noms de guerre pour protéger sa famille de toute récrimination. Une bande de pirates somaliens l'appelait gentleman Georges, il avait loué ses services en Arabie Saoudite sous le nom de capitaine Steele (Artemis l'avait accusé plus tard d'avoir un peu le genre de ces mélodrames tonitruants) et, pendant deux ans, une tribu péruvienne, les Isconahua, avait connu le mystérieux géant qui protégeait leur village contre les agressions d'une entreprise d'exploitation forestière sous le pseudonyme de *El Fantasma de la Selva*, le Fantôme de la Jungle. Bien entendu, depuis qu'il était devenu le garde du corps d'Artemis Fowl, il n'avait plus de temps à consacrer à des activités annexes.

Butler était parti au Mexique sous l'insistance d'Artemis, bien qu'il n'eût guère été nécessaire d'insister lorsque Butler avait lu sur le portable de son principal le message qui lui était destiné. Un peu plus tôt, ce jour-là, en plein milieu d'une séance d'entraînement aux arts martiaux, le téléphone avait sonné. Une version polyphonique du *Miserere* de Morricone annonçait l'arrivée d'un texto.

– Pas de téléphones dans le dojo, Artemis, avait grondé Butler. Vous connaissez les règles.

Artemis avait donné un nouveau coup dans le gant de protection de Butler, un direct du gauche qui n'avait pas beaucoup de force ni de précision, mais au moins, il arrivait à toucher le gant, maintenant. Jusqu'à une date récente, les coups d'Artemis rataient si largement leur cible que s'il avait dû se battre pour de bon, un passant innocent aurait couru un plus grand danger que n'importe lequel de ses assaillants.

– Je connais les règles, Butler, répondit Artemis, en inspirant à plusieurs reprises pour prononcer sa phrase. Le téléphone est indubitablement éteint, je l'ai vérifié cinq fois.

Butler ôta un de ses gants de protection destiné, en théorie, à préserver la main de celui qui le porte des coups de l'adversaire. Mais en l'occurrence, il protégeait les jointures d'Artemis des paumes de Butler, qui avaient la dureté d'une pelle.

– Le téléphone est éteint et pourtant, il sonne.

Artemis coinça l'un de ses propres gants entre ses genoux et tira pour libérer sa main.

– Il a été réglé pour sonner seulement en cas d'urgence. Je serais irresponsable si je n'allais pas voir qui c'est.

– Vous parlez d'une drôle de façon, remarqua Butler. Vos phrases sont un peu raides... Est-ce que vous *comptez vos mots* ?

– Ce serait parfaitement ridicule... vraiment, répondit Artemis en rougissant. Je choisis simplement mes mots avec le plus grand soin.

Il se précipita vers le téléphone qu'il avait conçu lui-même avec une plateforme de communication réservée, basée sur un mélange de technologie humaine et féerique.

– C'est un message de Juliet, dit-il en consultant l'écran tactile de sept centimètres.

Le mécontentement de Butler s'évanouit aussitôt.

– Juliet m'envoie un message d'urgence ? Qu'est-ce qu'elle dit ?

Sans répondre, Artemis lui tendit le téléphone qui sembla rétrécir lorsque la main massive de Butler se referma sur lui.

Le message était bref et pressant. Cinq mots seulement.

Des ennuis, Domovoi, viens seul.

Les doigts de Butler se crispèrent sur le téléphone jusqu'à le faire craquer. Les prénoms de tous les gardes du corps tatoués du diamant bleu devaient rester totalement secrets et le seul fait que Juliet ait mentionné le sien était une indication de la gravité de ses ennuis.

– Naturellement, je viens avec vous, dit aussitôt Artemis. Mon téléphone peut repérer l'origine de l'appel à un centimètre carré près et nous pouvons aller n'importe où dans le monde en moins d'une journée.

Les traits de Butler démentaient la lutte qui faisait rage en lui entre le grand frère et le froid professionnel. Le professionnel finit par l'emporter.

– Non, Artemis, je ne peux pas vous faire courir de dangers.

– Mais…

– Non, je dois y aller et vous, vous allez retourner à l'école. Si Juliet a des ennuis, je dois agir vite et m'occuper de vous ne fera que redoubler ma responsabilité. Juliet sait à quel point je prends mon travail au sérieux et elle ne me demanderait jamais de venir seul si la situation n'était pas dangereuse.

Artemis toussota.

– Ce n'est sans doute pas si dangereux que ça. Juliet est peut-être contrariée plutôt que menacée par un véritable péril. Mais de toute façon, vous devriez y aller dès que…

Il prit le téléphone des mains de Butler et tapota l'écran.

– Cancún, Mexique, voilà votre destination.

Butler approuva d'un signe de tête. C'était logique. Juliet était en ce moment avec une troupe de catcheurs mexicains pour assurer la promotion de son personnage, la Princesse de Jade, en priant le ciel que vienne le coup de téléphone magique du World Wrestling Entertainment.

– Cancún, répéta-t-il. Je n'y suis jamais allé. On n'a pas tellement besoin de gens comme moi, là-bas. Trop calme.

– L'avion est à votre disposition, naturellement, dit Artemis.

Il fronça les sourcils, mécontent de sa phrase.

– J'espère que toute cette histoire ne sera qu'une… fausse alerte.

Butler lança un regard aigu à son jeune protégé. Quelque chose n'allait pas chez ce garçon, il en était sûr, mais en cet instant, dans la liste de ses inquiétudes pour autrui, il n'y avait place que pour Juliet.

– Ce n'est pas une fausse alerte, dit-il à mi-voix.

Puis, avec beaucoup plus de force, il ajouta :

– Et quiconque est la cause de ce message le regrettera.

Pour bien se faire comprendre, Butler laissa son côté grand frère remonter à la surface et donna un coup de poing dans un mannequin d'entraînement avec tant de violence que la tête en bois fut arrachée et alla tournoyer comme une toupie sur le tapis de combat.

Artemis ramassa la tête et la tapota une demi-douzaine de fois, ou à peu près.

– J'imagine qu'ils le regrettent déjà, dit-il.

Sa voix faisait penser à un froissement de feuilles mortes.

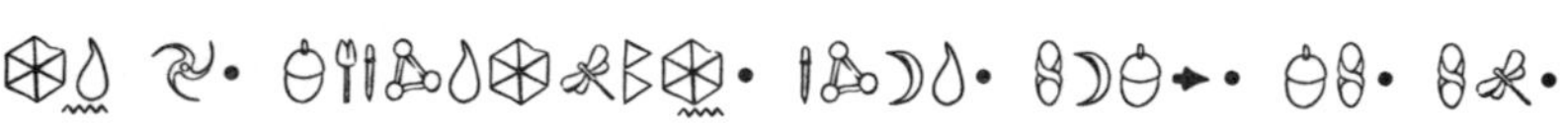

C'est ainsi que Butler avançait à présent avec une lenteur exaspérante dans la circulation nocturne de Cancún, la tête et les épaules aplaties contre le toit de la Fiat. Il n'avait pas pris la peine de réserver une voiture et avait dû se contenter de ce que la dame de chez Hertz avait encore dans son parking. Une Fiat 500. Très cool pour un adolescent en route vers une station balnéaire, mais pas très pratique pour une armoire à glace de cent kilos.

« Et une armoire à glace désarmée », songea Butler. Généralement, le garde de corps s'arrangeait pour emporter quelques armes avec lui chaque fois qu'il allait gâcher une fête quelque part mais, dans le cas présent, les transports publics étaient plus rapides que le jet privé des Fowl. Butler avait donc été obligé de laisser son arsenal à la maison, même son cher Sig-Sauer, ce qui lui avait presque arraché une larme. Il avait changé d'avion à Atlanta et les hommes de la sécurité n'étaient guère disposés à se montrer indulgents envers quelqu'un qui aurait essayé d'introduire ce genre de quincaillerie sur le territoire des États-Unis. Surtout quelqu'un qui semblait capable de s'introduire à la Maison-Blanche avec quelques ceintures de munitions.

Butler se sentait quelque peu désœuvré depuis qu'il avait quitté Artemis. Pendant plus de quinze ans, il avait passé l'essentiel de son temps absorbé dans les activités du jeune Irlandais. Se retrouvant pratiquement seul dans la classe affaires d'un vol transatlantique, avec plusieurs heures de repos forcé devant lui, il n'avait pu dormir, trop inquiet pour sa sœur, et ses pensées s'étaient tout naturellement portées vers Artemis.

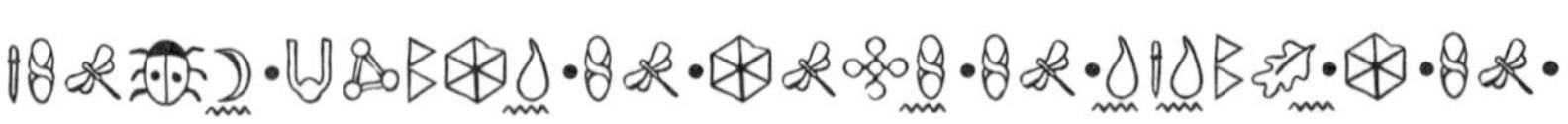

Son protégé avait changé ces temps derniers – aucun doute à ce sujet. Depuis son retour du Maroc, l'année précédente, où il avait sauvé des espèces animales menacées, un net changement d'humeur s'était opéré en lui. Artemis semblait moins ouvert que d'habitude et, *d'habitude*, il était à peu près aussi ouvert qu'un coffre suisse au milieu de la nuit. Butler avait aussi remarqué qu'Artemis paraissait obsédé par la place des objets, un sujet auquel Butler était lui-même très sensible car il était entraîné, chaque fois qu'il pénétrait dans un bâtiment, à voir toute chose comme une arme ou un projectile potentiels. Souvent, Artemis entrait dans une pièce que son garde du corps avait déjà passée au peigne fin et dégagée de tout ce qui pouvait le menacer et il commençait à remettre les objets à la place qu'ils occupaient auparavant. Par ailleurs, les propos d'Artemis semblaient *décalés*, d'une certaine manière. D'ordinaire, il avait une façon de parler presque poétique mais, ces temps derniers, il semblait se préoccuper moins de la signification de ses phrases que du nombre de mots qu'elles comportaient.

Tandis que le Boeing amorçait sa descente vers Atlanta, Butler décida qu'il irait voir Artemis Fowl senior dès son retour au manoir pour lui confier ses inquiétudes. Son rôle consistait sans nul doute à protéger Artemis de tout danger, mais il était difficile d'accomplir cette tâche quand le danger venait d'Artemis lui-même.

« J'ai protégé Artemis des trolls, des gobelins, des démons, des gaz de nain et même des humains mais je ne suis pas certain que mes compétences professionnelles puissent le sauver de son propre psychisme. Ce qui rend impératif de retrouver Juliet et de la ramener à la maison au plus vite.»

Butler finit par se lasser des embouteillages qui bloquaient la circulation sur l'avenue principale de Cancún, estimant qu'il irait plus vite à pied. Il se rangea brusquement sur une station de taxi et, indifférent aux cris d'indignation des chauffeurs, se mit à marcher d'un bon pas le long des hôtels cinq étoiles.

Localiser Juliet ne serait pas difficile. Son visage s'étalait sur des dizaines de banderoles accrochées dans le centre-ville.

LUCHA SLAM ! CATCH MEXICAIN ! PENDANT UNE SEMAINE AU GRAND THÉÂTRE

Butler ne s'intéressa guère à l'image de Juliet. L'auteur du portrait avait tordu les traits de son joli visage pour faire paraître sa sœur plus agressive et la pose qu'elle avait prise n'était que du spectacle. Elle convenait peut-être très bien à une affiche mais, dans un vrai combat, elle aurait laissé ses reins beaucoup trop exposés.

«Juliet n'approcherait jamais un adversaire de cette manière.»

Sa sœur était la personne la plus naturellement douée pour le combat qu'il eût jamais connue et elle était beaucoup trop fière pour demander de l'aide, à moins qu'elle n'ait plus d'autre issue. Ce qui rendait son message d'autant plus inquiétant.

Butler parcourut trois kilomètres au pas de course sans verser une goutte de sueur, se faufilant parmi les groupes de fêtards, jusqu'à ce qu'il arrive enfin devant la façade de stuc et de verre du Grand Théâtre. Une douzaine de portiers en veste rouge étaient agglutinés autour des portes automatiques, adressant sourires et signes de tête à la foule des spectateurs qui se précipitaient pour assister au clou du spectacle.

« Je vais passer par-derrière, décida-t-il. J'aurai passé ma vie à ça. »

Butler contourna le bâtiment en pensant qu'il serait bien agréable, une fois seulement, d'entrer par la porte principale. Peut-être y parviendrait-il dans une autre vie, quand il deviendrait trop vieux pour faire ce travail.

« Quel âge faudra-t-il que j'aie ? se demanda-t-il. Quand j'y pense, avec tous ces voyages dans le temps et ces guérisons magiques, je ne suis plus très sûr de mon âge réel. »

Dès que Butler eut atteint la porte de derrière, il chassa de son esprit toutes les autres pensées. Il fallait retrouver Juliet, savoir quels étaient ses ennuis et la sortir de là avec un minimum de dommages collatéraux. Le spectacle ne commencerait que dans dix minutes. Avec un peu de chance, il pouvait enlever sa sœur avant qu'il y ait trop de monde dans la salle.

La sécurité à la porte de derrière se limitait à une unique caméra de surveillance. Fort heureusement, il s'agissait d'un vrai théâtre et non d'une de ces salles de conférences de grands hôtels, avec, à l'arrière, des tables de billard, une foule de touristes, un orchestre de salsa et

une douzaine de policiers privés en civil. Butler parvint à se glisser dans le théâtre sans qu'on le remarque. Il se contenta de faire un signe de la main en direction de la caméra, dissimulant ainsi son visage.

Dans les coulisses, il ne rencontra pas la moindre résistance. Il passa devant deux catcheurs en costume de scène qui partageaient une boisson électrolytique mais ils lui accordèrent à peine un regard, présumant sans doute qu'il était un des leurs. Fort et bête en apparence, il avait tout pour jouer un rôle de méchant.

Comme la plupart des théâtres, celui-ci comportait des kilomètres de couloirs et de passages qui ne figuraient pas sur le plan de Butler. Il l'avait chargé sur son portable à partir de l'Interpédia d'Artemis, où un site spécialisé permettait d'accéder à tous les plans existant sur le Net et à pas mal d'autres qu'Artemis avait volés et téléchargés lui-même. Après avoir pris plusieurs fois une mauvaise direction, Butler dut admettre que son excellent sens de l'orientation lui faisait défaut. L'imposant garde du corps fut tenté de se frayer un chemin en défonçant simplement les murs à coups de poing pour créer le meilleur raccourci possible vers sa destination : les loges des artistes.

Il arriva enfin à la porte des loges, juste à temps pour voir les derniers catcheurs de l'équipe se faufiler en direction de la scène. Dans leurs costumes de Lycra et de soie, ils ressemblaient à des morceaux de dragon chinois. Après que le dernier lutteur fut passé, deux énormes videurs qui formaient un véritable mur de viande et de muscles refermèrent la porte d'accès aux coulisses.

« Je pourrais les attaquer, pensa Butler. Ce ne serait pas un problème, mais je n'aurais alors que quelques secondes pour trouver Juliet et la sortir d'ici. Connaissant ma sœur, elle voudra se lancer dans une conversation compliquée et finalement inutile avant d'être disposée à partir. Il faut que je réfléchisse comme Artemis, l'Artemis d'avant, et que je joue cette partie avec le plus grand calme. Si je rate mon coup, nous nous ferons sans doute tuer tous les deux. »

Butler entendit les cris et les sifflets du public qui saluaient l'arrivée des catcheurs. Le bruit était étouffé par la double porte mais on l'entendait plus clairement dans la loge. Il passa la tête à l'intérieur et vit, fixé au mur, un moniteur qui retransmettait ce qui se passait sur le ring. Pratique.

Butler s'avança tout près de l'écran et chercha sa sœur des yeux. Elle était là, dans un coin du ring, se livrant avec ostentation à des exercices d'échauffement plus spectaculaires qu'efficaces. Si Butler avait pu voir en cet instant ses propres traits ordinairement sévères, il aurait été surpris par le sourire affectueux, presque rêveur, qui s'attarda sur son visage.

« Il y a trop longtemps que je ne t'ai pas vue, petite sœur. »

Juliet ne paraissait pas courir un danger immédiat. En fait, elle avait l'air ravie de l'attention des spectateurs, elle levait les bras pour susciter d'autres applaudissements et faisait décrire des huit à l'anneau de jade qu'elle portait au bout de sa queue-de-cheval. La foule l'adorait, elle aussi. Des jeunes gens brandissaient des banderoles à son effigie et quelques-uns d'entre eux poussèrent la hardiesse jusqu'à faire pleuvoir sur elle des confettis en forme de cœur. Butler fronça les sourcils. Il allait surveiller de près ces jeunes gentlemen.

Butler s'autorisa un instant de détente qui se traduisit par une décontraction des doigts que cinq personnes au monde auraient peut-être été capables de remarquer. Il était toujours en alerte mais s'avouait maintenant à lui-même que sa pire crainte avait toujours été d'arriver trop tard.

« Juliet est vivante. Et en bonne santé. Quel que soit le problème, nous pourrons le résoudre à nous deux. »

Il décida alors que la méthode la plus prudente consistait à observer ce qui se passait depuis cet endroit privilégié. Il voyait clairement le ring et en cas de nécessité, il pouvait rejoindre sa sœur en quelques secondes.

Le premier combat débuta au son d'un gong à l'ancienne et Juliet fit un grand bond, atterrissant comme un chat sur la troisième corde.

– *Princesa ! Princesa !* scanda la foule.

« La préférée du public, pensa Butler. Rien d'étonnant. »

L'adversaire de Juliet jouait de toute évidence le rôle de la méchante. C'était une énorme femme avec des cheveux décolorés coupés en brosse et un justaucorps de Lycra rouge sang.

– Hou ! hurla la foule.

Comme la plupart des catcheurs sur le circuit du *luchador*, la nouvelle venue portait un masque qui lui couvrait les yeux et le nez, attaché derrière la tête par un horrible morceau de barbelé dont Butler suspecta qu'il était en plastique.

À côté d'elle, Juliet ressemblait à une poupée et paraissait vaincue d'avance. À en juger par l'expression que laissait voir son visage masqué, elle avait un peu perdu de son assurance et se tourna vers son coin du ring pour demander de l'aide. Mais elle n'obtint pour toute réponse qu'un haussement d'épaules de la part d'un entraîneur à casquette plate qui avait l'air d'un stéréotype recruté sur le plateau d'un film de catch.

« Ce combat est entièrement arrangé, comprit Butler. Il n'y a aucun danger. »

Il approcha une chaise et s'installa devant l'écran pour regarder sa sœur.

Le premier round épargna les nerfs de Butler. Dans le deuxième round, Juliet resta un peu trop près de son adversaire qui se jeta sur elle avec une rapidité étonnante.

– Ooooh ! cria une grande majorité de la foule.

– Casse-la en deux, Samsonetta ! lancèrent quelques spectateurs moins charitables.

« Samsonetta. Ça lui va comme un gant », pensa Butler.

Il n'était pas encore inquiet. Il y avait à peu près une douzaine de façons pour Juliet de se dégager de la prise de Samsonetta, d'après ce qu'il pouvait voir. La plupart n'exigeaient même pas de se servir de ses mains. L'une d'elles consistait, théoriquement, à combiner un faux éternuement avec une chute soudaine.

Butler commença à s'inquiéter quand il remarqua une douzaine d'hommes en trench-coat qui s'avançaient le long du mur opposé, en direction du ring.

« Des trench-coats ? À Cancún ? Qui porterait un trench-coat à Cancún, si ce n'est pour cacher quelque chose ? »

L'image avait trop de grain pour que Butler puisse distinguer les détails, mais ces personnages et leur façon de se déplacer lui paraissaient insolites. Ils semblaient déterminés, sournois, se dissimulant dans les ombres.

« J'ai du temps, raisonna Butler, qui avait déjà un plan en tête. Ce n'est peut-être rien, c'est peut-être tout. Je ne peux prendre aucun risque si la vie de Juliet est en jeu. »

Il jeta un coup d'œil autour de la loge, cherchant quelque chose qui puisse lui servir d'arme. Pas de chance. Il ne trouva que deux chaises, des quantités de paillettes et de mascara et un grand carton rempli de vieux costumes de scène.

« Je n'aurai pas besoin des paillettes ni du mascara », songea Butler en allant voir ce qu'il y avait dans le grand carton.

Juliet Butler éprouvait un peu de claustrophobie dans les bras de son adversaire.

– Arrête, Sam, souffla-t-elle. Tu m'étouffes.

Samsonetta frappait du pied le tapis du ring, produisant de grands bruits sourds qui se répercutaient dans toute la salle, tandis qu'elle faisait du spectacle en serrant le cou de Juliet.

– C'est ça l'idée, Jules, murmura-t-elle avec son accent de Stockholm qui allongeait les voyelles. Je chauffe la salle, tu te souviens ? Et ensuite, tu m'envoies au sol.

Juliet tourna la tête vers les trois mille spectateurs et laissa échapper un cri de douleur déchirant.

– Tue-la ! hurlèrent les plus gentils.

– Tue-la et casse-la en deux, crièrent ceux qui l'étaient moins.

– Tue-la, casse-la en deux et piétine les morceaux, hurlèrent les plus hargneux qu'on reconnaît généralement à la violence des slogans inscrits sur leurs T-shirts et à la bave qui leur coule des lèvres.

– Attention, Sam, tu fais bouger mon masque.

– Un si joli masque, en plus.

Juliet portait une tenue dont l'élégance faisait d'elle l'une des catcheuses préférées du public. Elle se composait d'un justaucorps très moulant couleur de jade et d'un petit masque pour les yeux qui était en fait un gel relaxant couvert de paillettes.

« Si je dois porter un masque, s'était dit Juliet, autant qu'il soit bon pour ma peau. »

Elles se préparèrent à la mise au sol qui était la marque de fabrique de Samsonetta : un surpassement arrière, facilité par l'extraordinaire puissance de ses bras. D'ordinaire, lorsque ses adversaires conservaient encore la moindre étincelle d'énergie après cette manœuvre, Sam se laissait simplement tomber sur elles et c'était terminé. Mais comme Juliet était la préférée du public, la prise ne devait pas se dérouler comme prévu. Les amateurs de catch aimaient bien voir leur héros prendre le plus de coups possible, mais sans être vaincu.

Sam prépara la prise en demandant à la foule si elle voulait le *body slam* qui consistait à jeter violemment l'adversaire au sol en le faisant tomber sur le dos.

– Fous foulez ? hurla-t-elle en exagérant son accent.

– Oui ! crièrent les spectateurs qui agitaient les poings en l'air.

– Le *body slam* ?

– *Le slam* ! scanda le public. *Slam ! Slam!*!

Quelques-uns scandèrent d'autres slogans plus rudes mais ils furent bientôt entourés par des agents de la sécurité.

– Fous foulez un *slam* ? Alors, je fais slammer.

Généralement, Samsonetta disait plutôt « Alors, je slamme », mais Max, l'organisateur de Lucha Slam, aimait bien qu'elle remplace les v par des f chaque fois que c'était possible car, pour une raison mystérieuse, cette façon de parler mettait la foule en délire.

Elle se pencha donc en arrière et projeta violemment au sol la malheureuse Princesse de Jade, ce qui aurait marqué la fin du combat si la Princesse n'avait réussi à se retourner en l'air pour atterrir sur le bout des doigts et la pointe des pieds. Mais ce n'était pas encore le plus impressionnant. Le plus impressionnant, ce fut qu'elle se releva d'un bond en tournant brusquement la tête, si bien que l'anneau de jade attaché à sa queue-de-cheval blonde frappa de plein fouet la mâchoire de Samsonetta. Le choc envoya la géante au tapis.

Étalée de tout son long sur le dos, Samsonetta gémit,

se plaignit, se frotta la mâchoire pour la faire rougir et se retourna comme un morse sur un rocher brûlant.

Elle jouait très bien son rôle et, pendant un instant, Juliet eut peur que l'anneau de jade ne lui ait vraiment fait mal. Mais Sam lui lança un clin d'œil à la dérobée et Juliet sut que c'était de la comédie.

– Tu en as eu assez, Samsonetta ? demanda Juliet en bondissant avec souplesse sur la troisième corde. Tu en veux encore ?

– Non, geignit sa prétendue adversaire qui décida de placer un autre f pour faire plaisir à Max. Je n'en feux plus.

Juliet se tourna vers la salle.

– Je lui en donne encore ?

« Oh non, aurait dit un public imaginaire. Ça suffit, ce serait de la barbarie. »

Mais le public réel lança plutôt :

– Tue-la !

– Emmène-la faire un tour en ville ! (Ce qui n'avait pas grand sens car ils étaient déjà en ville.)

– Fais-lui vraiment mal !

« Vraiment » signifiait que faire simplement mal n'était pas suffisant.

« J'adore ces gens-là », pensa Juliet avant de se lancer de la corde où elle était perchée pour infliger le coup de grâce.

Le mouvement aurait pu être très beau. Une magnifique double roulade complétée d'un bon coup de coude dans l'estomac, qui aurait arraché à son adversaire un *ouuuuufff* très agréable à l'oreille, mais quelqu'un surgit de l'ombre et attrapa Juliet en plein bond, la jetant brutalement dans un coin du ring. Plusieurs autres attaquants, silencieux et musclés, s'entassèrent sur Juliet jusqu'à ce qu'on ne voie plus de la jeune fille qu'une jambe vêtue de vert.

Dans l'ombre, là où il observait la scène derrière une rampe de projecteurs, Butler sentit une boule de terreur lui tomber au creux de l'estomac et il marmonna :

– C'est là que j'interviens.

Mais la désinvolture de sa voix était très éloignée de ses sentiments réels.

La foule applaudissait encore l'arrivée inattendue des *luchadores* de l'équipe des Ninjas qui portaient leur fameuse combinaison noire sous un trench-coat. Ils étaient venus venger la récente défaite de leur maître face à la Princesse de Jade au Quadroslam de Mexico. Des invités-surprises se montraient souvent sans se faire annoncer dans les rencontres de catch, mais une équipe entière de Ninjas constituait un bonus de choix.

Les Ninjas n'étaient plus qu'une masse grouillante de bras et de jambes qui gesticulaient en tous sens, chacun s'efforçant de frapper la Princesse de Jade, et la frêle jeune fille ne pouvait que rester là à encaisser les coups.

Butler s'approcha du ring en silence. L'élément de surprise faisait souvent la différence entre la victoire et la défaite lorsque les chances étaient contre soi. Mais s'il avait été honnête avec lui-même, Butler aurait avoué qu'en secret, il pensait presque toujours que les chances étaient en sa faveur, même dans ce cas précis où il était à douze contre un. Ou plutôt douze contre deux, si Juliet était encore consciente, c'est-à-dire six contre un, ce qui signifiait pratiquement l'égalité. Quelques instants auparavant, Butler avait éprouvé une certaine gêne dans son costume d'emprunt qui se composait d'un justaucorps et d'un masque en fausse peau d'ours. Mais à présent, tout embarras était oublié car son cerveau se trouvait dans cet état de froideur qu'il appelait le mode combat.

« Ces gens font du mal à ma sœur », pensa-t-il, son professionnalisme glacé craquant sous l'ardeur de sa colère.

Il était temps de se mettre au travail.

Avec un grognement parfaitement adapté à son costume d'Ours Fou, Butler se précipita sur le ring en passant sous la première corde. Il s'avança à pas vifs sur le tapis et attaqua les Ninjas avec une remarquable économie de mouvements. Il n'y eut pas de monologue menaçant et il ne tapa même pas du pied pour annoncer son arrivée, ce qui n'était pas très courtois. Il se contenta d'enlever les Ninjas un par un comme s'il s'était agi d'un jeu de Jenga.

Pendant les trente secondes qui suivirent, on vit des membres battre l'air de tous côtés et on entendit des hurlements suraigus qui auraient rendu jalouses des adolescentes hystériques assistant au concert d'un *boys band*. Enfin, Juliet put émerger.

Butler constata que sa sœur était intacte et il lui sourit derrière son masque.

– Salut, dit-il. Je suis arrivé à temps.

En guise de remerciement pour lui avoir sauvé la vie, Juliet enfonça violemment quatre doigts dans son plexus solaire, lui coupant le souffle.

– Aarrrg, grogna-t-il.

Puis il ajouta :

– Queeeesfeeeh.

Ce qui était censé signifier : « Qu'est-ce que tu fais ? »

Deux Ninjas qui avaient repris leurs esprits essayèrent, en quelques mouvements stylisés, de revenir sur leur attaquant, mais ils ne reçurent pour toute récompense qu'une série de claques administrées avec désinvolture.

– Faites attention, lança sèchement Butler qui avait retrouvé son souffle et les fixait d'un regard noir. J'ai besoin d'une minute de tranquillité pour régler une affaire de famille.

Du coin de l'œil, il vit un objet scintiller dans un mouvement brusque qui brouillait ses contours. La main gauche de Butler se tendit automatiquement pour attraper l'anneau de jade solidement accroché dans la queue-de-cheval blonde de sa sœur.

– Wouaoh, dit Juliet. Personne n'avait jamais réussi ça jusqu'à maintenant.

– Vraiment ? répondit Butler en lâchant l'anneau. Personne ?

Les yeux de Juliet s'écarquillèrent derrière son masque.

– Personne en dehors de… mon frère. C'est toi ?

Avant que Butler ait pu répliquer, Juliet fit un pas de côté et son avant-bras s'abattit comme une hache d'armes sur un Ninja qui avait l'air de vouloir les attaquer par-derrière. Mais peut-être cherchait-il plutôt à fuir ce ring où la douleur habituellement feinte par des comédiens convaincants était devenue pour une fois bien réelle.

– Vous n'avez donc pas entendu ce qu'a dit ce monsieur ? Nous avons besoin d'un peu de temps pour parler d'une affaire de famille.

Les Ninjas reculèrent vers les cordes en gémissant. Même Samsonetta paraissait un peu inquiète.

– Grand frère, reprit Juliet, je suis en plein milieu d'un combat où nous avons des comptes à régler. Qu'est-ce que tu fais ici ?

D'autres auraient mis plus longtemps à se rendre compte que quelque chose n'allait pas, mais pas Butler. Des années passées à protéger Artemis Fowl lui avaient appris à comprendre une situation au huitième de tour.

– Il est clair que ce n'est pas toi qui m'as fait venir. Il faut que nous partions d'ici pour que je sache ce qui s'est passé.

Juliet fit une moue boudeuse qui ramena Butler dix ans en arrière, lorsqu'il lui avait interdit de se raser la tête.

– Je ne peux pas m'en aller comme ça, dit-elle. J'ai des fans qui s'attendent à me voir faire la roue et t'expédier au tapis dans le style qui fait mon charme.

C'était vrai. Les spectateurs, dans le camp de la Princesse de Jade, bondissaient sur leurs sièges en poussant des hurlements pour exiger le sang de l'Ours Fou.

– Si je m'en vais maintenant, on risque l'émeute.

Butler jeta un coup d'œil à l'écran géant suspendu au plafond et vit un gros plan de lui-même regardant l'écran qui aurait suffi à donner mal à la tête à n'importe qui.

Une voix résonna dans quatre vieux haut-parleurs coniques attachés aux quatre coins de l'écran :

– Qui est ce personnage, les amis ? Serait-ce l'Ours Fou venu défier sa vieille ennemie la Princesse de Jade ?

Juliet pointa le menton.

– Max. Toujours prêt à profiter de tout.

– Juliet, nous n'avons pas de temps pour ça.

– Qui que ce soit, poursuivit Max, nous n'allons pas le laisser sortir d'ici avec notre Princesse, n'est-ce pas, *amigos* ?

À en juger par la longue et forte réaction de la salle, les spectateurs payants n'accepteraient pas l'idée que l'Ours Fou se contente de partir avec la Princesse. Le langage employé était très fleuri et Butler aurait juré que les murs tremblaient légèrement.

Il fit trois pas très rapides vers le côté du ring et agita un doigt réprobateur sous le nez d'un petit homme qui tenait un micro.

Butler fut surpris de voir le petit homme monter d'un bond sur la table, piétiner sa propre casquette, puis hurler dans le micro :

– Tu me menaces, Ours Fou ? Après tout ce que j'ai fait pour toi ? Quand ces gardes forestiers t'ont trouvé vivant au milieu des grizzlys, qui t'a ramené ? Max

Schetlin, voilà qui. Et c'est comme ça que tu me remercies ?

Butler laissa ces vociférations sans réponse.

– OK, Juliet. Nous devons sortir d'ici tout de suite. Le temps presse. Quelqu'un a voulu m'écarter de son chemin. Peut-être quelqu'un qui en veut à Artemis.

– Il faut que tu sois beaucoup plus précis que ça, frérot. Artemis a plus d'ennemis que toi et tu en as déjà pas mal, en ce moment.

C'était vrai. La foule devenait agressive, une agressivité feinte pour la plus grande part, mais l'œil aigu de Butler repéra dans les premiers rangs des dizaines de fans qui semblaient prêts à se ruer sur le ring.

« Il faut que je me fasse bien comprendre, songea-t-il. Que je montre à ces gens qui est le patron. »

– On descend du ring, Jules. Maintenant.

Juliet fit ce qu'il lui disait sans protester. Le visage de Butler avait cette expression caractéristique des grands jours. La dernière fois qu'elle lui avait vu cet air-là, son frère s'était frayé un chemin en défonçant à coups de poing la coque d'un yacht capturé par des pirates somaliens et avait coulé le bateau dans le golfe d'Aden.

– Ne fais pas de mal à Samsonetta, ordonna-t-elle. Nous sommes amies.

Butler hocha la tête en signe de désapprobation.

– Amies ? Je savais bien que c'était de la comédie.

Dans le coin opposé du ring, Samsonetta et les Ninjas étaient occupés à prendre des poses agressives. Ils tapaient du pied, donnaient des coups de poing dans le vide et se menaçaient sans attaquer vraiment.

Lorsque Juliet eut franchi les cordes sans dommage, Butler se tourna vers son propre coin et donna un violent coup d'épaule dans le coussin de rembourrage qui entourait le poteau. Sous le choc, le poteau fut presque arraché.

– L'Ours Fou est vraiment fou, croassa Max. Il s'en prend au ring, maintenant. Allez-vous supporter ça longtemps, Ninjas ? Cet homme dégrade le symbole même de notre tradition sportive.

Apparemment, les Ninjas étaient prêts à accepter qu'on dégrade un peu leur symbole si cela pouvait leur éviter d'être attaqués par cette montagne de muscles qui avait démonté leur pyramide humaine avec la facilité d'un enfant détruisant un château de cartes.

Butler frappa à nouveau le poteau de métal qui, cette fois, fut arraché net. Il le souleva, se glissa hors du ring, et se mit à faire tourner le poteau entre ses mains pour entortiller les cordes.

On n'avait jamais vu cela et il se passa plusieurs secondes avant que les spectateurs puissent apprécier le spectacle. Par la suite, la manœuvre serait connue sous le nom d'*essorage* et allait élever le véritable Ours Fou – qui pour l'instant était évanoui, ivre mort, dans une ruelle à l'arrière du théâtre – au rang de *luchador* superstar.

Même la tirade de Max Schetlin s'interrompit pendant que son cerveau s'efforçait de comprendre ce qui se déroulait sous ses yeux.

Butler tira profit de cette immobilité stupéfaite pour tourner rapidement le poteau une demi-douzaine de fois, arrachant deux autres piquets de leurs alvéoles.

« Ce n'est pas aussi difficile qu'il y paraît, songea-t-il en regardant son image sur l'écran géant. Un ring n'est rien de plus qu'une tente à l'envers. Un adolescent bien nourri pourrait le démanteler. »

Il prit les trois poteaux dans ses bras et les fit habilement pivoter en tendant les cordes de plus en plus.

Deux Ninjas eurent la présence d'esprit de s'échapper pendant qu'il en était encore temps mais, pour la plupart, les autres restèrent debout, bouche bée. Il y en eut même deux qui crurent rêver et s'assirent sur le tapis, les yeux fermés.

Butler adressa un signe de tête à Samsonetta.

– Filez d'ici, Miss.

Samsonetta fit une véritable révérence, ce qui ne correspondait pas du tout à son personnage, et passa sous les cordes en compagnie d'un Ninja à l'esprit suffisamment alerte pour profiter de cette porte de sortie. Ses coéquipiers se retrouvèrent de plus en plus serrés les uns contre les autres à mesure que Butler faisait tourner les poteaux. Chaque nouvelle torsion arrachait des gémissements aux vieilles cordes fatiguées et à ceux qu'elles retenaient prisonniers. Le public commença à comprendre et se mit à pousser des acclamations à chaque nouveau tour. Plusieurs spectateurs ravis incitaient Butler à écraser les Ninjas jusqu'à ce qu'ils n'aient plus un souffle d'air dans les poumons, mais le garde du corps se contenta de les tasser comme les passagers du métro de Londres aux heures d'affluence. Et lorsqu'il leur fut impossible de bouger, il les fit glisser sur le côté du ring puis remit le premier poteau en place.

– Je m'en vais, maintenant, dit-il. Et je vous conseille à tous de rester tranquilles au moins jusqu'au moment où j'aurai quitté le pays, sinon, je serai très mécontent.

Butler n'avait pas le pouvoir magique du mesmer mais le ton de sa voix était néanmoins très convaincant.

– OK, Ours, du calme, dit le seul Ninja qui portait un foulard blanc – peut-être le chef. Tu t'éloignes beaucoup du scénario. Max va devenir fou.

– Ne te fais pas de souci pour Max, je m'en occupe, répondit Butler. Fais-toi du souci si tu me causes du souci.

Le froncement de sourcils du Ninja fut manifeste derrière les plis de son foulard.

– Quoi ? Pour qui devrais-je me faire du souci ?

Butler grinça des dents. Les dialogues étaient moins faciles qu'on aurait pu le croire en voyant des films.

– Ne bouge pas jusqu'à ce que je sois parti. D'accord ?

– Ouais. Tu aurais dû me le dire plus tôt.

– Je sais.

Du point de vue d'un garde du corps, il y avait tant de choses qui n'allaient pas dans la situation présente que Butler en venait presque à désespérer. Il se tourna vers sa sœur.

– Ça suffit. Il faut que je trouve un endroit pour réfléchir. Quelque part où il n'y ait pas de Lycra.

– OK, Dom, suis-moi.

Butler descendit de la plateforme.

– Si tu pouvais t'abstenir de crier mon nom sur les toits. Il est censé rester secret.

– Pas pour moi. Je suis ta sœur.

– C’est possible. Mais il y a des milliers de personnes ici et la moitié d’entre elles ont des caméras.

– Ce n’est pas comme si je disais le nom en entier. Ce n’est pas comme si je disais Dom-o…

– Arrête ! l’avertit Butler. Je parle sérieusement.

L’entrée des artistes n’était qu’à une vingtaine de mètres et les accents familiers de leurs querelles de famille réchauffaient le cœur de Butler.

« Je crois que nous allons y arriver », pensa-t-il dans un rare moment d’optimisme.

Ce fut à ce moment-là que l’image retransmise sur le grand écran laissa place à deux immenses yeux rouges au regard flamboyant. Bien qu’on associe généralement les yeux rouges à des choses désagréables telles que les vampires, les irritations par le chlore ou la conjonctivite, ces deux yeux-là avaient un regard amical qui inspirait une infinie confiance. En fait, quiconque contemplait leurs profondeurs fluides et tourbillonnantes sentait que tous ses problèmes seraient très vite résolus pourvu qu’il fasse ce que le propriétaire de ces yeux lui dirait de faire.

Par inadvertance, Butler perçut ce regard du coin de l’œil mais il se hâta de baisser la tête.

« La magie des fées, comprit-il. Cette foule est sur le point d’être mesmérisée. »

– Regardez-moi dans les yeux, dit une voix qui sortait de tous les haut-parleurs de la salle.

La voix parvint même à envahir les appareils photo et les téléphones portables du public.

– Wouaoh, dit Juliet d'un ton monocorde qui ne convenait pas à cette exclamation. Il faut absolument que je regarde ces yeux.

Juliet aurait peut-être répugné à faire ce que la voix de velours ordonnait si elle avait gardé le moindre souvenir de ses rencontres avec le Peuple des fées. Malheureusement, ces souvenirs avaient été effacés de sa mémoire.

– Fermez les issues, recommanda la voix. Fermez toutes les issues. Utilisez vos propres corps pour cela.

Juliet arracha son masque qui l'empêchait de bien voir l'écran.

– Grand frère, il faut que nous bloquions les issues avec nos propres corps.

Butler ne voyait pas ce qu'il pourrait arriver de pire. Des centaines de fans de catch en transe se massaient déjà dans les allées pour bloquer physiquement les entrées et les sorties.

Bloquer les issues avec leurs corps ? Cette fée donnait des consignes très précises.

Butler se doutait qu'un nouvel ordre allait suivre, mais il y avait peu de chance que ce soit de joindre les mains en chantant des chansons de marin. Non, il était certain que ce qui sortirait de cet écran ne serait pas inoffensif.

– Et maintenant, tuez l'Ours et la Princesse, dit la voix aux intonations multiples, certaines un peu décalées, ce qui donna au ssss de « princesse » un son particulièrement sifflant.

« Tuez l'Ours et la Princesse. Charmant. »

Butler remarqua une lueur menaçante dans l'œil de sa sœur lorsqu'elle prit conscience que l'Ours, c'était lui.

Que ferait-elle, se demanda-t-il, lorsqu'il lui viendrait à l'esprit que la Princesse, c'était elle ?

« Ça n'a pas d'importance, se dit-il. Nous serons peut-être morts bien avant. »

– Tuez l'Ours et la Princesse, répéta Juliet d'une voix monocorde, dans un parfait unisson avec la foule mesmérisée.

– Et prenez votre temps pour cela, poursuivit la voix magique dans laquelle on percevait à présent un accent de gaieté. Faites un peu traîner les choses. Comme vous dites, vous autres les humains, on n'a rien sans mal.

« Un comique, songea Butler. Donc, ce n'est pas Opale Koboï. »

– Il faut que je te tue, grand frère, dit Juliet. J'en suis désolée. Vraiment.

« Peu probable », pensa Butler. Dans un bon jour, s'il était drogué, avec un bandeau sur les yeux, Juliet aurait peut-être pu lui infliger quelques dommages mais, d'après l'expérience qu'il en avait, le mesmer rendait les gens lents et stupides. Une grande partie de leur cerveau était hors d'usage et celle qui fonctionnait encore n'avait aucune chance de remporter un prix Nobel.

Juliet essaya un coup de pied circulaire mais elle perdit l'équilibre et tomba dans les bras de son frère. Projeté par le mouvement, son anneau de jade frappa Butler en plein sur l'oreille, ce qui eut le don de l'irriter.

« Même quand elle est mesmérisée, ma sœur est agaçante. »

Butler souleva Juliet sans difficulté puis tendit ses muscles pour préparer sa fuite.

– Te tuer, marmonna sa sœur. Désolée. Il le faut.

Puis elle ajouta :

– Des fées ? Tu te moques de moi ?

Se rappelait-elle le siège du manoir des Fowl ? se demanda Butler. Le mesmer avait-il par hasard ramené des souvenirs à la surface ?

Il tenterait de le savoir plus tard, si toutefois il y avait pour eux un « plus tard ». Butler avait une très grande confiance dans ses propres capacités, mais il doutait fort qu'il puisse affronter un théâtre plein de zombies, même s'ils n'avaient pas le pied très léger.

– Mettez-vous au travail, mes serviteurs humains, dit la voix qui accompagnait les yeux rouges. Creusez-vous profondément la cervelle, dans ses plus obscurs recoins, aussi imparfaits soient-ils. Ne laissez aucune trace que les autorités puissent découvrir.

« Ne laissez aucune trace ? Que sont-ils censés faire avec les traces ? »

Il valait mieux ne pas poser la question, la réponse risquait d'être fausse.

« Fosse aux ours, bien sûr ! pensa Butler. Ha ! Ha ! Ha ! » Puis il se demanda : « Des jeux de mots ? Est-ce que j'ai le temps de faire des jeux de mots ? Serait-il possible que je sois épuisé ? Reprends-toi, mon vieux. Tu as connu pire. »

Quoique, en voyant ces dizaines de spectateurs devenus soudain psychopathes, qui descendaient les gradins d'un pas lourd, les membres raides, Butler aurait été bien incapable de se souvenir en quelle occasion.

Dans l'allée centrale, un homme court et gras, d'une

quarantaine d'années, arborant un T-shirt Undertaker et coiffé d'un chapeau au nom d'une marque de bière, montra Butler du doigt.

– Ouuuurs ! hurla-t-il. Ouuuurs et Princesse !

Butler emprunta un mot au lexique des fées.

– Nom de nom ! dit-il.

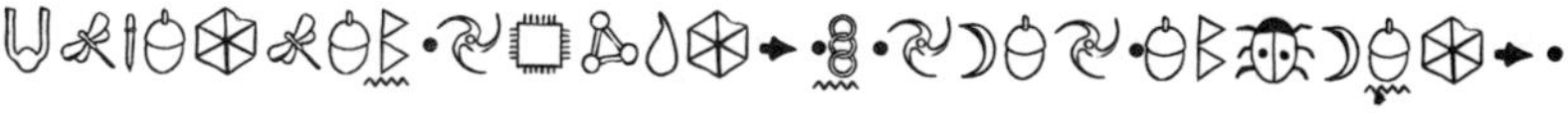

Chapitre 3

LE LEVER D'ORION

LE VATNAJÖKULL, ISLANDE, MAINTENANT

Artemis passait d'une psychose à une autre.

– Tu n'es pas réel ! criait-il au vaisseau qui descendait vers lui. Tu n'es qu'une hallucination, mon ami.

Il plongeait alors dans la paranoïa.

– C'est vous qui avez organisé tout cela, criait-il à Holly. Qui sont vos complices ? Foaly, sans aucun doute. Butler ? Avez-vous retourné mon fidèle garde du corps contre moi ? Avez-vous réussi à entrer par effraction dans son esprit pour y imposer vos propres vérités ?

Sur le toit du restaurant, le micro directionnel du casque de Holly ne captait qu'un mot sur deux, mais c'était suffisant pour se rendre compte qu'Artemis n'était plus l'être parfaitement logique qu'elle avait connu.

« Si l'ancien Artemis pouvait voir le nouveau, il mourrait de honte. »

Tout comme Butler, Holly avait du mal à contrôler

son sens de l'humour passablement frondeur, quelle que soit l'horreur de la situation.

– Reprenez-vous ! cria-t-elle. Cet engin est bien réel !

– C'est ce que vous voulez me faire croire. Ce vaisseau n'est qu'un rouage de votre complot…

Artemis s'interrompit. Si ce vaisseau était un rouage du complot et que le complot était réel, alors le vaisseau devait lui-même être réel.

– Cinq ! lança-t-il soudain, après avoir oublié d'y penser pendant une bonne minute. Cinq, dix, quinze.

Il pointa ses dix doigts vers l'engin en les agitant furieusement.

« Un salut à dix doigts. Ça va sûrement anéantir cette vision. »

On aurait dit que les doigts avaient un effet. Les quatre moteurs en forme de disque qui traînaient derrière le fuselage comme des marionnettes impuissantes attachées à leur maître déchaîné se retournèrent soudain et commencèrent à émettre des impulsions d'énergie antigravitationnelle sous la forme de grosses bulles qui flottaient vers le sol en ralentissant la descente du vaisseau plus vite qu'il ne semblait possible pour un engin aux dimensions aussi peu élégantes.

– Ah ! croassa Artemis. Je contrôle ma propre réalité. Vous avez vu ça ?

Holly savait que, loin de contrôler quoi que ce soit, Artemis assistait aux manœuvres d'atterrissage d'une sonde féerique. Elle-même n'avait jamais piloté une sonde spatiale, mais elle savait que rester sous un tel monstre pendant qu'il projetait des bulles antigravitationnelles suffisait largement à se faire tuer. Et agiter les doigts comme un magicien de fête foraine n'allait rien y changer.

« Il faut que je me relève », pensa-t-elle.

Mais la blessure de sa jambe l'immobilisait comme un couvercle de plomb.

« Je crois que j'ai une fracture du bassin, se dit-elle. Ma cheville aussi est peut-être cassée. »

La magie de Holly avait une puissance inhabituelle, grâce à un supplément d'énergie que lui avait donné N° 1, son ami le démon, qui était en train de devenir le sorcier le plus doué que l'université ait jamais compté dans ses rangs. Cette force magique était déjà à l'œuvre, mais elle n'allait pas assez vite. Artemis n'avait plus que deux secondes avant que l'une de ces bulles d'antigravitation ne le déchiquette ou que le vaisseau lui-même n'atterrisse sur sa tête. Et il n'était pas nécessaire d'être un génie pour comprendre ce qui se passerait à ce moment-là. Tant mieux, d'ailleurs, car Artemis avait apparemment cessé d'être un génie.

– Assistance, lança-t-elle dans son système de communication. Quelqu'un. N'importe qui. Il y a quelqu'un ?

Il n'y avait personne. La magie ne pouvait plus rien pour ceux qui se trouvaient dans la navette et Foaly était toujours coincé la tête en bas dans son tas de neige.

« Même s'il y avait quelqu'un, ce serait trop tard. »

Au moment où le sol subissait l'impact de la force antigravitationnelle, de longues fissures se dessinèrent sur la glace, comme sous l'effet de coups de marteau. Les fissures se multiplièrent à la surface du glacier dans un bruit qui ressemblait à des branches qu'on casse, creusant des dolines à travers les cavernes souterraines situées au-dessous.

Le vaisseau avait la taille d'un silo à grain et semblait lutter contre la poussée de ses moteurs au bout de leurs câbles, éjectant des panaches de vapeur et des jets de liquide. Une pluie de combustible trempa Artemis de la tête aux pieds, ce qui n'incitait guère à douter de la réalité de l'engin. Mais s'il y avait quelque chose qu'Artemis n'avait pas perdu, c'était son obstination et il resta fermement sur place, refusant de céder à ses dernières bribes de bon sens.

– Qui s'en soucie ? marmonna-t-il.

Holly parvint à entendre ces derniers mots et pensa : « Moi, je m'en soucie. »

Les situations désespérées appellent des solutions tout aussi désespérées.

« Il n'y a plus rien à perdre », songea Holly, en tapotant le holster fixé sur sa cuisse.

Elle sortit son pistolet dans un geste qui décrivit un arc un peu moins précis que d'habitude. L'arme était synchronisée avec son viseur mais Holly n'avait pas le temps de vérifier les réglages. Elle se contenta d'appuyer sur le capteur de commande avec son pouce, puis elle parla clairement dans le micro de son casque.

– Pistolet (pause pour laisser retentir le bip). Non mortel. Commotion gros calibre.

– Désolée, Artemis, grommela-t-elle.

Elle dirigea alors un tir de trois bonnes secondes sur son ami humain.

Artemis avait de la neige fondue jusqu'aux chevilles et semblait en plein délire lorsque Holly pressa la détente.

Le rayon le frappa comme une anguille électrique géante. Son corps fut soulevé et projeté dans les airs juste avant que la sonde touche le sol dans un choc à briser les os, écrasant l'endroit où il se tenait un instant plus tôt.

Artemis tomba dans un cratère comme un sac de petit bois et disparut du champ de vision de Holly.

« Ça va mal », pensa-t-elle.

Puis elle vit ses propres étincelles magiques danser devant ses yeux, telles des lucioles fureteuses aux reflets d'ambre.

« Fermeture, comprit-elle. Ma magie me plonge dans le sommeil pour que je puisse guérir. »

Du coin de l'œil, Holly vit une porte s'ouvrir dans le ventre de la sonde et une passerelle hydraulique se déployer. Quelque chose sortait.

« J'espère que je vais me réveiller, songea Holly. Je déteste la glace et je ne veux pas mourir dans le froid. »

Puis elle ferma les yeux et ne sentit pas son corps inanimé rouler du toit et tomber sur un tas de neige.

Une minute plus tard, tout au plus, Holly battit des paupières et ouvrit les yeux. Le réveil lui sembla heurté et irréel, comme un documentaire montrant une zone de guerre. Holly ne se souvenait pas de s'être relevée mais, soudain, elle se retrouva debout, traînée par Foaly qui paraissait hirsute, sans doute parce que sa magnifique mèche avait été entièrement roussie et se dressait à présent sur le sommet de son crâne comme un nid d'oiseau. Mais surtout, il avait l'air déprimé.

– Venez, capitaine, cria-t-il, sa voix légèrement décalée par rapport à ses lèvres. Il faut se remuer.

Holly toussa en crachant des étincelles ambrées et ses yeux se mouillèrent.

« De la magie ambrée, à présent ? Je dois me faire vieille. »

Foaly la secoua par les épaules.

– Reprenez vos esprits, capitaine. Nous avons du travail.

Le centaure recourait à la psychologie traumatique. Holly connaissait. Elle se souvenait des cours de formation au centre de police.

« En cas de stress au combat, faites appel au professionnalisme des soldats. Répétez leur grade. Insistez pour qu'ils accomplissent leur devoir. Cela n'aura pas d'effet bénéfique à long terme sur les blessures psychologiques mais sera peut-être suffisant pour revenir à la base. »

C'était le commandant Vinyaya qui avait assuré ces cours.

Holly essaya de se reprendre. Sa jambe paraissait fragile au-dessous du genou et son bassin était traversé de vibrations dues à la douleur entraînée par la guérison, un phénomène connu sous le nom de « brûlure magique ».

– Artemis est vivant ? demanda-t-elle.

– Sais pas, répondit Foaly avec brusquerie. C'est moi qui ai construit ces choses-là, vous savez. Je les ai *conçues*.

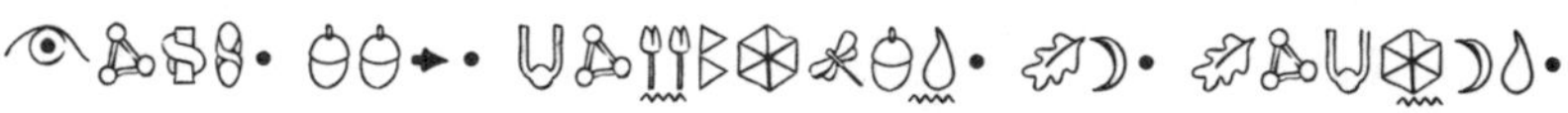

– Quelles choses ?

Foaly l'entraîna vers une pente du glacier dont la surface paraissait vitrifiée, plus lisse qu'une patinoire.

– Les choses qui sont à notre recherche. Les Amorphobots. Ils sont sortis de la sonde.

Ils glissèrent jusqu'au bas de la déclivité, penchés en avant pour conserver leur équilibre.

Holly semblait atteinte d'un rétrécissement du champ visuel, malgré sa visière panoramique. Les zones latérales de sa vision crépitaient d'étincelles ambrées.

« Mon processus de guérison n'est pas terminé. Je ne devrais pas bouger. Par les dieux, quels dégâts vais-je encore m'infliger ? »

Foaly parut lire dans ses pensées, mais il devait plutôt s'agir d'empathie féerique.

– Il fallait que je vous sorte de là. Un de mes Amorphobots se dirigeait vers vous en avalant tout sur son passage. La sonde a traversé la glace et seuls les dieux savent où elle a pu aller. Essayez de vous appuyer sur moi.

Holly approuva d'un signe de tête puis se remit à tousser. Les gouttes de salive qu'elle expulsa furent instantanément absorbées par sa visière poreuse.

Ils traversèrent d'un pas claudicant l'étendue de glace en direction du cratère où Artemis avait atterri. Il était très pâle et un filet de sang coulait du coin de ses lèvres, se perdant dans ses cheveux. Foaly s'agenouilla sur ses jambes antérieures et s'efforça de lui faire reprendre conscience en lui parlant sans ménagement.

– Allez, Bonhomme de Boue, dit-il en lui donnant un petit coup dans le bras. Ce n'est pas le moment de se baguenauder.

Artemis répondit par un brusque mouvement du bras à peine perceptible. C'était déjà bien ; Holly savait au moins qu'il était toujours vivant.

Elle trébucha alors contre le bord du cratère et tomba au fond.

– Se baguenauder ? dit-elle dans un souffle. Ça existe, ce mot-là ?

Foaly donna encore un petit coup à Artemis.

– Oui, ça existe. Vous pourriez peut-être essayer de tuer ces robots avec votre crayon ?

Le regard de Holly s'illumina.

– Vraiment ? Je peux faire ça ?

Foaly s'ébroua.

– Certainement, si la mine de votre crayon est remplacée par un super rayon de magie démoniaque.

Holly était toujours étourdie mais, même dans l'état second où l'avaient plongée ses blessures et le stress du combat, le caractère critique de la situation lui apparaissait clairement. Ils entendirent d'étranges cliquetis métalliques et des cris d'animaux qui résonnèrent dans l'atmosphère, doucement au début, puis avec une force et un rythme de plus en plus intenses, jusqu'à la frénésie.

Holly avait l'impression que ce bruit lui raclait le front, comme si on lui avait arraché la peau.

– Qu'est-ce que c'est que ça ?

– Les Amorphobots communiquent entre eux, chuchota Foaly. Ils se transfèrent des térabytes d'informations par un système sans fil. Ils se mettent au courant les uns les autres. Il suffit que l'un d'eux sache quelque chose pour qu'ils le sachent tous.

Holly examina les fonctions vitales d'Artemis à travers les capteurs de sa visière. Les données qui s'inscrivaient en lettres lumineuses l'informèrent qu'il avait un léger souffle cardiaque et qu'on décelait une activité cérébrale inhabituelle dans son lobe pariétal. En dehors de cela, la meilleure nouvelle que pouvait lui livrer l'ordinateur de son casque, c'était que, à la base, Artemis n'était pas mort. Si elle-même avait pu survivre à leur dernière mésaventure, peut-être qu'Artemis y parviendrait également.

– Que cherchent-ils, Foaly ?

– Que cherchent-ils ? répéta le centaure avec un de ces sourires déments qui découvraient une partie trop grande de ses gencives.

Holly eut la soudaine impression que tous ses sens se concentraient à nouveau et elle sut que la magie avait fini de guérir ses blessures. Elle ressentait encore des élancements dans son bassin et il en serait sans doute ainsi pendant quelques mois, mais elle était à nouveau opérationnelle et elle pourrait peut-être les ramener dans le monde des fées.

– Foaly, reprenez-vous, dit-elle. Nous devons savoir ce que ces choses sont capables de faire.

Le centaure parut irrité que quelqu'un lui pose des questions à l'instant précis où il devait examiner de nombreux problèmes d'une importance vitale.

– Holly, vraiment ! Vous pensez que c'est le moment de donner des explications ?

– Arrêtez, Foaly ! Vous avez des informations, donnez-les.

Foaly soupira en faisant vibrer ses lèvres.

– Ce sont des biosphères. Les Amorphobots. Des machines à base de plasma, dépourvues de toute intelligence. Elles rassemblent des échantillons de plantes et les analysent dans leur plasma. C'est aussi simple que ça. Elles sont inoffensives.

– Inoffensives, lança sèchement Holly. Je pense que quelqu'un a reprogrammé vos Amorphobots, centaure.

Le sang reflua des joues de Foaly et ses doigts se contractèrent.

– Non. C'est impossible. Cette sonde est censée aller vers Mars pour y chercher des micro-organismes.

– Nous pouvons être à peu près sûrs que votre sonde a été piratée.

– Il y a une autre possibilité, suggéra Foaly. Peut-être que je suis en train de rêver tout cela.

Holly continua à le presser de questions :

– Comment peut-on les arrêter, Foaly ?

Il aurait été impossible de ne pas remarquer l'expression de peur qui passa sur le visage du centaure comme un reflet de soleil à la surface d'un lac.

– Les arrêter ? Les Amorphobots sont conçus pour résister à une exposition prolongée dans l'espace. Si vous en jetiez un à la surface d'une étoile, il survivrait suffisamment longtemps pour transmettre des informations à sa sonde mère. Bien entendu, j'ai un code

pour les supprimer mais je me doute qu'il a été neutralisé.

– Il doit bien exister un moyen. On ne peut pas leur tirer dessus ?

– Absolument pas. Ils adorent toutes les sources d'énergie. Elles nourrissent leurs cellules. Si vous tirez sur eux, vous ne parviendrez qu'à les rendre plus grands et plus puissants.

Holly posa une main sur le front d'Artemis pour vérifier sa température.

« J'aimerais bien que tu te réveilles, songea-t-elle. Nous aurions besoin tout de suite d'une de tes brillantes idées. »

– Foaly, dit-elle précipitamment. Que font les Amorphobots en ce moment ? Que cherchent-ils ?

– La vie, répondit simplement Foaly. Ils se livrent à un quadrillage systématique à partir du lieu d'arrivée de la sonde, en allant dans toutes les directions. Toutes les formes de vie qu'ils rencontrent sont absorbées dans leur sac biologique. Ils les analysent et les relâchent.

Holly jeta un coup d'œil par-dessus le bord du cratère.

– Quels sont leurs critères de recherche ?

– Ils sont réglés par défaut sur les sources de chaleur. Mais ils peuvent fonctionner à partir de n'importe quel autre critère.

« Sources de chaleur, pensa Holly. Signatures thermiques. C'est pour cela qu'ils passent tant de temps autour de la navette en feu. »

Les Amorphobots se tenaient aux quatre coins de

carrés invisibles qui formaient leur grille de recherche, avançant lentement à partir de la carcasse fumante de la navette. Ils paraissaient plutôt inoffensifs. C'étaient de grosses boules de gel équipées chacune de deux détecteurs qui émettaient une lumière rouge au centre de la sphère. On aurait dit des ballons gluants, comme dans les fêtes d'enfants. Ils avaient à peu près la taille d'une croqueballe.

« Ils ne doivent pas être si dangereux que ça. Des petites boules mollassonnes, rien de plus. »

Son opinion se transforma radicalement lorsque l'un des Amorphobots changea soudain de couleur, passant d'un vert translucide à un bleu électrique beaucoup plus agressif qui se répandit chez tous les autres. Leur sinistre criaillement se transforma en une plainte stridente et continue.

« Ils ont trouvé quelque chose », se dit Holly.

Toute l'escouade d'une vingtaine d'Amorphobots convergea vers un point unique, certains s'agrégeant les uns aux autres pour former des boules plus grandes qui filaient sur la glace avec une rapidité et une grâce qu'on n'aurait pas soupçonnées. Celui qui avait envoyé aux autres le message lumineux fut traversé d'un éclair qu'il projeta sur un monticule de neige. Un malheureux renard polaire bondit d'un panache de vapeur, la queue fumant comme la mèche d'un pétard, et détala comme une flèche.

« C'est presque comique. Presque. »

Les Amorphobots tremblotèrent comme s'ils éclataient de rire et envoyèrent en direction de l'infortuné mammifère quelques éclairs d'énergie bleue qui creusèrent dans le sol de longs sillons noirs et empêchèrent l'animal terrorisé de se réfugier au *Grand Labbe*. En dépit de l'agilité naturelle et de la vitesse du renard, les Amorphobots parvenaient à anticiper ses mouvements avec une incroyable précision, l'obligeant à courir en rond, les yeux exorbités, la langue pendante.

Il n'y avait qu'une seule fin possible à ce jeu du chat et de la souris : le plus grand des robots émit à travers les haut-parleurs à gel, presque invisibles, intégrés dans son corps, un son bas et monocorde qui avait l'impatience d'un ordre. Puis il se tourna brusquement pour continuer sa recherche. Les autres suivirent, laissant le soin à l'Amorphobot qui avait découvert le renard de poursuivre la chasse. Le robot se lassa rapidement et, d'un puissant éclair qui jaillit de son centre comme une lance, il foudroya l'animal en plein bond.

« Assassin, pensa Holly, plus furieuse qu'horrifiée. Ce n'est pas Foaly qui a pu concevoir cela. »

Le centaure surgit soudain devant elle.

– Vos yeux ont ce regard, capitaine.

– Quel regard ?

– Celui dont parlait souvent Julius Root et qui signifie : « Je suis sur le point de faire quelque chose d'extraordinairement stupide. »

Ce n'était pas le moment de discuter.

– Il faut que je retourne auprès de la caisse d'Artemis, dit-elle.

– Impossible. Que suggère le manuel des FAR dans ce genre de situation ?

Holly serra les dents. Ses deux génies étaient devenus inutiles. Elle devrait agir seule.

– Le manuel que vous avez aidé à rédiger me conseillerait de me replier à une distance de sécurité et d'établir un camp, mais je vous déclare avec le plus grand respect que ces consignes ont à peu près la même valeur qu'un gros tas de charançons de troll.

– Wouaoh. Pas mal, dans le genre respectueux. Vous connaissez l'exacte signification du mot « respect » ? Je ne suis pas un spécialiste du langage mais je suis certain que comparer mon manuel à un gros tas fumant de charançons de troll ne constitue pas une marque de respect.

– Je n'ai jamais dit « fumant », répliqua Holly.

Puis elle estima que le temps pressait et qu'elle pourrait toujours s'excuser plus tard.

– Écoutez-moi, Foaly. Je n'ai pas de liaison descendante avec le centre de police. De gros robots gélatineux essayent de nous assassiner et les seules personnes qui pourraient trouver une solution sont ou bien en train de rêver dans un sommeil profond ou, dans votre cas, en train de rêver tout éveillé. Alors, je veux que vous me couvriez pendant que je cours jusqu'à la caisse d'Artemis. Vous pensez pouvoir faire ça ?

Holly tendit au centaure son arme de secours. Foaly prit le pistolet avec prudence, comme s'il était radioactif, ce qui était le cas dans une certaine mesure.

– D'accord. Je sais comment marche cette chose. En théorie, tout au moins.

– Bien, dit Holly.

Elle remonta la pente du cratère en se tortillant sur le ventre et atteignit l'étendue glacée avant d'avoir eu le temps de changer d'avis.

Holly sentit que son torse était raide et engourdi quand elle rampa à la surface du glacier. La glace s'étirait devant elle, sculptée par le vent dominant qui avait façonné un élégant mélange de déclivités et de volutes. Un vent qui soufflait dans son dos, rendant sa progression relativement aisée, compte tenu des diverses fractures qu'elle avait subies.

« Sauvée par la magie, une fois de plus. »

Mais à présent, il ne lui en restait plus la moindre étincelle.

La carcasse du renard était allongée, encore fumante, sur un lit de neige qui fondait sous l'effet de la chaleur en lui creusant une tombe.

Holly détourna son regard des yeux du pitoyable animal, révulsés dans sa tête noircie, et contempla plutôt la caisse d'Artemis, toujours à la même place, négligée par les Amorphobots car elle se trouvait au-delà de la ligne qui délimitait leur champ d'exploration.

« Il faut que je passe cette ligne sans me faire remarquer. Leurs capteurs sont réglés par défaut sur les sources de chaleur. Je vais leur en donner de la chaleur. »

Holly alluma l'air conditionné de sa combinaison, qui n'avait plus que cinq minutes de fonctionnement, d'après les indications affichées sur sa visière, puis elle sélectionna le mode fusée de détresse de son Neutrino.

Elle battit frileusement des paupières à plusieurs reprises, ce qui déclencha par inadvertance le lecteur audio de son casque. Heureusement, le volume était au plus bas et elle parvint à éteindre Grazen McTortoor – qui chantait dans le style heavy metal son interminable *Crépuscule des trolls* – avant que les Amorphobots ne détectent les vibrations.

« Jusqu'à maintenant, la musique de Grazen McTortoor n'avait jamais tué personne. Si cela arrivait, il serait sans doute fou de joie. »

Holly se retourna sur le dos et contempla un ciel de poix et de granite, le ventre arrondi des nuages léché par les flammes.

La chaleur.

Elle leva sa main et détacha de son gant le doigt qui protégeait son index afin de pouvoir presser la détente de son arme. Elle pointa son pistolet vers le ciel et tira une salve de fusées qui jaillirent dans les airs en décrivant de larges courbes lumineuses.

« Des fusées de détresse. Si seulement quelqu'un pouvait les voir et venir à notre secours. »

Les criaillements paisibles des Amorphobots s'amplifièrent en une longue plainte et elle comprit qu'il était temps d'agir.

Holly se leva d'un bond et se mit à courir avant que son bon sens ait eu le temps d'intervenir. Elle se précipita à toutes jambes vers la caisse d'Artemis, suivant la trajectoire la plus droite possible, son arme tendue devant elle.

« Peu m'importe ce que dit Foaly. Si l'un de ces monstres aux yeux rouges s'approche de moi, on verra l'effet que lui fera une grenade à plasma dans les entrailles. »

Tous les Amorphobots sans exception avaient pointé leurs capteurs sur les fusées qui redescendaient vers le sol dans un sifflement. On aurait dit le crachotement d'un chalumeau découpant les nuages. Des périscopes à gel jaillirent des corps malléables des Amorphobots qui restèrent immobiles, suivant la trajectoire des fusées, tels des suricates à la silhouette incertaine. Peut-être avaient-ils décelé une source de chaleur incohérente qui remuait sur le glacier, mais ils étaient programmés pour établir des priorités.

« Pas si intelligents que ça, en définitive. »

Holly courut aussi vite que ses jambes fragiles le lui permettaient.

Le terrain était plat mais traître. La neige légère de septembre s'était déposée dans les ornières et Holly faillit perdre l'équilibre en marchant sur une trace de roue de tracteur. Sa cheville grinça mais ne craqua pas. Une chance.

L'elfe a une chance extraordinaire
Il s'est assis sur l'étagère
Et le petit humain benêt
L'a simplement pris pour un jouet.

Une chansonnette qu'on apprenait aux enfants pour qu'ils se tiennent tranquilles s'ils voyaient un humain.

« Deviens un petit arbre rond, les Hommes de Boue s'y tromperont. »

« Je suis un arbre, pensa Holly sans grande conviction. Un petit arbre rond. »

Jusqu'à présent, tout allait bien. Les robots étaient absorbés par les fusées et ne manifestaient aucun intérêt pour sa propre signature thermique. Elle contourna les débris de la navette, essayant de ne pas entendre les grincements de la structure métallique, de ne pas remarquer le plastron d'une combinaison de vol fondue dans le pare-brise. Derrière la navette se trouvait le grand projet d'Artemis. Un canon en forme de gros réfrigérateur.

« Merveilleux. Encore un peu plus de glace. »

Holly s'agenouilla devant ce qu'Artemis appelait son Cube de Glace et repéra très vite le panneau de commande qui, par chance, était équipé d'un capteur universel. Il était donc très facile de le synchroniser avec son propre casque. Désormais, le réfrigérateur-canon tirerait quand elle le voudrait sur la cible qu'elle aurait choisie. Elle enclencha un minuteur et, quelques secondes plus tard, elle retourna en courant à l'endroit d'où elle venait.

Elle constata que les fusées duraient très longtemps et elle se promit de féliciter Foaly pour ces nouveaux modèles. Mais, comme on pouvait s'y attendre, ce fut à ce moment-là qu'elles commencèrent à s'éteindre.

Lorsque les jolies lumières eurent disparu du ciel, les Amorphobots reprirent leur exploration méthodique, en quête de signes de vie. L'un d'eux fut désigné pour aller à la découverte de cette petite source de chaleur discontinue qui traversait leur quadrillage. Le robot roula à la surface de la glace, analysant le sol à mesure qu'il avançait. Il déploya de petits tentacules de gel pour ramasser des débris et fit même claquer comme un fouet une langue semblable à celle d'un crapaud pour intercepter une mouette rieuse qui volait bas. Si une bande-son avait dû accompagner ses mouvements, elle aurait fait entendre un rythme régulier, *tum-ti-tum-ti-tum*. La routine. Pas de souci. Sa trajectoire croisa alors celle de Holly et ils faillirent entrer en collision. Les yeux du scanner de l'Amorphobot clignotèrent et des éclairs électriques tressautèrent à l'intérieur de son corps globuleux.

« Je n'ai besoin que de quelques secondes », pensa Holly et son pistolet tira un rayon fin et précis droit dans le ventre du robot.

Le rayon pénétra le corps gélatineux mais il se diffusa dans la masse avant d'avoir pu atteindre le centre nerveux opérant au cœur de la sphère. L'Amorphobot bondit en arrière comme un ballon dans lequel on aurait donné un coup de pied, émettant une plainte qui informa immédiatement ses semblables.

Holly ne s'attarda pas pour savoir comment ils allaient réagir. Elle n'en avait pas besoin. Son ouïe très sensible, propre aux elfes, lui donna toutes les informations nécessaires : ils venaient la chercher. Tous. Leurs formes semi-solides martelaient la glace tandis qu'ils poussaient leurs cris terrifiants en se déplaçant comme les boules d'un jeu de Bongo Balls.

L'un des robots qui se trouvait sur le chemin de Holly s'écarta précipitamment, après qu'un tir de Neutrino eut creusé un trou temporaire dans sa partie supérieure. Foaly semblait prendre sa mission très au sérieux et tentait de son mieux de la couvrir tout en sachant que son arme ne pouvait tuer ces choses.

« Merci, monsieur le consultant. »

À présent, les Amorphobots convergeaient vers elle, roulant de toutes parts, éructant et couinant.

« Comme des personnages de dessin animé. »

Ce qui n'empêcha pas Holly de tirer aussi souvent qu'elle le pouvait sur ces charmantes créatures. Elle entendit vaguement Foaly lui crier de ne tirer qu'en cas de nécessité, la citation exacte étant la suivante :

« Holly, au nom de tous les dieux, cessez d'envoyer des charges énergétiques dans ces êtres entièrement constitués d'énergie. Jusqu'où ira votre stupidité ? »

Les Amorphobots tremblotaient et se serraient les uns contre les autres, devenant plus gros et plus agressifs.

– Nom de nom, souffla Holly.

Elle respirait difficilement. Son casque l'informa d'un ton joyeux que son rythme cardiaque était monté à deux cent quarante, ce qui aurait été parfait pour un lutin volant mais pas pour un elfe. En temps normal, un bon sprint n'aurait pas gêné Holly le moins du monde, ni d'ailleurs aucune des fées qui avaient réussi les épreuves physiques des FAR mais, cette fois, il s'agissait de courir à toutes jambes juste après avoir subi une guérison majeure. Elle aurait dû être à l'hôpital, en train de siroter avec une paille un breuvage de régénération.

– Encore deux minutes avant l'arrêt cardiaque, annonça son casque d'une voix guillerette. Cesser immédiatement toute activité physique serait une excellente idée.

Holly réserva environ une nanoseconde de mépris à la voix qui parlait dans son casque. Le caporal Frond, la charmante porte-parole des FAR, tout en cheveux blonds et combinaison moulante, avait récemment découvert que sa lignée remontait à Frond, le premier elfe-roi, et insistait désormais pour qu'on l'appelle « Princesse ».

Foaly était sorti du cratère et il attrapa son amie par le coude.

– Venez, Holly, il ne nous reste plus que quelques secondes de vie avant que ces créatures que vous avez menées tout droit à notre cachette nous tuent comme des rongeurs.

Holly courut aussi vite qu'elle le pouvait, sentant ses os craquer.

– J'ai un plan, dit-elle.

Ils parcoururent d'un pas trébuchant la surface du glacier jusqu'au cratère où Artemis était toujours étendu, inconscient. Un flot d'Amorphobots les suivit comme des billes roulant sur les parois d'un saladier.

Foaly plongea dans le trou, d'un mouvement dépourvu d'élégance – les centaures ne sont pas de bons plongeurs, ce qui explique pourquoi on ne les voit jamais participer aux compétitions aquatiques.

– Quelle que soit votre idée, elle ne marche pas, s'écria-t-il.

Holly plongea à son tour dans le cratère, couvrant Artemis autant qu'elle le pouvait.

– Face contre terre, ordonna-t-elle. Et retenez votre souffle.

Foaly ignora ses instructions. Son attention était attirée par le Cube de Glace d'Artemis qu'il voyait pivoter sur son socle.

– Il semble que le canon d'Artemis s'apprête à tirer, dit-il, son intérêt scientifique soudain éveillé en dépit de la mort horrible qui les menaçait.

Holly agrippa la crinière du centaure, l'entraînant brutalement vers le sol.

– Face contre terre, retenez votre souffle. C'est donc si difficile ?

– Oh, dit Foaly. Je comprends.

Il devait y avoir une poussée de chaleur quelque part car les Amorphobots s'immobilisèrent un instant, échangeant de petits cris intrigués. Le bruit fut étouffé par une forte détonation, suivie d'un sifflement.

– Oooooh, s'exclamèrent en chœur les Amorphobots en faisant jaillir des périscopes à gel.

Foaly ferma un œil et pencha une oreille.

– Un mortier, déclara-t-il.

Le sifflement s'intensifia et il estima judicieux de prendre une bonne bouffée d'air puis de recouvrir autant d'orifices qu'il était possible.

« Ça va vraiment faire mal », pensa-t-il. Pour une raison inconnue, il se mit alors à glousser de rire comme une félutinette de quatre ans.

Enfin, le cratère fut submergé par une sorte de crêpe immense, composée de nanogalettes étroitement serrées les unes contre les autres, qui se glissèrent dans les moindres fissures, recouvrant entièrement les occupants du lieu et effaçant toute signature thermique.

Les Amorphobots reculèrent à l'écart de la substance

mystérieuse, puis cherchèrent à nouveau autour d'eux les êtres qu'ils poursuivaient. Enfin, ils haussèrent leurs épaules gélatineuses et roulèrent sur les traces de leur sonde qui avait défoncé le sol et fait fondre la glace, continuant sa route dans les profondeurs des volcans souterrains.

Sous la substance visqueuse, marécageuse, deux fées et un humain étaient étendus, immobiles, des bulles s'échappant de leurs lèvres à chaque respiration.

– Ça a marché, dit enfin Holly, la voix haletante.

– Fermez-la, répliqua sèchement Foaly.

Holly dégagea sa tête des filaments gluants.

– Qu'est-ce que vous venez de me dire ?

– Ne le prenez pas personnellement, répondit Foaly. J'avais simplement envie d'être grossier avec quelqu'un. Vous avez une idée du travail que ça va représenter d'enlever ce truc de ma crinière ? Caballine va me raser, c'est sûr.

– Vous écraser ?

– Me raser. Vous êtes sourde ou quoi ?

– Non, mes oreilles sont remplies de ce machin.

Holly se retourna et fit rouler Artemis sur le dos. Avec les capteurs de son gant, elle vérifia les fonctions vitales du jeune humain.

« Toujours vivant. »

Elle lui pencha la tête en arrière pour s'assurer que ses voies respiratoires étaient dégagées.

« Reviens-nous, Artemis. Nous avons besoin de toi. »

Les Amorphobots avaient disparu et les seuls signes

de leur présence sur le Vatnajökull se réduisaient aux sillons que leur passage avait creusés dans la glace et la neige. Par bonheur, on n'entendait plus leurs criaillements, bien que leur babil eût peut-être présenté l'avantage de détourner l'attention des sinistres craquements qui s'élevaient encore de la navette en feu.

Holly se détacha d'Artemis dans un bruit qui faisait penser à un très gros sparadrap qu'on aurait lentement arraché d'une plaie purulente.

« Quel désastre, pensa-t-elle, la tête penchée sous le poids de son casque recouvert de la substance molle. Quelle totale catastrophe. »

Holly regarda autour d'elle, s'efforçant d'analyser la situation. Le commandant Vinyaya avait accompagné ses soldats dans la mort. Une sonde martienne des FAR avait été piratée par des forces inconnues et semblait en route vers le centre de la Terre. La sonde bloquait leur liaison avec Haven et il ne se passerait guère longtemps avant que les humains viennent voir ce qui avait provoqué ces tirs de fusée et ces explosions. En plus, il ne lui restait plus aucune magie pour actionner son bouclier d'invisibilité.

– Allons, Artemis, réveillez-vous, dit-elle, la voix teintée de désespoir. C'est la situation la plus dramatique que nous ayons jamais connue. Vous qui aimez tant les problèmes insolubles. Je suis désolée de vous avoir tiré dessus.

Holly arracha un de ses gants et tendit les doigts au-dessus de sa tête, en les examinant avec attention pour essayer d'y déceler une dernière étincelle.

« Rien. Plus de magie. Peut-être est-ce mieux ainsi. L'esprit est un instrument délicat et à force de se mêler de la science des fées, Artemis a fini par déclencher en lui ce complexe d'Atlantis. S'il voulait guérir, il lui faudrait recourir aux méthodes anciennes, avec cachets et électrochocs. »

« Je lui ai déjà administré son premier choc », songea Holly en ravalant un petit rire coupable.

Artemis remua sur la glace, essayant de battre des paupières sous un masque visqueux de nanogalettes.

– Unhhhh, marmonna-t-il. Eux a é irer.

– Attendez, dit Holly en enlevant de ses narines et de sa bouche des poignées de substance gluante. Je vais vous aider.

La propre invention d'Artemis coulait des commissures de ses lèvres. Il y avait quelque chose de différent dans ses yeux. Ils avaient les mêmes couleurs que d'habitude mais leur regard paraissait plus doux, d'une certaine manière.

« Tu es en train de rêver. »

– Artemis ? dit-elle.

Elle espérait presque une de ses reparties sèches et typiques du genre : « Bien sûr que c'est Artemis. Qui attendiez-vous ? » Mais il répondit simplement :

– Bonjour.

Ce qui était déjà bien et Holly en fut très contente jusqu'à ce qu'il ajoute :

– Pourriez-vous me dire qui vous êtes ?

« Ooooh, nom de nom ! »

– C'est moi, Holly, dit-elle après avoir enlevé son casque.

Artemis eut un sourire ravi.

– Ah, oui, bien sûr, dit-il. Artemis pense tout le temps à vous. Je suis gêné de ne pas vous avoir reconnue. C'est la première fois que je vous vois de si près.

– Heu... Artemis pense à moi, mais pas vous ?

– Oh, si, j'y pense sans arrêt et permettez-moi de vous dire que vous êtes encore plus ensorcelante quand on vous voit en chair et en os.

Holly sentit un mauvais présage planer au-dessus d'elle comme l'ombre d'un nuage d'orage un jour d'été.

– Alors, nous ne nous sommes jamais rencontrés ?

– Pas au sens propre du terme, répondit le jeune humain. Bien sûr, je sais qui vous êtes. Je vous ai vue de loin, submergé comme je l'étais par la personnalité d'Artemis. Au fait, merci de m'avoir libéré. Il y a déjà un certain temps que je fais des incursions dans la conscience de mon hôte, depuis qu'Artemis a développé cette petite obsession pour les chiffres, mais l'éclair qui est sorti de votre arme m'a donné le coup de pouce dont j'avais besoin. Il s'agissait bien de votre arme, n'est-ce pas ?

– En effet, répondit Holly d'un air absent. Ravie d'avoir pu vous être utile. Vous êtes le bienvenu. Enfin, je pense.

Dans toute cette confusion, une idée soudaine lui vint à l'esprit.

– Regardez ma main. Combien de doigts voyez-vous ?

Le jeune homme fit un rapide calcul.

– Quatre.

– Et ça ne vous dérange pas ?

– Non. Pour moi, un chiffre est un chiffre. Quatre n'est pas plus un présage de mort que n'importe quel autre nombre entier. Les fractions, en revanche, sont un peu bizarres.

Sa réflexion fit sourire le jeune homme. Un sourire qui exprimait une telle bonté, simple et bienheureuse, qu'Artemis en aurait eu un haut-le-cœur.

Holly, entraînée dans la psychose, fut bien obligée de poser la question :

– Si vous n'êtes pas Artemis, qui êtes-vous ?

Le garçon tendit une main dégoulinante.

– Je m'appelle Orion. Je suis si heureux de faire enfin votre connaissance. Permettez-moi de vous dire que je suis votre serviteur.

Holly serra la main offerte, en pensant que les bonnes manières étaient bien agréables mais, dans l'immédiat, ils avaient besoin de quelqu'un qui soit rusé et sans scrupule et ce garçon ne semblait pas avoir la moindre ruse en lui.

– C'est très bien, heu… Orion. Vraiment. Nous avons de gros ennuis et j'ai besoin de toute l'aide possible.

– Voilà qui est excellent, répondit le garçon. J'ai analysé la situation depuis le siège arrière, si je puis m'exprimer ainsi, et je pense que nous devrions nous replier à une distance de sécurité et établir une sorte de camp.

Holly grogna. Il fallait qu'Artemis choisisse ce moment-là pour prendre congé de lui-même.

Foaly parvint tant bien que mal à s'extraire du marécage de nanogalettes, écartant du bout des doigts le rideau de matière gluante qui lui obscurcissait la vue.

– Je vois qu'Artemis est réveillé. Parfait. Nous aurions bien besoin d'un de ces plans *apparemment ridicules mais en fait très ingénieux* qui constituent sa marque de fabrique.

– Un camp, dit le garçon installé dans la tête d'Artemis Fowl. Je suggère d'établir un camp et peut-être pourrions-nous ramasser du petit bois pour faire un feu et des feuilles pour que la charmante dame ait une couche où s'allonger.

– Du petit bois ? Est-ce bien Artemis Fowl qui vient de parler de petit bois ? Et qui est la charmante dame ?

Le vent se leva soudain, emportant la neige de surface et la balayant à travers l'étendue de glace. Holly sentit des flocons picoter son cou découvert et un frisson glacé lui parcourut l'échine de haut en bas.

« Les choses vont mal, se dit-elle. Et elles vont empirer. Où es-tu, Butler ? Pourquoi n'es-tu pas ici ? »

CHAPITRE 4

FLOYD ET SES COPAINS FONT LA FÊTE

RETOUR À CANCÚN, MEXIQUE, LA VEILLE AU SOIR

Butler avait, pour ne pas être en Islande, une excuse qui aurait tenu devant n'importe quel tribunal et aurait même pu convaincre un professeur dans un mot signé par les parents. En fait, ses excuses étaient nombreuses.

Un : son employeur et ami l'avait envoyé accomplir une mission d'assistance qui s'était révélée être un piège. Deux : par profession, sa sœur faisait semblant d'avoir des ennuis sur un ring ; or, ses ennuis étaient devenus bien réels. Et trois : il était poursuivi dans la salle d'un théâtre mexicain par quelques milliers de fans de catch qui ressemblaient à des zombies, même si leurs chairs n'étaient pas décomposées.

Pendant son vol, Butler avait lu, dans la section loisirs du magazine mis à la disposition des passagers, que

les vampires avaient fait fureur l'année précédente mais que, cette année, la mode était passée aux zombies.

« Il y en a ici, c'est certain, songea Butler. Et beaucoup trop. »

Le mot « zombies » n'était pas à proprement parler celui qui convenait le mieux pour décrire la masse d'humains décervelés qui grouillaient dans le théâtre. Ils étaient mesmérisés, ce qui n'est pas du tout la même chose. La définition généralement acceptée du zombie est la suivante : un cadavre réanimé qui a un goût particulier pour les cerveaux humains. Les fans mesmérisés n'étaient pas morts et n'avaient aucun désir de renifler des cerveaux, encore moins d'en manger un morceau. Ils arrivaient de toutes parts, le long des allées, bloquant toutes les issues possibles. Butler fut contraint de reculer vers les cordes arrachées et de remonter sur la plateforme du ring. S'il avait eu la liberté de choix, cette manœuvre n'aurait pas fait partie des cent meilleures possibilités d'action, mais à ce stade, toute initiative qui permettait de sentir son cœur battre un peu plus longtemps valait mieux que de rester immobile en acceptant son sort.

Butler donna une tape sur la cuisse de sa sœur, ce qui n'était pas difficile car il la tenait toujours sur son épaule.

– Hé ! protesta-t-elle. Pourquoi tu fais ça ?

– Je vérifie dans quel état d'esprit tu te trouves.

– Je suis moi-même, OK ? Quelque chose s'est passé dans ma tête. Je me souviens de Holly et de toutes les autres fées.

Récupération totale des souvenirs, estima Butler. La fée qui l'avait mesmérisée avait réveillé et développé les germes de mémoire qui demeuraient dans l'esprit de sa sœur et tout lui était revenu d'un coup. Il était possible, supposa-t-il, que la force de cette réaction en chaîne mentale ait effacé la tentative de mesmérisation.

– Tu es capable de te battre ?

Juliet balança les jambes très haut puis sauta à terre en position de combat.

– Je peux me battre mieux que toi, pépé.

Butler fit une grimace. Avoir une sœur de vingt ans de moins que soi obligeait parfois à subir des commentaires anti-vieux.

– À l'intérieur, je ne suis pas aussi âgé qu'à l'extérieur, si tu veux savoir. Ces fées dont tu te souviens m'ont remis en forme. Elles m'ont enlevé quinze ans et j'ai un torse en Kevlar. Je peux donc veiller sur moi-même et sur toi, si besoin est.

Pendant cet échange de propos, le frère et la sœur s'étaient tournés pour se mettre dos à dos et se couvrir l'un l'autre. En bavardant ainsi, Butler voulait rassurer Juliet et lui faire savoir qu'il avait bon espoir de s'échapper d'ici. Juliet lui répondait pour montrer à son grand frère qu'elle n'avait pas peur, aussi longtemps qu'ils restaient ensemble. Aucun de ces messages informulés n'était entièrement vrai, mais ils leur apportaient un peu de réconfort.

Les fans mesmérisés avaient du mal à grimper sur la plateforme et leurs corps bloquaient les côtés du ring comme des branches d'arbre devant un barrage. Quand l'un d'eux parvenait à monter, Butler le repoussait aussi doucement que possible. Juliet en rejeta un à son tour en se montrant beaucoup moins prévenante et Butler entendit nettement quelque chose craquer.

– Du calme, petite sœur. Ils sont innocents. Leur cerveau a été piraté.

– Oups, désolée, dit Juliet, qui ne semblait pas du tout repentante.

Et elle donna un grand coup dans le plexus solaire d'une femme qui devait être une bonne mère de famille quand elle n'était pas mesmérisée.

Butler soupira.

– Comme ça, dit-il avec patience. Regarde. Tu les prends et tu les fais glisser sur les têtes de leurs amis. La force de l'impact est minime.

Il accomplit le geste à plusieurs reprises pour que sa sœur comprenne bien l'idée.

Juliet expédia par-dessus les cordes un adolescent qui avait la bave aux lèvres.

– C'est mieux comme ça ?

– Beaucoup mieux.

D'un geste du pouce, Butler montra l'écran au-dessus d'eux.

– La fée a mesmérisé tous ceux qui la regardaient dans les yeux et qui entendaient sa voix. Ce n'est pas leur faute s'ils nous attaquent.

Juliet faillit lever la tête pour regarder à son tour, mais elle s'arrêta à temps.

Sur l'écran, les yeux rouges flamboyaient toujours et dans le système de sonorisation, la voix douce, hypnotique, ruisselait comme un miel tiède, répétant que tout irait bien si on tuait la Princesse et l'Ours. Si les spectateurs réunis dans cette salle pouvaient accomplir cet acte très simple, tous leurs rêves se réaliseraient. La voix affectait également les Butler, elle amollissait quelque peu leur résolution mais, sans contact visuel, elle ne pouvait contrôler leur volonté.

De plus en plus de monde essayait de monter sur le ring qui allait sûrement s'effondrer dans quelques secondes.

– Il faut faire taire ce bonhomme, cria Butler, dominant de la voix les gémissements grandissants de la foule mesmérisée. Tu peux atteindre l'écran ?

Juliet plissa les yeux, évaluant la distance.

– Je peux atteindre le portique si tu me donnes un peu de hauteur.

Butler tapota l'une de ses larges épaules.

– Monte à bord, petite sœur.

– Une seconde, dit Juliet en décochant un coup de pied circulaire à un cow-boy barbu.

Elle grimpa sur Butler avec l'agilité d'un singe et se percha sur ses épaules.

– OK, envoie-moi là-haut.

Butler poussa un grognement dont tout membre de la famille aurait compris qu'il signifiait : « Attends un instant » puis, Juliet toujours en équilibre au-dessus de sa tête, il donna un coup de poing dans la trachée de l'un des catcheurs et balaya les jambes d'un autre, l'envoyant au tapis.

« Ces deux-là étaient des jumeaux, se dit-il. Déguisés

en diables de Tasmanie. C'est le plus étrange combat que j'aie jamais livré et pourtant, je me suis colleté avec des trolls. »

– On y va, dit-il à Juliet, esquivant un homme vêtu en hot dog.

Butler remua les doigts sous les orteils de Juliet.

– Tu peux me soulever ? demanda sa sœur qui conservait son équilibre avec l'aisance d'une gymnaste olympique, ce qu'elle aurait pu être si elle avait consenti à se lever assez tôt pour assister aux séances d'entraînement.

– Bien sûr que je peux te soulever, répliqua Butler, qui aurait pu être un haltérophile olympique s'il n'avait pas été occupé à combattre des gobelins dans un laboratoire souterrain au moment des dernières épreuves qualificatives.

Il inspira profondément par le nez, se ramassa sur lui-même puis, dans un mouvement d'une puissance explosive accompagné d'un rugissement qui n'aurait pas paru déplacé dans un film de Tarzan, il expédia sa sœur cadette à six mètres de hauteur, droit sur la structure métallique à laquelle étaient fixés l'écran géant et une paire d'enceintes coniques.

Il n'eut pas le temps de vérifier si Juliet avait réussi à s'accrocher car les zombies avaient formé une rampe humaine et les fans de catch de Cancún se déversaient comme un flot sur la scène, tous bien décidés à tuer Butler très lentement et dans les pires souffrances.

En cet instant, il aurait été opportun d'activer le réacteur dorsal qu'il portait souvent sous son blouson mais, en l’absence de réacteur et de blouson, Butler estima qu’il était temps d’adopter une défense plus agressive, pour leur gagner quelques secondes supplémentaires, à Juliet et à lui.

Affrontant la meute, il utilisa une forme adaptée de tai-chi pour repousser le premier rang vers la foule et dressa une montagne de corps que les fans mesmérisés devaient escalader. Ce qui marcha très bien pendant environ trente secondes, jusqu’à ce que la moitié de la scène s’effondre. Les corps inconscients roulèrent alors vers la salle et formèrent une rampe d’accès très efficace qui permettait aux fans de monter sans difficulté. Les blessés ne semblaient ressentir aucune douleur et se relevaient aussitôt, avançant à nouveau sur leurs chevilles tordues et enflées. Les spectateurs hébétés envahirent la scène avec, dans leurs cerveaux piratés par le mesmer, un seul désir.

Tuer Ours Fou.

« Il n’y a plus d’espoir, songea Butler pour la première fois de sa vie. Plus aucun espoir. »

Il ne se laissait pas abattre facilement mais, cette fois, il fut bel et bien abattu sous le poids de cette marée humaine qui le submergeait. Il étouffait sous des arrière-trains assis sur sa tête et il sentit des dents se refermer sur sa cheville. Des coups de poing pleuvaient sur lui mais ils étaient faibles et mal ajustés.

« Je vais mourir écrasé, songea Butler. Pas battu, écrasé. »

Cette constatation ne le consola pas. Ce qui le consola, c’était que Juliet devrait être en sécurité sur le portique.

Butler céda sous le nombre, comme Gulliver entravé par les Lilliputiens. Il sentait des odeurs de pop-corn et de bière, de déodorant et de sueur. Sa poitrine était étroitement compressée, il avait du mal à respirer. Pour une mystérieuse raison, quelqu'un s'en prit à l'une de ses bottes et soudain, il lui fut impossible de bouger. Il était prisonnier sous le simple poids de la foule.

« Artemis est seul. Juliet saura prendre ma place comme garde du corps. »

Le manque d'oxygène obscurcit sa vision du monde et la seule chose que Butler put encore faire fut de lever le bras à travers la masse humaine qui l'étouffait et d'agiter les doigts pour dire adieu à sa sœur.

Quelqu'un lui mordit le pouce.

Puis il disparut complètement et la fée sur l'écran éclata de rire.

Juliet attrapa le bord inférieur d'une poutrelle métallique avec deux doigts de la main gauche, en les pressant avec tant de force qu'elle pouvait presque sentir ses empreintes digitales. Pour quatre-vingt-dix-neuf pour cent de la population mondiale, deux doigts ne suffiraient pas à supporter le poids de son propre corps. La plupart des simples mortels devraient se tenir fortement à deux mains pour se soutenir ne serait-ce qu'une minute et nombre d'entre eux seraient incapables de se hisser eux-mêmes sans un système de treuil actionné par deux percherons bien entraînés. Mais Juliet était une Butler et elle avait été formée à l'académie itinérante de

Mme Ko, où pendant un semestre entier, elle avait étudié les vecteurs de poids. En cas d'urgence, Juliet pouvait rester suspendue au-dessus du sol en se tenant par un seul orteil, du moment qu'aucun trublion de passage ne se mêlait de la chatouiller à son point faible, sous la cage thoracique.

Se suspendre en l'air est une chose, mais soulever son corps en est une autre, bien différente. Fort heureusement, Mme Ko avait également consacré quelques séminaires à cette question. Cela ne signifiait pas que l'opération était facile et Juliet pouvait presque entendre les hurlements de ses muscles tandis qu'elle tendait son autre main pour renforcer sa prise, puis se hissait sur la poutrelle. En d'autres circonstances, elle aurait marqué une pause pour permettre à son rythme cardiaque de ralentir un peu, mais elle vit du coin de l'œil que son frère allait être englouti par les fans et elle jugea que l'heure n'était pas aux loisirs.

Juliet se releva d'un bond et courut le long de la poutrelle avec l'assurance d'une gymnaste. Une bonne gymnaste s'entend, pas le genre à glisser sur la barre métallique, ce que fit précisément une éclairagiste mesmérisée qui essayait de l'empêcher d'atteindre l'écran.

Juliet grimaça.

– Ooooh. Tu as dû te faire mal, Arlene.

Arlene s'abstint de tout commentaire à moins que prendre un teint violacé et tomber dans le vide en agitant les bras puisse être assimilé à un commentaire. Juliet savait qu'elle n'aurait pas dû sourire lorsque, dans une chute assez comique, l'éclairagiste tomba sur un groupe d'hommes qui avançaient d'un pas lourd en direction de son frère. Mais elle ne put s'en empêcher.

Son sourire s'effaça quand elle vit la masse humaine qui fourmillait sur le corps de Butler et le submergeait entièrement. Un autre technicien s'approcha d'elle mais celui-ci, plus intelligent que l'autre, s'était assis à califourchon sur la poutrelle, les chevilles croisées au-dessous de lui. Il avançait, centimètre par centimètre, et tapait sur le métal avec une grosse clé à molette en produisant des *bang* retentissants accompagnés de gerbes d'étincelles.

Juliet calcula le temps qu'il mettait à accomplir son geste, puis elle planta son pied sur sa tête au bon moment et passa par-dessus lui comme sur un rocher au milieu d'un ruisseau. Elle ne se donna pas la peine de le faire tomber de son perchoir. Quand il aurait réussi à se tourner dans l'autre sens, il serait trop tard pour qu'il puisse l'arrêter. Mais il aurait sur le front une belle ecchymose dont il chercherait la cause lorsqu'il aurait retrouvé ses esprits.

L'écran se trouvait un peu plus loin devant elle, maintenu par des tubes de métal. Les yeux rouges la regardèrent avec hostilité, se détachant sur le fond noir. Ils semblaient exprimer une haine absolue.

« Ou peut-être que ce type a passé la nuit à faire la fête. »

– Arrête-toi où tu es, Juliet Butler ! ordonna la voix.

Juliet eut alors l'impression d'entendre les intonations de Christian Varley Penrose, son instructeur à l'académie de Mme Ko. Le seul, en dehors de son frère, qu'elle ait jamais considéré comme son égal sur le plan physique.

– Certains élèves font ma fierté, disait Christian d'un ton de présentateur de la BBC. Toi, tu fais mon désespoir. Qu'est-ce que c'était que ce mouvement ?

Et Juliet répondait invariablement :

– C'est moi qui l'ai inventé, maître.

– Inventé ? Inventé ? Ce n'est pas assez bien.

Juliet faisait alors une moue boudeuse en pensant : « C'était pourtant assez bien pour Bruce Lee. »

Et maintenant, c'était comme si Christian Varley Penrose avait une ligne directe avec son cerveau.

– Arrête-toi là ! lui dit la voix. Et dès que tu te seras arrêtée, ne te gêne surtout pas pour perdre l'équilibre et t'écraser sur le sol.

Juliet sentit que la voix s'emparait de sa volonté et la tordait comme une serviette mouillée.

« Ne regarde pas. N'écoute pas. »

Mais elle avait regardé et écouté pendant une seconde et cela avait suffi pour que l'insidieuse magie glisse un ou deux tentacules dans son cerveau. Ses jambes s'immobilisèrent comme prises dans des tenailles et la paralysie remonta le long de son corps.

– Nom de nom, dit Juliet, sans très bien savoir pourquoi.

Puis, dans une dernière étincelle de self-control, elle fit tournoyer frénétiquement ses bras et jeta son corps tout entier au milieu du cadre tubulaire qui soutenait l'écran et les enceintes.

La surface élastique de l'écran s'enfonça et, pendant

un instant, la petite parcelle de lucidité à laquelle Juliet continuait de se raccrocher crut qu'il ne céderait pas. Puis son coude – dont Butler lui avait dit quand elle était enfant qu'il était suffisamment pointu pour ouvrir une boîte de ration militaire – creva le matériau et l'écran se fendit dans une ligne brisée qui s'étala sur toute sa longueur.

Les yeux rouges de la fée roulèrent dans leurs orbites et la dernière chose que Juliet entendit avant que ses bras tendus n'arrachent les câbles AV fut une exclamation irritée. Elle tomba ensuite à travers l'écran devenu soudain noir et fut précipitée vers la masse humaine aux mouvements spasmodiques qui s'étalait au-dessous d'elle.

Juliet mit à profit la demi-seconde qui la séparait de l'impact pour se rouler en boule.

Sa toute dernière pensée avant de s'écraser sur la foule fut : « J'espère que les zombies sont mous. »

Ce n'était pas le cas.

Dès que la fée eut disparu de l'écran, les passionnés de catch hébétés retrouvèrent leurs esprits.

Geri Niebalm, de Seattle, esthéticienne à la retraite, s'aperçut qu'elle avait réussi, sans savoir comment, à parcourir la distance qui séparait le fond de la salle de la scène sans l'aide de son déambulateur. Elle avait aussi le très vague souvenir d'avoir bondi par-dessus un groupe de jeunes gens en poursuivant cette jolie petite catcheuse qui avait une pierre précieuse dans sa queue-de-cheval. Deux mois plus tard, Geri allait suivre une thérapie de régression dans le salon de son amie Dora Del Mar pour ramener ce souvenir à la surface et pouvoir s'en délecter tout à loisir.

Stu « Cheeze » Toppin, de Las Vegas, un joueur de bowling semi-professionnel, se réveilla avec, dans la bouche, une couche malodorante et les mots « tue l'Ours tue » écrits sur le devant de sa chemise à l'aide d'un bâton de rouge à lèvres. Ce qui le plongea dans une certaine confusion, car le dernier souvenir qu'il avait en tête était l'image d'un hot dog dans lequel il s'apprêtait à planter les dents. À présent, en sentant le goût de la couche qui demeurait sur sa langue, Stu estimait préférable de renoncer aux hot dogs pendant un certain temps.

Stu ne pouvait savoir que la couche en question appartenait au petit André Price, un bébé de Portland qui avait soudain acquis une rapidité et une grâce jamais observées chez un nourrisson de huit mois. La plupart des victimes du mesmer se déplacent avec lenteur, mais André avait couru sur les têtes des spectateurs jusqu'à la table du commentateur puis avait exécuté un parfait triple saut périlleux, parvenant à enfoncer sa dent unique dans le pouce de Butler avant que le garde du corps ne soit complètement submergé. André Price commença à parler quelques mois plus tard – hélas, c'était dans une langue que ses parents ne pouvaient connaître, puisqu'il s'agissait du gnomique. À leur grand soulagement, il ne tarda pas à apprendre également l'anglais mais n'oublia jamais cette étrange première langue. Il s'aperçut aussi qu'il pouvait parfois mettre le feu à des branchages par la seule force de sa pensée, s'il prenait la peine de bien se concentrer.

Une immense cacophonie de cris et de plaintes faillit soulever le toit du théâtre lorsque des milliers de personnes se rendirent compte qu'elles ne se trouvaient pas à l'endroit où elles auraient dû être. Bien que, par miracle, il n'y ait pas eu de morts, une fois la dernière coupure soignée à l'antiseptique, on compta un total de trois cent quarante-huit fractures, plus de onze mille plaies et quatre-vingt-neuf cas d'hystérie qu'il fallut traiter avec des sédatifs. Fort heureusement pour les patients, ils étaient beaucoup moins chers au Mexique qu'aux États-Unis.

On avait beau être à l'âge de la vidéo amateur, alors que la plupart des spectateurs présents étaient en possession d'au moins un appareil photo chacun, il n'y eut pas la moindre image pour apporter la preuve que la mesmérisation collective avait bien eu lieu. En fait, quand les enquêteurs de la police épluchèrent le contenu des appareils photo et des téléphones portables, ils s'aperçurent qu'ils étaient tous revenus au réglage d'usine. Aucune photo. Plus tard, « l'événement de Cancún », comme on devait l'appeler, fut évoqué de la même manière que la zone 51 du Nevada ou la migration du yéti.

Butler ne fut pas atteint d'hystérie, peut-être parce qu'il n'avait pas assez d'air dans les poumons pour crier, ou plus probablement parce qu'il s'était trouvé dans des situations plus délicates (un jour, dans un temple hindou, il avait dû partager une cheminée avec un tigre pendant plusieurs heures). Il avait en revanche plus d'une douzaine de coupures à lui tout seul, mais il ne s'attarda pas assez longtemps pour qu'elles soient comptabilisées dans le bilan officiel.

Quant à Juliet, elle avait été relativement épargnée, malgré sa chute. Dès l'instant où elle avait retrouvé son souffle, elle s'était précipitée pour repousser les corps, à l'endroit où elle avait vu son frère submergé par la foule.

– Butler ! appela-t-elle. Mon grand frère ! Tu es là-dessous ?

Le sommet de son crâne apparut, aussi lisse qu'une sucette. Juliet sut immédiatement que Butler était vivant car une veine palpitait sur sa tempe.

Un nourrisson potelé et à moitié nu était assis sur le visage de Butler et lui mordait le pouce. Juliet l'écarta avec douceur en remarquant qu'il transpirait beaucoup pour un bébé.

Butler respira profondément.

– Merci, petite sœur. Non seulement ce bébé me mordait le pouce, mais il a essayé de m'enfoncer son poing dans une narine.

L'enfant gazouilla joyeusement, s'essuya les doigts sur la queue-de-cheval de Juliet puis rampa sur les humains entassés en direction d'une femme en larmes qui l'attendait les bras ouverts.

– Je sais bien qu'on est censé aimer les bébés, dit Juliet, mais celui-là sentait mauvais et il mordait.

Avec un ahanement, elle attrapa par les bretelles un homme au physique de banquier et le fit tomber des épaules de Butler où il s'était perché. Puis elle saisit fermement une dame d'âge mûr dont les cheveux blonds avaient reçu une telle couche de laque qu'ils brillaient comme un bouton-d'or.

– Allons, madame, dit-elle, laissez mon frère tranquille.

– Oh, répondit la dame en battant des paupières comme si elle essayait de comprendre ce qui se passait. Je devais attraper l'Ours. Ou quelque chose comme ça. Et j'avais du pop-corn, un grand sac de pop-corn que je venais d'acheter. Qui va me rembourser ?

Juliet fit rouler la dame sur le ventre de quatre cow-boys habillés à l'identique avec, sous leurs gilets incrustés de faux diamants, des T-shirts qui annonçaient : FLOYD ET SES COPAINS FONT LA FÊTE.

– C'est ridicule, grogna-t-elle. Je suis une jeune femme belle et séduisante, je ne devrais pas avoir à supporter ces contacts poisseux et ces odeurs corporelles.

Il y avait en effet dans cette salle beaucoup d'odeurs corporelles et d'épidermes poisseux, liés en grande partie à la fête de Floyd et de ses copains, qui semblait avoir duré une bonne quinzaine de jours, à en juger par les effluves qu'ils dégageaient.

La confirmation en fut apportée lorsque le cow-boy qui portait un badge au nom de FLOYD se réveilla de son état second en prononçant ces mots :

– Bon Dieu, je sens plus mauvais qu'un putois mort dans un costume en peau de banana.

« De banana ? » s'étonna Juliet.

Butler tournait la tête de tous côtés, cherchant de l'espace pour respirer.

– On est tombés dans un piège, dit-il. Tu t'es fait beaucoup d'ennemis, ici ?

Juliet sentit soudain des larmes déborder de ses paupières. Elle s'était tellement inquiétée. Tellement inquiétée. Les grands frères ne peuvent pas rester indestructibles à tout jamais.

– Espèce de gros balourd, dit-elle d'un ton qui faisait penser à celui de Floyd. Pour ton information personnelle, sache que je suis en pleine forme. Je t'ai sauvé la vie et celle de tous les autres par la même occasion.

Butler se dégagea en repoussant doucement à coups de coude deux *luchadores* vêtus de Lycra tapageur, le visage dissimulé par un masque de cuir.

– Je te remercierai plus tard, petite sœur.

Il s'arracha d'un enchevêtrement de bras et de jambes et se releva de toute sa hauteur au milieu de la scène.

– Tu as vu ça ? dit-il.

Juliet grimpa sur son frère et se percha avec légèreté sur ses épaules. Puis, pour le spectacle, elle monta sur sa tête avec beaucoup d'aisance. Elle se tenait sur un seul pied, l'autre jambe repliée.

À présent qu'elle disposait de quelques secondes pour mesurer l'énormité de ce qui s'était passé, elle en eut le souffle coupé. Tout autour d'elle s'étendait un océan de corps mêlés qui se tortillaient dans de longs gémissements. Du sang et des larmes coulaient, des os craquaient. C'était comme une zone de catastrophe. Des gens tapotaient maladroitement le clavier de leur portable pour essayer de trouver un peu de réconfort et les diffuseurs anti-incendie projetaient du plafond un fin brouillard qui constella de gouttelettes le visage de Juliet.

– Tout ça pour nous tuer, dit-elle dans un souffle.

Butler tendit ses paumes massives et, comme elle l'avait fait si souvent dans le dojo des Fowl, Juliet descendit de sa tête pour prendre pied sur ses mains.

– Pas seulement pour nous tuer, rectifia-t-il. Deux tirs de Neutrino auraient suffi pour ça. Il s'agissait plutôt d'un divertissement.

Dans un saut périlleux, Juliet bondit sur la scène.

– Un divertissement pour qui ?

Au fond de la salle, une partie des tribunes s'effondra, entraînant de nouveaux cris, de nouvelles souffrances.

– Je ne sais pas, dit sombrement le garde du corps. Mais celui qui a tenté de nous tuer voulait qu'Artemis reste sans protection. Je vais commencer par remettre mes propres vêtements, ensuite nous essayerons de savoir qui Artemis a contrarié, cette fois.

Chapitre 5

EN AVANT, DROIT DEVANT !

PRISON DE HAUTE SÉCURITÉ DES PROFONDEURS

Turnball Root se distrayait comme il pouvait. Les prisons de haute sécurité n'étaient pas un lieu idéal pour les réjouissances et les divertissements. Les gardiens étaient grincheux et peu obligeants. Les lits rigides n'incitaient guère à bondir dessus et la couleur des murs était tout simplement horrible. Partout, du vert olive. Répugnant. Dans un environnement comme celui-ci, il fallait profiter du moindre moment de légèreté qui puisse s'offrir.

Pendant les mois qui avaient suivi son arrestation par son frère, le commandant Julius Root, et la naïve et vertueuse Holly Short, Turnball avait consacré son temps à ruminer sa rage. Il avait passé des semaines entières à faire les cent pas dans sa cellule, débordant d'une haine qui semblait rebondir contre les murs. Parfois, on l'entendait fulminer et à l'occasion, il se laissait aller à des crises de colère au cours desquelles il réduisait son mobilier en miettes. Puis il finit par se rendre compte que la seule personne à qui ces démonstrations diverses portaient préjudice, c'était lui-même. Il l'avait compris le jour où il s'était aperçu qu'il souffrait d'un ulcère. Et comme, depuis longtemps, sa négligence et ses méfaits l'avaient privé de sa magie, il avait dû appeler un médicosorcier pour guérir ses organes. Un jeune sot qui ne semblait guère plus âgé que l'uniforme de prisonnier de Turnball et qui s'était montré très condescendant à son égard. Il l'avait appelé « Grand-père ». Grand-père ! Ces blancs-becs n'avaient donc aucune mémoire ? Ils ignoraient qui il était ? Ce qu'il avait accompli ?

« Je suis Turnball Root, aurait-il tonné si la guérison ne l'avait entièrement vidé de ses forces. Le capitaine Turnball Root, le fléau des FAR. J'ai vidé jusqu'à son dernier lingot la Banque d'épargne et de prévoyance des félutins. Je suis celui qui a truqué la finale du centenaire de croqueballe. Comment osez-vous m'appeler grand-père ? »

– Ah, les jeunes, aujourd'hui, ma pauvre Leonor, marmonna Turnball en s'adressant à sa chère épouse absente. Aucun respect.

Puis il frissonna en pensant à ce qu'il venait de dire.

– Ô dieux du ciel, ma chérie, je parle vraiment comme un vieux.

Et employer des expressions telles que « Ô dieux du ciel » n'arrangeait rien.

Lorsqu'il en avait eu assez de s'apitoyer sur lui-même, Turnball avait décidé de tirer le meilleur parti de la situation.

« Ma chance viendra un jour de retourner auprès de toi, Leonor. En attendant, pourquoi ne pas vivre de la façon la plus confortable possible ? »

Cela n'avait pas été trop difficile. Après des mois d'incarcération, Turnball avait engagé un dialogue avec le directeur de la prison, Tarpon Vinyaya, un diplômé de l'université assez accommodant et dont les mains manucurées n'avaient jamais été tachées de sang. En échange de quelques aménagements anodins qui rendraient son séjour en prison plus confortable, il avait proposé de communiquer au directeur de menues informations dont sa sœur, officier des FAR, pourrait tirer profit. Turnball n'avait pas été gêné le moins du monde de vendre ses anciens contacts dans la pègre et, pour sa peine, on l'avait autorisé à s'habiller comme il le voulait. Il choisit de porter son vieil uniforme de cérémonie des FAR, avec chemise à jabot et tricorne, mais sans les insignes. Trahir deux spécialistes des faux visas qui travaillaient depuis Cuba lui permit de disposer d'un ordinateur limité au réseau de la prison. Et l'adresse d'un nain malfaiteur qui exerçait des activités de cambrioleur à Los Angeles lui valut une couette en similiduvet pour la planche qui lui servait de lit. Le directeur, cependant, ne se laissa pas fléchir quand il lui demanda un vrai lit. Un refus dont sa sœur aurait un jour à payer le prix.

Turnball avait souvent passé d'agréables moments à

imaginer la manière dont il tuerait un jour le directeur pour venger cet affront. Mais, à la vérité, Turnball ne se préoccupait guère du sort de Tarpon Vinyaya. Ce qui l'intéressait, c'était de s'évader et de pouvoir à nouveau regarder son épouse au fond des yeux. Pour atteindre ces objectifs, il devrait jouer un peu plus longtemps le rôle du gentil voyou un peu sénile. Il y avait maintenant plus de six ans qu'il se faisait bien voir du directeur, alors, que lui importaient quelques jours de plus ?

« Ensuite, je redeviendrai moi-même, songea-t-il en serrant étroitement les poings. Et cette fois, mon petit frère ne sera pas là pour m'arrêter, à moins que cette jeune canaille d'Artemis Fowl ait trouvé un moyen de ramener les morts à la vie. »

La porte de la cellule de Turnball émit un sifflement et se volatilisa lorsqu'une charge à énergie nucléaire opéra un changement de phase. Dans l'encadrement apparut M. Thibyson, le gardien attitré de Turnball depuis quatre ans, et celui qu'il avait enfin réussi à retourner en sa faveur. Turnball n'aimait pas Thibyson, en fait, il détestait tous les elfes atlantes, avec leur tête de poisson, leurs branchies baveuses et leur langue épaisse, mais Thibyson portait en son cœur les germes de l'aigreur et il était devenu sans s'en rendre compte l'esclave de Turnball. Celui-ci était disposé à tolérer la présence de n'importe qui, du moment qu'il pouvait l'aider à s'évader de cette prison avant qu'il ne soit trop tard.

« Avant que je ne te perde, ma chérie. »

– Ah, monsieur Thibyson, lança-t-il en se levant de son fauteuil de bureau non réglementaire (obtenu après avoir livré trois lutins trafiquants de maquereaux). Vous avez bonne mine. Cette gale des branchies semble se résorber.

D'un geste vif, Thibyson porta la main aux trois rayures qui striaient sa peau au-dessous de sa minuscule oreille gauche.

– Vous pensez, Turnball ? gargouilla-t-il, la voix pâteuse et lente. Leeta me dit qu'elle ne supporte plus de me voir.

« Je sais ce que ressent Leeta, songea Turnball avant de se dire : Il fut un temps où je t'aurais fait fouetter pour m'avoir appelé par mon prénom. Je suis le capitaine Root, si cela ne te fait rien. »

Mais au lieu de formuler ces réflexions peu aimables, il prit Thibyson par le bras avec un imperceptible tressaillement de dégoût au contact de son coude lisse et humide.

– Leeta ne connaît pas sa chance, dit-il d'une voix douce. Mon cher ami, on peut dire que vous êtes une bonne prise.

Thibyson ne chercha pas à dissimuler un haut-le-corps.

– Une… une prise ?

Turnball prit une brève inspiration, l'air coupable.

– Ah oui, excusez-moi, Thibyson. Les elfes atlantes n'aiment pas se considérer comme des prises, ou penser qu'on les a attrapés. Je voulais simplement dire que vous êtes un elfe remarquable et qu'une femelle sensée doit s'estimer heureuse de vous avoir pour compagnon.

– Merci, Turnball, marmonna Thibyson, adouci. Alors, ça avance ? Le *plan* ?

Turnball serra le coude du lutin d'eau pour lui rappeler qu'il y avait partout des yeux et des oreilles.

– Ah, mon plan pour construire un modèle réduit de l'aquanaut *Nostremius* ? Ce plan-là ? Il avance plutôt bien. M. le directeur, Tarpon Vinyaya, s'est montré très coopératif. Nous sommes en train de négocier au sujet de la colle.

Il amena Thibyson devant l'écran de son ordinateur.

– Je vais vous montrer mon dernier dessin et je tiens à vous dire à quel point j'apprécie votre intérêt pour ce projet. Ma réhabilitation dépend de mes relations avec des personnes à la moralité irréprochable, telles que vous, par exemple.

– Heu… Ah oui, dit Thibyson qui ne savait pas très bien s'il s'agissait ou non d'un compliment.

D'un mouvement de la main devant son écran, Turnball Root fit apparaître un clavier virtuel sur son bureau (en bois véritable, récompense pour la dénonciation de voleurs d'identité au Nigeria).

– Regardez, j'ai résolu le problème des réservoirs de ballast, vous voyez ?

Puis, tapant habilement une combinaison avec trois doigts, il activa le brouilleur que Thibyson lui avait procuré en secret. Le brouilleur était constitué d'une galette organique mise au point dans la branche atlante des laboratoires Koboï aujourd'hui défunts. Il avait été récupéré dans les poubelles du laboratoire et un simple ajout de silicium l'avait rendu opérationnel.

« L'industrie produit tellement de déchets, avait soupiré Turnball en s'adressant à Thibyson. Il ne faut pas s'étonner qu'il y ait une crise des ressources. »

Le minuscule brouilleur était d'une importance vitale pour Turnball, il rendait tout le reste possible. Sans lui, il n'aurait pu établir aucune connexion avec l'ordinateur extérieur, sans lui, les autorités de la prison contrôleraient chaque touche qu'il enfonçait sur son clavier et sauraient exactement sur quoi il travaillait vraiment.

Turnball tapota l'écran qui se partagea en deux. D'un côté, sur une vidéo enregistrée quelques heures auparavant, on voyait une grande salle bondée d'humains mesmérisés qui rampaient les uns sur les autres. L'autre partie de l'écran retransmettait à travers l'œil d'un Amorphobot l'image d'une navette en feu sur une toundra glacée.

– L'un des réservoirs a été détruit et l'autre n'était qu'un petit plaisir personnel, je vais donc sous-traiter plutôt que de perdre encore du temps avec ça.

– Bien raisonné, dit Thibyson qui, pour la première fois, commençait à comprendre l'expression « Ça me passe au-dessus de la tête » en usage chez les habitants de la terre ferme.

Turnball Root appuya le menton sur sa main à la manière d'un acteur vieillissant posant pour une photo en gros plan.

– Oui, monsieur Thibyson, très bientôt, mon *modèle* sera achevé. Déjà, l'un des principaux éléments est en route et, lorsqu'il sera là, il ne restera plus une seule fée en Atlantide… heu, je veux dire, plus une seule fée qui ne soit ébaubillée par mon modèle.

Ce n'était pas très habile comme rattrapage. D'ailleurs, le mot « ébaubillé » existait-il vraiment ? Aucune raison de paniquer, cependant, car personne ne le surveillait plus. Depuis des années, il n'était plus considéré comme une menace. Le monde, dans son ensemble, avait oublié Turnball Root, le capitaine déchu. Ceux qui le connaissaient aujourd'hui avaient du mal à croire que ce vieillard miteux puisse être aussi dangereux que l'affirmait son dossier.

« Maintenant, c'est Opale Koboï par-ci, Opale Koboï par-là, pensait souvent Turnball avec amertume. On verra bien qui sera le premier à s'évader d'ici. »

Turnball éteignit l'écran d'un claquement de doigts.

– En avant, droit devant, Thibyson ! En avant, droit devant !

Thibyson sourit brusquement, ce qui s'accompagnait chez les elfes de mer d'un bruit de succion car ils devaient reculer la langue pour découvrir leurs dents. En fait, le sourire n'était pas une expression naturelle chez eux. Quand ils en faisaient usage, c'était pour que les autres sachent ce qu'ils ressentaient.

– Ah, bonne nouvelle, Turnball, j'ai enfin récupéré la licence de pilote qu'on m'avait retirée après l'évasion de Mulch Diggums.

– Bonne chose pour vous.

Thibyson était l'un des gardiens de Mulch Diggums lorsque celui-ci avait échappé aux FAR. Tous les équipages de navettes sous-marines devaient avoir des qualifications de pilote en cas d'incapacité soudaine du pilote principal.

– Simplement pour les missions d'urgence. Mais dans un an ou deux, je retrouverai ma licence complète.

– Je sais à quel point vous avez hâte de piloter à nouveau un sous-marin, mais j'espère quand même qu'il n'y aura pas d'évacuation d'urgence.

Thibyson essaya de lui adresser un vague clin d'œil, ce qui était difficile car il n'avait pas de paupières et devrait bientôt laver au spray les saletés accumulées sous son globe oculaire. Sa façon de cligner de l'œil consistait à pencher la tête de côté d'un air enjoué.

– Une évacuation d'urgence ? Oh, non, on ne souhaite surtout pas ça.

« Quelle saleté dans son œil, pensa Turnball. Répugnant. Ce petit poisson est à peu près aussi subtil qu'un rouleau compresseur équipé d'une sirène. Je ferais mieux de changer de conversation avant que quelqu'un ait l'idée de jeter un coup d'œil aux écrans de surveillance. Ce serait bien ma chance. »

– Alors, monsieur Thibyson, j'imagine qu'il n'y a pas de courrier pour moi aujourd'hui ?

– Non. Pas de courrier pour le énième jour consécutif.

Turnball se frotta les mains à la manière de quelqu'un qui a une affaire urgente à régler.

– Dans ce cas, je ne vais pas vous détourner plus longtemps de votre tâche, je dois moi-même travailler à mon modèle. Je m'impose un emploi du temps, voyez-vous, et je veux m'y tenir.

– Vous avez bien raison, Turnball, répondit Thibyson qui avait depuis longtemps oublié que c'était à lui de mettre fin à la conversation et non pas le contraire. Je voulais simplement vous annoncer qu'on m'avait rendu ma licence de pilote. C'était inscrit dans *mon* emploi du temps.

Le sourire de Turnball ne faiblit pas et devint plus rayonnant encore lorsqu'il se promit de se débarrasser de cet imbécile à la seconde précise où il n'en aurait plus besoin.

– Très bien. Merci d'être venu.

Thibyson avait presque franchi le seuil de la porte quand il se retourna pour faire une nouvelle gaffe.

– Il faut vraiment espérer que nous n'aurons pas d'évacuation d'urgence, n'est-ce-pas, capitaine Root ?

Turnball gémit intérieurement.

« Capitaine. À présent, il m'appelle capitaine. »

LE VATNAJÖKULL, MAINTENANT

Orion Fowl, le nouveau venu, vérifiait ses chaussettes.

– Ce ne sont pas des chaussettes de contention, déclara-t-il. J'ai fait plusieurs voyages en avion ces dernières semaines mais Artemis ne porte jamais de chaussettes de contention. Pourtant, il sait bien ce qu'est une phlébite, il a simplement choisi d'ignorer les risques.

C'était la deuxième récrimination d'Orion en deux minutes. Auparavant, il s'était plaint qu'Artemis n'utilise pas de déodorant hypoallergénique et Holly commençait à se fatiguer de l'entendre.

– Je pourrais vous administrer un sédatif, dit-elle d'un ton enjoué, comme si c'était la décision la plus raisonnable à prendre. On vous colle un tampon sur le cou et on vous laisse dans le restaurant des humains. Fin de la discussion sur les chaussettes.

Orion eut un sourire aimable.

– Vous ne feriez pas cela, capitaine Short. Je pourrais mourir de froid avant que les secours n'arrivent. Je suis un innocent. Et puis, vous éprouvez des sentiments pour moi.

– Un innocent, balbutia Holly – et il fallait avoir dit quelque chose de particulièrement extravagant pour la faire balbutier. Enfin, voyons, vous êtes Artemis Fowl ! Pendant des années, vous avez été l'ennemi public numéro un.

– Je ne suis pas Artemis Fowl, protesta Orion. Je partage son corps et sa connaissance du gnomique, entre autres, mais j'ai une personnalité complètement différente. Je suis ce qu'on appelle un alter ego.

Holly renifla avec dédain.

– Je ne pense pas que ce système de défense puisse tenir devant un tribunal.

– Oh mais si, répliqua Orion d'un ton joyeux. Cela arrive très souvent.

Se tortillant dans l'épaisse couche de nanogalettes gluantes qui recouvrait le sol, Holly rampa vers le bord du cratère où ils s'étaient réfugiés.

– Aucun signe de présence hostile. Ils semblent être descendus dans les cavernes souterraines.

– Ils semblent ? dit Foaly. Vous ne pouvez pas être plus précise ?

Holly hocha la tête.

– Non. Je fonctionne uniquement à vue d'œil. Tous nos

instruments sont hors d'usage. Nous n'avons aucun lien en dehors de notre réseau interne. J'imagine que la sonde bloque nos communications.

Foaly était occupé à faire sa toilette, détachant de ses flancs de longs filaments visqueux de nanogalettes.

– Elle est conçue pour émettre un brouillage à large spectre en cas d'attaque, avec neutralisation des communications et des armes ennemies. Je suis surpris que le canon d'Artemis ait pu faire feu et je pense qu'à présent, vos armes ont été isolées et déconnectées.

Holly vérifia son Neutrino. Complètement mort. Il n'y avait rien sur l'écran de sa visière, à part une tête de mort rouge qui tournait lentement sur elle-même, signalant une défaillance catastrophique des systèmes.

– Nom de nom, siffla-t-elle. Plus d'armes, plus de communications. Comment allons-nous arrêter cette chose ?

Le centaure haussa les épaules.

– C'est une sonde, pas un vaisseau de guerre. Elle devrait être assez facile à détruire une fois qu'un radar l'aura repérée. S'il s'agit d'un plan imaginé par un génie du mal pour détruire le monde des fées, alors il n'est pas si génial que ça.

Orion leva un doigt.

– Je voudrais souligner un point, corrigez-moi si les souvenirs d'Artemis sont inexacts, mais vos instruments n'ont-ils pas été totalement incapables de repérer cette sonde dès le début ?

Foaly fronça les sourcils.

– Dommage, je commençais à vous aimer un peu plus que l'autre.

Holly se releva.

– Nous devons suivre la sonde. Découvrir où elle va et nous arranger pour établir une communication avec Haven.

Orion sourit.

– Savez-vous, Miss Holly, que vous paraissez très impressionnante, comme ça, éclairée par cet incendie derrière vous ? Très séduisante, si je puis m'exprimer ainsi. Je sais que vous avez partagé un moment de passion avec Artemis, et qu'il l'a gâché par la suite avec ses habituelles manières de mufle. Permettez-moi de vous dire une chose à laquelle vous pourrez peut-être réfléchir pendant que vous rechercherez la sonde : je partage la passion d'Artemis mais pas sa muflerie. Je ne veux pas vous influencer, pensez-y, simplement.

Ce fut suffisant pour provoquer un moment de silence assourdissant, malgré la gravité de la situation devant laquelle Orion semblait afficher une bienheureuse indifférence.

Foaly fut le premier à reprendre la parole :

– Vous avez un drôle d'air, capitaine Short. Qu'est-ce qui vous passe par la tête ? Ne réfléchissez pas, répondez-moi simplement.

Holly ne lui prêta aucune attention, ce qui ne fit pas taire le centaure.

– Vous avez eu un moment de passion avec Artemis Fowl ? dit-il. Je ne me souviens pas d'avoir lu cela dans votre rapport.

Holly rougissait peut-être, ou peut-être n'était-ce que l'éclairage de l'incendie mentionné précédemment.

– Ce n'était pas dans mon rapport, parce qu'il n'y a pas eu de moment de passion.

Foaly n'était pas décidé à abandonner si facilement.

– Alors, il ne s'est rien passé, Holly ?

– Rien qui vaille la peine d'être raconté. Lorsque nous avons fait un retour dans le temps, mes émotions se sont un peu embrouillées. C'était momentané, d'accord ? Pourrions-nous, s'il vous plaît, nous concentrer sur le moment présent ? Nous sommes censés être des professionnels.

– Pas moi, dit Orion d'un ton allègre. Je ne suis qu'un adolescent aux hormones déchaînées. Et puis-je ajouter, chère jeune fée, que c'est pour vous qu'elles se déchaînent ?

Holly souleva sa visière et regarda l'adolescent hormonal dans les yeux.

– Il vaudrait mieux pour vous que ce ne soit pas un jeu, Artemis. Si vous ne souffrez pas d'une véritable psychose, vous allez le regretter.

– Oh, je suis fou, c'est vrai. J'ai de nombreuses psychoses, dit joyeusement Orion. Trouble de la personnalité multiple, démence délirante, trouble obsessionnel compulsif. Je les ai toutes mais, surtout, je suis fou de vous.

– C'est une assez bonne réplique, marmonna Foaly. Il n'y a aucun doute, ce n'est pas Artemis.

Holly tapa des pieds pour débarrasser ses bottes de la gadoue.

– Nous avons deux objectifs, dit-elle. D'abord nous devons soustraire toute trace de technologie des fées, la navette en l'occurrence, à la curiosité des humains jusqu'à ce que nous puissions envoyer une équipe de récupération pour la ramener sous terre. Notre second objectif, c'est de ne pas perdre la piste de cette sonde et d'envoyer au centre de police un message qui signale sa présence.

Elle jeta un coup d'œil perçant à Foaly.

– Ne pourrait-il s'agir d'une simple défaillance du dispositif ?

– Non, répondit le centaure sur un ton d'absolue certitude. Et je dis cela avec une certitude absolue, ajouta-t-il pour confirmer cette impression. La sonde a été délibérément reprogrammée, les Amorphobots aussi. Ils n'ont jamais été conçus pour servir d'armes.

– Alors, nous avons un ennemi. Le centre de police doit être averti.

Holly se tourna vers Orion.

– Vous avez des idées à nous proposer ?

Les sourcils du jeune homme se haussèrent d'un cran.

– Établir un camp ?

Holly frotta l'endroit de son front où un mal de tête venait de se déclarer.

– Un camp. Fabuleux.

Derrière eux s'éleva soudain un bruit déchirant et la navette s'enfonça un peu plus dans la glace, tel un guerrier vaincu.

– Voyez-vous, dit Foaly d'un air songeur, cet appareil est assez lourd et la surface rocheuse n'est pas très…

Avant qu'il ait pu terminer sa phrase, la navette tout entière disparut du paysage, emportant le restaurant avec elle comme si tous deux venaient d'être avalés par un kraken souterrain.

Quelques secondes plus tard, le Cube de Glace d'Artemis, son canon à nanogalettes, bascula dans le gouffre qui venait de se former.

– C'était incroyablement silencieux, dit Orion. Si je n'avais pas vu ce qui s'est passé, je n'en aurais jamais rien su.

– Ce terrain est comme un fromage de nain, dit Holly. Plein de trous.

Elle se précipita sur la glace et courut à toutes jambes en direction du nouveau cratère.

Orion et Foaly prirent leur temps, s'avançant sur le glacier d'un pas tranquille, bavardant aimablement.

– Si on regarde le bon côté des choses, dit Foaly, notre premier objectif est atteint. Toute trace de la navette a disparu.

Orion approuva d'un signe de tête puis demanda :

– Qu'est-ce que le fromage de nain ?

– Du fromage fait par des nains.

– Ah, dit Orion, soulagé, ce sont eux qui le fabriquent. Il n'est pas fait avec des…

– Non. Quelle horrible idée !

– En effet.

Le trou à la surface de la glace révélait en sous-sol un monde de cavernes. Une rivière souterraine coulait en emportant des débris arrachés à ce qui avait été le restaurant du *Grand Labbe*. L'eau était d'un bleu profond et ses remous si puissants qu'elle paraissait presque vivante. De gros morceaux de glace, certains de la taille d'un éléphant, se détachaient des rives et basculaient dans le courant, soumis à sa volonté, charriés de plus en plus vite, puis précipités contre les ruines du restaurant qu'ils pulvérisaient sous leur masse. On n'entendait que le rugissement rageur de l'eau. Le bâtiment semblait s'être rendu sans le moindre gémissement.

La navette s'était empalée sur une éminence de glace, sous une partie basse de la rive. La glace ne pouvait résister longtemps au déchaînement des eaux.

Le vaisseau fut démantelé par la force brute de la nature. Il ne resta bientôt plus qu'un cône d'obsidienne planté la pointe en bas dans le roc et la glace.

– La capsule de survie de la navette ! s'écria Holly. Bien sûr.

L'objectif numéro deux, ne pas perdre la piste de la sonde, était à présent possible. S'ils pouvaient embarquer à bord de la capsule et si elle avait encore des réserves d'énergie, ils pourraient suivre la sonde et essayer de faire parvenir un message au quartier général des FAR.

Holly essaya de scanner l'engin à l'aide de son casque, mais ses rayons étaient toujours bloqués.

Elle se tourna vers le centaure.

– Foaly, qu'en pensez-vous ?

Foaly n'avait pas besoin qu'elle précise sa question. Il n'y avait qu'une seule chose importante : la capsule de survie coincée dans la glace au-dessous d'eux.

– Ces appareils sont quasiment indestructibles et conçus pour rassembler l'équipage au complet en cas d'urgence. Ils sont alimentés par un bloc de combustible, il n'y a donc pas beaucoup de pièces mobiles susceptibles de lâcher. Tous les moyens habituels de communication sont disponibles à bord, y compris une bonne vieille radio que notre mystérieux ennemi a peut-être oublié de bloquer. Quoique, s'il a pensé à se servir du bouclier de la sonde pour neutraliser nos propres détecteurs, il n'y a sans doute pas grand-chose qui lui ait échappé.

Holly se tortilla à plat ventre pour s'avancer tout au bord du gouffre, le torse au-dessus du vide. Les gouttelettes projetées par la rivière souterraine recouvrirent sa visière d'une pellicule luisante.

– Voilà donc notre moyen de partir d'ici, à condition de pouvoir descendre.

Foaly frappa le sol de ses sabots.

– Nous n'avons pas besoin de descendre tous. Certains d'entre nous sont moins agiles que d'autres, ceux qui ont des sabots, par exemple. Vous pourriez sauter en bas puis voler dans la capsule jusqu'à la surface pour venir nous chercher.

– C'est parfaitement logique, assura Orion. Mais j'insiste pour y aller moi-même. Les règles de la galanterie exigent que je prenne ce risque.

Foaly fronça les sourcils.

– Holly, s'il vous plaît, administrez un sédatif à cet imbécile délirant.

Orion s'éclaircit la gorge.

– Vous n'êtes guère compatissant envers un malade, centaure.

Holly envisagea sérieusement l'éventualité du sédatif, puis elle y renonça en hochant la tête.

– Artemis… ou plutôt Orion a raison. L'un de nous doit y aller.

Elle déroula d'un petit treuil attaché à sa ceinture une corde munie d'un piton qu'elle noua rapidement autour d'une des tiges de fer qui dépassaient des fondations du restaurant détruit.

– Que faites-vous ? demanda Orion.

Holly s'avança vers le gouffre d'un pas décidé.

– Ce que vous vous apprêtiez à faire vous-même dans cinq secondes.

– Vous n'avez donc pas lu vos classiques ? s'exclama Orion. C'est *moi* qui devrais y aller.

– Vous avez raison, c'est vous qui devriez y aller, dit Holly.

Et elle sauta dans la caverne souterraine, accrochée à la corde.

Orion lança un cri qui avait quelque chose d'animal, tel un tigre à qui on aurait fait un nœud à la queue, et il tapa du pied par terre.

– Wouaoh, dit Foaly. Vous trépignez, maintenant ? Vous devez être vraiment en colère.

– Il me semble, en effet, dit Orion en regardant par-dessus le bord.

– D'habitude, ce sont d'autres pieds qu'on voit trépigner car généralement, c'est plutôt vous qui rendez Holly folle de rage. L'autre vous.

– Je ne peux pas dire que je sois surpris, reprit Orion

en se calmant un peu. Il m'arrive parfois d'être insupportable.

Le jeune homme se mit à plat ventre sur la glace.

– Vous êtes sur la bonne trajectoire, Holly, dit-il, presque pour lui-même. Vous pourrez sûrement éviter ce grand mur de glace.

– J'en doute, grogna Foaly.

La suite montra que le centaure avait raison.

Le capitaine Short descendit plus vite qu'elle ne l'aurait souhaité, ce qui était entièrement dû à un mauvais fonctionnement de son équipement. Si le treuil qu'elle portait à la ceinture n'avait pas été endommagé lors de l'attaque des Amorphobots, il aurait automatiquement ralenti sa course et Holly aurait pu éviter l'impact qui n'allait pas tarder à se produire. C'était comme si elle était tombée dans le vide à pleine vitesse, avec pour seul frein la légère tension de la corde attachée au piton.

Une pensée lui traversa l'esprit plus vite encore que la glace qui défilait devant ses yeux.

« J'espère ne rien me casser. Je n'ai plus de magie en moi pour réparer les fractures. »

Elle s'écrasa contre le mur de glace, genoux et coudes en avant. La surface gelée, plus dure que le roc et plus tranchante que le verre, déchira son uniforme en plusieurs endroits. Le froid et la douleur lui secouèrent les membres et elle entendit un craquement mais c'était la glace et non pas ses os.

La paroi formait une pente qui descendait progressivement vers le bord de la rivière souterraine jaillie du glacier et Holly Short glissa sur toute sa longueur, impuissante, en culbutant sur elle-même. Par un pur coup de chance, elle atterrit sur ses pieds. Le choc qui ébranla ses jambes chassa le peu d'air qui restait dans ses poumons. Elle pria le ciel pour qu'il y ait encore en elle une étincelle de magie mais rien ne vint soulager sa douleur.

« Remue-toi, soldat », se dit-elle, en imaginant que c'était Julius Root qui lui donnait cet ordre.

Elle se hâta de traverser la rive. La surface de la glace lui renvoyait son reflet déformé qui la regardait avec des yeux hagards, comme un nageur en perdition coincé sous une patinoire.

« Regarde-moi cette tête. J'aurais besoin d'un bon bain de boue en immersion totale », pensa-t-elle.

D'habitude, l'idée d'un séjour dans un centre de relaxation horrifiait Holly mais, tout à coup, cette perspective devenait séduisante.

« Un bain de boue reconstituante et un masque de concombre sur les yeux. Quelle merveille ! »

Mais il ne servait à rien d'en rêver pour le moment. Il y avait un travail à faire.

Holly se précipita vers la capsule de survie. Le courant de la rivière bouillonnait tout autour, martelant le fuselage, fendant la glace à grands coups.

« J'ai horreur du froid. J'en ai vraiment horreur. »

Une brume s'élevait de l'eau en nuages glacés qui enveloppaient les immenses stalactites comme une draperie d'un bleu spectral.

« Une draperie d'un bleu spectral ? songea Holly. Je devrais peut-être écrire un poème. Je me demande ce qui rime avec "écrasée" ? »

Holly donna un coup de pied dans la glace accumulée à la base de la capsule, découvrant la trappe d'accès. Heureusement, elle n'était pas complètement submergée car, sans son Neutrino, elle n'aurait eu aucun moyen de la dégager.

Dans les minutes qui suivirent, le capitaine cassa la glace à grands coups de pied furieux, défoulant sa colère après tous les ennuis accumulés au cours de la journée. Holly piétinait la glace comme si elle avait été responsable de l'incendie de la navette, comme si c'était à ses cristaux que l'on devait l'attaque de la sonde. Quelle que fût la raison de son déchaînement, ses efforts portèrent leurs fruits et les contours de la trappe d'accès devinrent bientôt visibles sous une couche transparente de glace pilée.

Elle entendit une voix au-dessus d'elle :

– *Helloooo*. Holly. Ça va ?

Elle entendit autre chose. Une voix assourdie. Était-ce Orion qui l'avait encore appelée « belle dame » ? Holly espérait ardemment s'être trompée.

– Je… vais… très… bien ! grogna-t-elle, chaque mot ponctué d'un nouveau coup de pied dans la glace.

– Essayez de vous détendre, dit une voix en écho. Faites quelques exercices de respiration.

« Irréel, songea Holly. Ce personnage a vécu dans un coin de la tête d'Artemis pendant si longtemps qu'il n'a aucune idée de ce qu'est le monde réel. »

Elle glissa les doigts dans la poignée encastrée de la porte, dégageant des morceaux de glace obstinés qui empêchaient de l'actionner. Le panneau était entièrement mécanique, aucun brouilleur ne pouvait donc le bloquer, ce qui n'était pas forcément vrai pour les instruments de contrôle de la capsule. La sonde ennemie pouvait théoriquement avoir grillé les systèmes de guidage aussi facilement qu'elle avait déconnecté leurs communications.

Holly appuya sa botte contre la coque et souleva la trappe d'accès. Un déluge de gel désinfectant rose se déversa, formant une mare autour de son autre botte, puis s'évapora rapidement dans le nuage de brume.

« Du gel désinfectant. Au cas où ce qui a détruit la navette contiendrait des composants bactériologiques. »

Elle passa la tête à l'intérieur et les détecteurs de mouvement envoyèrent de la chaleur dans deux plaques phosphorescentes fixées au plafond.

« Bien. Le circuit de sécurité fonctionne, c'est déjà ça. »

La capsule de survie était tombée à l'envers, son nez pointant droit vers le centre de la Terre. L'intérieur était spartiate, conçu pour des soldats, pas pour des passagers.

« Orion va beaucoup aimer ça », pensa-t-elle en s'attachant au siège du pilote. Le harnais ne comportait pas moins de six ceintures indépendantes, car l'équipement en gyroscopes et suspension était rudimentaire.

« Peut-être qu'en le secouant un peu, j'arriverai à faire sortir Artemis de son propre cerveau. Nous pouvons compter jusqu'à cinq, tous les deux. »

Elle fléchit les doigts puis les passa au-dessus du panneau de contrôle.

Rien ne se produisit. Aucune activation, pas d'allumage des cadrans. Aucune icône demandant un code de démarrage.

« On est à l'âge de pierre », pensa Holly. Elle se pencha en avant, autant que son harnais le lui permettait, tendant les mains sous la console où elle trouva un bon vieux volant et des manettes de commande manuelle.

Elle appuya sur le démarreur et le moteur toussota.

« Allez, vite, j'ai des choses à faire ».

Elle appuya encore une fois et le pitoyable moteur de la capsule se mit à tourner, aussi irrégulier que le souffle d'un mourant, mais au moins il tournait.

« Merci. »

À peine avait-elle pensé cela que des jets de fumée noire jaillirent des grilles d'aération de la cabine en la faisant tousser.

« Il y a quelques dégâts mais ça devrait marcher quand même. »

Holly remonta à la manivelle le panneau qui masquait le hublot avant et ce qu'elle découvrit soudain l'alarma. Elle s'attendait à voir les eaux bleues d'une rivière souterraine bouillonner devant le polymère transparent, mais au lieu de cela, ce fut un gouffre qui s'ouvrit sous ses yeux. La capsule était plantée en haut d'une immense caverne souterraine qui formait dans le glacier un vide vertigineux au fond duquel on apercevait un sol rocheux. Des parois de glace à la surface ondulée s'étendaient au-dessous d'elle, éclairées par la lueur bleuâtre et vacillante des moteurs de la sonde qui filait dans les profondeurs.

« La voilà. Elle se dirige vers le centre de la Terre. »

Holly actionna la commande de dégivrage du bloc de combustible et pianota avec impatience sur le tableau de bord de la capsule pendant qu'il chauffait.

– Maintenant, marmonna-t-elle pour elle-même, il faut faire machine arrière. Et vite.

Mais la manœuvre ne fut pas assez rapide. Le courant de la rivière vrillait le socle de glace qui supportait la capsule et finit par le disloquer. Pendant un instant, la capsule resta suspendue puis elle fut précipitée dans le vide et tomba en chute libre, impuissante.

Deux minutes plus tôt, le garçon qui avait la tête d'Artemis Fowl, debout à la surface du glacier, observait Holly Short. Appréciant ses efforts et admirant sa forme physique.

– Elle ne manque pas de fougue, n'est-ce pas ? Regardez-la combattre les éléments.

Dans un bruit de sabots, Foaly s'approcha de lui.

– Allons, Artemis. Vous n'arriverez pas à me berner. Qu'est-ce que vous mijotez ?

Le visage d'Orion était lisse. Sur lui, les traits d'Artemis paraissaient ouverts et inspiraient confiance. C'était un tour de force car, avec le même visage, Artemis lui-même semblait rusé et presque maléfique, certains auraient dit fourbe. D'ailleurs, un professeur de musique avait employé ce terme dans son bulletin scolaire, ce qui n'était pas une façon très professionnelle de procéder, mais il faut dire qu'Artemis avait modifié les circuits du clavier électronique de cet homme de telle sorte qu'il ne pouvait plus jouer que *Jingle Bells*, quelles que soient les touches sur lesquelles il appuyait.

– Je ne mijote rien du tout, répondit Orion. Je suis vivant, je suis là. C'est tout. J'ai les souvenirs d'Artemis, mais pas ses dispositions. Je crois que je dois ma soudaine apparition à ce que les fées appelleraient le complexe d'Atlantis.

Foaly agita l'index.

– Bien essayé, Artemis, mais le complexe d'Atlantis se manifeste généralement par des comportements compulsifs et des délires.

– Phase deux.

Foaly prit le temps de consulter sa mémoire quasiment photographique.

– Le complexe d'Atlantis en phase deux peut occasionner chez le sujet l'émergence de personnalités complètement différentes qui agissent de manière distincte.

– Et ? souffla Orion.

– La phase deux peut être déclenchée soit par un traumatisme psychique, soit par un choc physique, notamment une électrocution.

– Holly m'a tiré dessus. Inutile de chercher plus loin.

Foaly gratta la neige avec son sabot.

– C'est ça le problème, avec les gens qui ont votre intellect. On peut échanger nos points de vue toute une journée sans que ni l'un ni l'autre ne prenne l'avantage. Voilà ce qui se passe quand on est un génie.

Le centaure sourit.

– Regardez, j'ai tracé dans la neige un F pour Foaly.

– Très beau travail, dit Orion. Des lignes bien droites. Il faut une bonne maîtrise de son sabot pour obtenir un tel résultat.

– Je sais, répondit Foaly. C'est un vrai talent mais il n'y a pas de place pour ce genre d'expression artistique.

Foaly savait que ses bavardages sur les dessins au sabot n'avaient d'autre but que de lui faire oublier la situation. Il avait souvent assisté Holly, dans diverses crises. Mais c'était la première fois qu'il se trouvait lui-même au plein cœur de l'action.

« Les vidéos ne parviennent pas à saisir l'émotion, songea-t-il. En ce moment, j'ai une peur bleue mais aucune caméra ne peut transmettre cela. »

Foaly était effaré à la pensée que quelqu'un ait pu pirater sa sonde spatiale et reprogrammer les Amorphobots. Il était effaré que cette personne n'ait aucun respect de la vie, celle des fées, des humains ou des animaux. Mais ce qui le terrifiait totalement, c'était que, si jamais – les dieux l'en gardent – Holly était blessée ou pire, ce serait à lui et à ce simplet, dérivé d'Artemis, qu'il appartiendrait d'avertir Haven. Or, il n'avait pas la moindre idée de la façon dont il pourrait s'y prendre, à moins que sa capacité à faire le malin et à manier des claviers virtuels puisse lui être d'un quelconque secours. Artemis, lui, saurait comment agir mais apparemment, il était absent de chez lui pour le moment.

En un éclair, Foaly prit soudain conscience que la situation présente pouvait devenir son pire cauchemar,

surtout si, à la fin, Caballine lui rasait la crinière. Il était très important pour lui de pouvoir contrôler les choses et voilà qu'il se retrouvait coincé sur un glacier en compagnie d'un humain diminué, en train de regarder leur seul espoir de salut se débattre dans une rivière souterraine.

Son pire cauchemar fut relégué au deuxième plan lorsque la capsule de survie, dans laquelle Holly avait pris place, se trouva brusquement avalée tout entière par la glace. Des morceaux épars, charriés par le courant, remplirent très vite le trou laissé par l'engin et avant que Foaly ait eu le temps de pousser une exclamation de stupeur, ce fut comme si la capsule n'avait jamais été là.

Ses jambes antérieures se dérobèrent sous lui et Foaly tomba à genoux.

– Holly ! appela-t-il d'une voix désespérée. Holly.

Orion était tout aussi affolé.

– Oh, capitaine Short. J'avais tant de choses à vous dire sur ce que nous ressentons, Artemis et moi. Vous étiez si jeune, vous aviez encore tant à donner.

De grosses larmes roulèrent sur ses joues.

– Oh, Artemis, pauvre idiot d'Artemis, tu avais tant et tu ne le savais pas.

Foaly éprouva un chagrin déchirant qui lui donna l'impression d'un vide soudain. Holly n'était plus. Disparue, leur dernière chance d'avertir Haven. Comment pouvait-il espérer y parvenir avec l'aide d'un Bonhomme de Boue énamouré qui commençait une phrase sur deux par « Oh » ?

– Silence, Orion. Taisez-vous. Quelqu'un nous a quittés. Une personne bien réelle.

La dureté de la glace sous les genoux de Foaly semblait aggraver le désespoir de leur situation.

– Je n'ai pas beaucoup d'expérience avec les personnes réelles, admit Orion en se laissant tomber à côté du centaure. Ni de sentiments que je puisse communiquer au monde. Mais je crois que je suis triste, à présent. Et seul. Nous avons perdu une amie.

C'étaient des paroles qui venaient du cœur et Foaly sentit qu'il fallait lui témoigner un peu de compassion.

– OK, ce n'est pas votre faute. Nous avons tous les deux perdu quelqu'un d'exceptionnel.

Orion renifla.

– Très bien. Maintenant, valeureux centaure, peut-être pourriez-vous m'emmener sur votre dos jusqu'au village le plus proche où il me sera possible de gagner quelques pennies avec mes poèmes. Pendant ce temps, vous nous bâtiriez une cabane et vous feriez quelques tours de cirque pour les passants.

Ces propos étaient si stupéfiants que pendant un instant, Foaly envisagea de sauter dans le vide pour prendre la fuite.

– Ce n'est pas la Terre du Milieu, ici. Nous ne sommes pas dans un roman. Je ne suis pas noble et je n'ai pas un répertoire de numéros de cirque.

Orion sembla déçu.

– Savez-vous jongler, au moins ?

L'idiotie d'Orion donna à Foaly l'occasion de s'arracher momentanément à son chagrin. Il se releva et tourna en cercle autour du jeune homme en tapant des sabots.

– Vous êtes quoi, vous ? Qui êtes-vous ? Je croyais que

vous partagiez les souvenirs d'Artemis. Comment pouvez-vous être aussi stupide?

Orion resta imperturbable.

– Je partage tout. Les souvenirs et les films sont aussi réels les uns que les autres à mes yeux. Vous, Peter Pan, le monstre du Loch Ness, moi. Tout cela est réel, peut-être.

Foaly se frotta le front.

– Nous sommes dans une situation dramatique. Puissent les dieux nous venir en aide.

Le regard d'Orion s'éclaira.

– J'ai une idée.

– Ah oui? dit Foaly, en osant espérer qu'il lui restait une étincelle de l'intelligence d'Artemis.

– Pourquoi ne pas chercher des pierres magiques qui exauceraient nos souhaits? Ou si cela ne marche pas, nous pourrions examiner mon corps nu pour essayer d'y découvrir une mystérieuse tache de naissance qui signifierait qu'en réalité je suis un prince, quelque part dans le monde.

– D'accord, soupira Foaly. Allez-y, cherchez des pierres, pendant ce temps-là, je tracerai des runes magiques dans la neige.

Orion claqua ses mains l'une contre l'autre.

– Excellente idée, noble créature.

Et il se mit à donner des coups de pied dans les pierres pour voir si l'une d'elles était magique.

«Le complexe progresse, se dit Foaly. Il ne délirait pas à ce point il y a quelques minutes. Plus la situation est désespérée, plus il s'éloigne de la réalité. Si nous ne parvenons pas à ramener Artemis bientôt, il est perdu pour toujours. »

– J'en ai trouvé une ! s'écria soudain Orion. Une pierre magique !

Il se pencha pour inspecter sa découverte.

– Non, attendez, c'est un coquillage.

Il adressa à Foaly un sourire contrit.

– Je l'ai vu s'enfuir et j'ai cru que…

Foaly eut une pensée en pensant que jamais il n'aurait pensé avoir un jour une telle pensée.

« Je préférerais encore être avec Mulch Diggums. »

Cette idée le fit frissonner.

Orion poussa un cri sonore et recula à pas précipités.

– J'en ai trouvé une. C'est vrai, cette fois. Regardez, Foaly, regardez !

Le centaure regarda malgré lui et fut stupéfait de voir une pierre qui semblait véritablement danser.

– Ce n'est pas possible, dit-il.

« Est-il en train de m'entraîner dans son délire ? » se demanda-t-il.

Orion était fou de joie.

– Tout est réel. Je suis enfin sorti dans le monde.

La pierre fit un grand bond dans les airs et alla tournoyer au-dessus du lac gelé. À l'endroit d'où elle avait été projetée, la coque noire de la capsule de survie transperça le sol et s'éleva peu à peu, dans un grondement de moteur dont les vibrations pulvérisaient les plaques de glace.

Foaly mit un moment à comprendre ce qui se passait puis, à son tour, il devint fou de joie.

– Holly ! cria-t-il. Vous avez réussi. Vous ne nous avez pas quittés !

La capsule bondit à la surface puis bascula sur le côté. Le hublot était ouvert et le visage de Holly apparut dans l'encadrement. Elle était pâle, du sang coulait d'une douzaine de coupures superficielles, mais elle avait les yeux brillants et résolus.

– Le bloc de combustible a mis un certain temps à se liquéfier, expliqua-t-elle, sa voix couvrant le bruit du moteur. Montez à bord, tous les deux, et bouclez vos ceintures. Il faut rattraper le monstre cracheur de feu.

C'était un ordre simple auquel Foaly et Orion pouvaient obéir sans que leurs réalités respectives entrent en conflit.

« Holly est vivante », pensa Foaly.

« Ma princesse vit, exulta Orion, et nous allons poursuivre un dragon. »

– Foaly, lança-t-il au centaure, je crois vraiment que nous devrions chercher cette marque de naissance secrète. Les dragons aiment beaucoup ce genre de choses.

LE CERVEAU D'ARTEMIS FOWL, MAINTENANT

Artemis n'était pas complètement absent. Il était confiné dans une petite pièce virtuelle de son cerveau. La pièce était semblable à son bureau du manoir des Fowl, mais il n'y avait pas d'écrans sur le mur pour analyser la situation. En fait, il n'y avait pas de mur du tout. À l'endroit où auraient dû se trouver ses écrans à gaz et ses télévisions numériques flottait à présent une fenêtre qui donnait sur la réalité de son corps. Il voyait ce que cet idiot d'Orion voyait, et entendait des paroles ridicules couler de sa propre bouche, mais il ne pouvait contrôler les actes du nigaud romantique qui semblait occuper le siège du conducteur, pour employer une image automobile que Butler et Holly auraient appréciée.

La pièce d'Artemis comportait un bureau et une chaise. Il était vêtu d'un de ses costumes légers coupés sur mesure chez Zegna. Il voyait sur son bras les fils entrecroisés du tissu et sentait le poids de l'étoffe comme si elle était réelle, mais Artemis savait qu'il s'agissait de simples illusions que son esprit avait créées pour mettre un peu d'ordre dans le chaos de son cerveau.

Il s'assit sur la chaise.

Devant lui, sur ce qu'il avait décidé d'appeler son écran mental, les événements se déroulaient dans le monde réel. Il grimaçait chaque fois qu'Orion, l'usurpateur, se lançait dans ses maladroites tentatives de séduction.

« Il va complètement détruire mes relations avec Holly », pensa-t-il.

Et à présent, il traitait Foaly comme une sorte d'animal de compagnie mythologique.

Orion avait cependant raison sur un point. Il était au deuxième stade du complexe d'Atlantis, une maladie mentale que ses incursions téméraires dans la magie des fées, combinées à un sentiment de culpabilité, avaient fini par provoquer.

« J'ai aussi fait naître la culpabilité en moi quand j'ai exposé ma mère à Opale Koboï. »

Artemis se rendit soudain compte que lorsqu'il était enfermé dans son propre esprit, les chiffres n'avaient plus de prise sur lui. Il n'éprouvait pas non plus le besoin compulsif de changer les objets de place sur son bureau.

« Je suis libre. »

Un poids métaphorique libéra sa poitrine irréelle et Artemis Fowl se sentit à nouveau lui-même. Pour la première fois depuis des mois, il était plein de vie, doté d'une intelligence pénétrante, concentré sur ses objectifs. Des idées s'envolaient de son esprit comme des chauves-souris s'échappant de l'entrée d'une grotte.

« Il y a tant de choses à faire. Tant de projets. Butler… Il faut que je le retrouve. »

Artemis se sentait rempli d'énergie et de puissance. Il se leva de sa chaise et s'approcha de l'écran mental. Il allait se frayer un chemin, sortir de force, et renvoyer cet Orion-là d'où il venait. Ensuite, il faudrait qu'il présente des excuses à Foaly et à Holly pour sa grossièreté puis qu'il découvre le fond des choses dans cette histoire de sonde spatiale détournée. Son Cube de Glace avait été mis en pièces par la rivière souterraine mais il était possible de le reconstruire. En quelques mois, le projet pouvait devenir opérationnel.

Et quand les glaciers auraient été sauvés, peut-être pourrait-il suivre une petite thérapie de régression en choisissant l'un des psychothérapeutes les moins outrecuidants du monde des fées. Et certainement pas ce Cumulus qui avait à présent son propre talk-show.

Lorsque Artemis arriva devant l'écran, il s'aperçut qu'il était moins solide qu'il ne le paraissait. En fait, il était profond, gluant, et lui rappelait le tuyau de plasma le long duquel il avait rampé dans les laboratoires d'Opale Koboï, il y avait bien des années. Il continua cependant d'avancer et se trouva bientôt submergé par un gel froid et visqueux qui le repoussait en arrière comme des doigts flasques.

– Je ne me laisserai pas fléchir ! cria Artemis, s'apercevant qu'il pouvait crier à l'intérieur de son écran mental. On a besoin de moi dans le vaste monde.

« Fléchir ? Vaste monde ? Je commence à parler comme cet idiot d'Orion. »

Cette pensée lui donna de la force et il déchira les rideaux de magma poisseux qui le retenaient prisonnier. Être actif et positif lui faisait du bien. Artemis redevenait, comme avant, l'héritier des Fowl. Impossible de l'arrêter.

Il remarqua alors quelque chose qui flottait en l'air devant lui. Brillant dans des gerbes d'étincelles, comme des cierges magiques de Halloween. Il y en eut très vite d'autres, des dizaines tout autour de lui, qui s'enfonçaient lentement dans le gel.

De quoi s'agissait-il ? Qu'est-ce que cela pouvait bien signifier ?

« C'est moi qui les ai créés, songea Artemis. Je devrais le savoir. »

Un instant plus tard, il sut. Ces étincelles étaient en fait de minuscules chiffres dorés. Tous les mêmes. Des quatre.

La mort.

Artemis eut un mouvement de recul puis il se reprit.

« Non. Je ne serai pas esclave. Je refuse. »

Un des minuscules quatre lui érafla le coude, envoyant une onde de choc dans son corps tout entier.

« C'est un souvenir, rien de plus. Mon esprit reconstitue le tuyau de plasma. Rien de tout cela n'est vrai. »

Mais les chocs qu'il ressentait étaient, eux, bien réels. Une fois que les minuscules quatre s'aperçurent de sa présence, ils se rassemblèrent comme un banc de poissons malfaisants, repoussant Artemis vers le refuge de son bureau.

Il tomba en arrière, haletant.

« Il faut que j'essaye à nouveau », pensa-t-il.

Mais pas tout de suite. Les quatre semblaient l'observer, imitant ses mouvements.

« Cinq, pensa Artemis. Il me faut des cinq pour rester vivant. Bientôt, j'essaierai encore. Bientôt. »

Il sentit descendre sur sa poitrine un poids qui semblait trop lourd pour être issu de sa seule imagination.

« J'essaierai bientôt. Tenez bon, mes amis. »

CHAPITRE 6

LÂCHER DE LEST

PRISON DES PROFONDEURS, ATLANTIDE, MAINTENANT

Le prisonnier 42 se rendit sur le site officiel des FAR et trouva amusant de ne plus figurer sur la liste des dix criminels les plus dangereux.

« Ils oublient ce que j'ai fait, pensa-t-il avec une certaine satisfaction. C'est exactement ce que j'avais prévu. »

Turnball envoya un rapide e-mail clandestin à Leonor. Il lui en expédiait une douzaine par jour.

« Prépare-toi à un voyage, ma chérie. Je serai bientôt avec toi. »

Il attendit la réponse en retenant son souffle et elle arriva sans tarder. Deux simples mots.

« Dépêche-toi. »

Turnball fut enchanté de recevoir une réponse aussi prompte. Même au bout de tant d'années, ils restaient suspendus aux mots qu'ils échangeaient. Mais il était un peu inquiet, également. Ces temps derniers, tous les messages de Leonor avaient été brefs, ne contenant souvent que quelques mots. Il ne pensait pas que son épouse chérie n'ait pas envie d'écrire davantage, il pensait plutôt qu'elle devenait trop faible, que l'effort qu'elle devait fournir était trop douloureux.

Turnball envoya un deuxième e-mail, à Ark Sool cette fois, un officier des FAR passé dans son camp, et qu'il avait récemment chargé de veiller sur son épouse et sur ses affaires.

« Leonor s'affaiblit sans le secours de ma magie, monsieur Sool. Prenez bien soin d'elle. »

Turnball devint soudain impatient.

« Quelques heures seulement nous séparent encore, ma chérie. Tiens bon, j'arrive. »

Les autorités se trompaient, bien sûr. Turnball Root était extrêmement dangereux. Ils oubliaient que cet elfe avait détourné des millions du budget d'armement des FAR. Et qu'il avait presque réussi à détruire la moitié de Haven-Ville, simplement pour se débarrasser d'un concurrent.

« J'aurais réussi, pensa-t-il pour la millième fois, si ce modèle de vertu qu'était mon petit frère ne m'en avait empêché. »

Il chassa cette pensée de son esprit. Évoquer Julius ne ferait qu'exciter ses fonctions vitales et ses geôliers pourraient s'en apercevoir.

« Je devrais m'offrir un petit plaisir, songea-t-il, assis devant son ordinateur. Ce sera peut-être le dernier avant que je ne parte d'ici. Thibyson va bientôt venir me chercher et les FAR comprendront alors leur erreur. Trop tard, bien entendu. »

Il sourit à son reflet sur l'écran tandis qu'il tapait un bref message à destination d'un certain site Internet.

« On n'est jamais trop vieux pour être méchant », se dit Turnball en appuyant sur « envoyer ».

LE PERROQUET IVRE, MIAMI, MAINTENANT

Il existe une loi universelle qui veut que les fugitifs aient tendance à se rassembler. Quelle que soit l'importance des forces lancées à leurs trousses, les délinquants en fuite parviennent toujours à trouver une petite taverne sale et misérable, tenue par un aubergiste des plus louches, où l'on sert l'alcool le plus frelaté, et dont la police elle-même ignore l'existence. Ces établissements ont généralement des portes en acier, des fenêtres opaques, de la moisissure dans leurs toilettes et ne servent jamais rien qui contienne plus de deux ingrédients à la fois. *Le Perroquet ivre* était l'un de ces endroits.

Le patron, un nain du nom de Barnet Riddles, régnait sur les lieux avec un certain panache et un charme enjôleur qui faisaient de lui un maître de maison plutôt sympathique, dans le genre douteux. Et si le panache et le charme ne suffisaient pas à calmer un client agressif, Barnet lui assénait un bon coup d'une électro-trique volée aux FAR.

Le Perroquet ivre était un repaire de nains qui avait

pour devise : *Si vous n'êtes pas le bienvenu ailleurs, vous le serez ici*, ce qui signifiait que toutes les fées d'Amérique du Nord exilées, délinquantes ou en quête d'endroits sordides se retrouvaient tôt ou tard dans cet établissement. Barnet Riddles était un hôte parfait car, par un caprice de la nature, il appartenait au minuscule pourcentage de fées dont la taille excédait un mètre vingt. Aussi, à la condition qu'il porte un bandana pour dissimuler ses oreilles, Barnet était-il le messager idéal auprès des humains qui lui fournissaient de l'alcool, du bœuf légèrement faisandé pour ses *quesadillas* et des armes à feu pour ses trafics d'arrière-boutique.

Les premières heures de cette matinée, au *Perroquet ivre*, ne différaient pas de la routine quotidienne. Des nains étaient assis dans l'un des boxes, penchés sur des chopes de bière. Deux lutins volants jouaient à un jeu vidéo de croqueballe sur leurs portables et une demi-douzaine d'elfes mercenaires échangeaient des histoires de guerre autour du billard.

Au bar, Barnet Riddles était en grande conversation avec un nain.

– Allons, Pierre Tombale, dit-il de son ton le plus enjôleur, achète-moi un ou deux pistolets. Ou au moins une grenade. Tout ce que tu fais, c'est de rester assis là à boire de l'eau de crique. Il n'y a donc personne sur qui tu aurais envie de tirer une ou deux fois ?

Le nain sourit, découvrant ses dents en forme de pierres tombales qui lui avaient valu son surnom.

– Ça pourrait venir, Riddles.

Barnet ne fut pas découragé – ce nain-là était un optimiste de naissance. Qui d'autre aurait eu l'idée d'ouvrir un bar destiné à des nains ultrasensibles à la lumière dans une ville comme Miami où le soleil brillait sans cesse ?

« C'est le dernier endroit où les FARceurs penseraient à chercher des fugitifs comme nous, expliquait-il souvent. Ils vont se geler leurs oreilles de FAR en Russie pendant que nous sirotons de la bière dans un endroit luxueux et climatisé. »

Luxueux était un terme excessif. Même le mot « propre » aurait été exagéré. Mais *Le Perroquet ivre* était un lieu où les aventuriers pouvaient se retrouver jour et nuit pour raconter leurs souvenirs et ils étaient disposés en échange à supporter les prix prohibitifs de Barnet ainsi que ses éternels boniments pour essayer de leur vendre quelque chose.

– Et un implant électronique ? insista le patron du bar. Tout le monde a des implants, ces temps-ci. Comment tu fais pour surveiller les FAR ?

Pierre Tombale rabattit le bord de son feutre pour cacher ses yeux.

– Crois-moi ou pas, Riddles, je ne suis plus sur la liste des personnes recherchées. Celui que tu as devant toi est un citoyen honorable à cent pour cent. J'ai même un visa qui m'autorise à voyager en surface.

– Faribulations, répliqua Barnet d'un air sceptique.

Pierre Tombale glissa un rectangle de plastique sur le bar.

– Lis ça, tu vas éclater en sanglots.

Barnet jeta un coup d'œil à l'écriture en gnomique et vérifia l'authenticité de l'hologramme officiel.

– Ça m’a l’air vrai, admit-il.
– Évidemment, puisque c’est un vrai document, mon cher ami barman qui ajoute de l’eau dans sa bière.
Barnet hocha la tête.
– Je ne comprends pas. Si tu as le droit d’aller où tu veux, pourquoi viens-tu ici ?
Pierre Tombale jeta une poignée de noix de boulon dans sa bouche immense et Barnet aurait juré que chaque coup de dents était suivi d’un écho.
– Je viens ici, répondit enfin Pierre Tombale, à cause de la clientèle.
Barnet fut encore plus déconcerté.
– Quoi ? Des voleurs, des mercenaires, des racketteurs, des faussaires ?
Pierre Tombale eut un large sourire étincelant.
– Oui. Ce sont ces gens-là que j’aime bien.
Barnet examina un pichet de moût de crapaud qu’il faisait fermenter pour les félutins.
– Tu sais que tu es vraiment à mourir de rire, Pierre Tombale ?
Avant que ce dernier ait eu le temps de répondre, un perroquet en plastique posé sur le bar ouvrit le bec et se mit à crier :
– Nouveau message, croassa la voix animatronique. Nouveau message sur le tableau de réception.
– Eeeeexcusez-moi, dit Barnet Riddles avec une politesse exagérée, pendant que je consulte cet implant extraordinairement pratique que je me suis fait greffer dans la tête.
– Pratique jusqu’à ce que tu passes devant un micro-

ondes et que tu perdes dix ans de mémoire, commenta Pierre Tombale. Mais comme tu ne sors pas souvent d'ici, une décennie de moins ne changerait sans doute pas grand-chose à tes souvenirs.

Barnet n'écoutait pas. Son regard devint brumeux tandis qu'il consultait l'implant illégal directement relié à son cortex par un médecin renvoyé de l'Ordre. Après quelques « hum » et un « vraiment ? », il revint dans la réalité.

– Comment vont tes cellules cérébrales ? demanda Pierre Tombale d'un ton aimable. J'espère que le message en valait la peine ?

– Ne t'inquiète pas pour ça, monsieur Honorable à cent pour cent, répondit vivement Barnet. Le message ne s'adresse qu'à nous, les voyous.

Il donna sur le comptoir un coup d'électro-trique qui envoya des étincelles sur toute la longueur de la barre de cuivre.

– Scrow, appela-t-il. Tu as un engin volant, n'est-ce pas ?

L'un des nains, dans le box du fond, leva une tête hirsute et grisâtre. De la mousse de bière tombait en flocons de sa barbe.

– Ouais, j'ai un gyroplane. Un peu délabré mais il marche encore bien.

Barnet frappa ses mains l'une contre l'autre, calculant déjà le montant de sa commission.

– Très bien. Un message vient d'arriver pour un boulot. Deux humains qu'il faut étendre raides morts.

Scrow hocha lentement la tête.

– Pas question de tuer. Nous sommes peut-être des voyous mais pas des humains.

– Le client se contenterait d'un effacement total. Tu pourrais supporter ça ?

– Un effacement total ? l'interrompit Pierre Tombale. Ce n'est pas dangereux ?

Barnet ricana.

– Non, si tu fais attention à ne pas toucher les électrodes. Il s'agit de deux humains, frère et sœur, du nom de Butler.

Pierre Tombale tressaillit.

– Butler ? Frère et sœur ?

Barnet ferma un œil, consultant son implant.

– Ouais. J'envoie les détails dans ton gyroplane, Scrow. C'est un boulot urgent. Avec un paquet de dollars à la clé, comme diraient les Hommes de Boue.

Le dénommé Scrow vérifia la charge d'un antique Neutrino en forme de tromblon.

– Ces deux humains n'auront plus grand-chose à raconter quand j'en aurai fini avec eux.

Il tapa sur la table pour rassembler ses guerriers.

– Allons-y, mes bons amis. Nous avons des cerveaux à vider.

Pierre Tombale se leva aussitôt.

– Vous avez de la place pour moi ? demanda-t-il.

– Je le savais, s'esclaffa Barnet Riddles. Honorable à cent pour cent, je n'en crois rien. Dès que je t'ai vu, je me suis dit : « Ce type a un casier. »

Scrow bouclait autour de sa taille une ceinture chargée de pointes, de cartouches et d'appareils manifestement dangereux, équipés de fusibles et de condensateurs.

– Pourquoi devrais-je t'emmener, étranger ?

– Tu devrais m'emmener parce que si ton pilote se fait tuer par ces Butler, je pourrai prendre sa place.

Un nain à la silhouette efflanquée, ce qui était exceptionnel pour quelqu'un de son espèce, leva son nez du roman à l'eau de rose qu'il était en train de lire.

– Tuer ? s'inquiéta-t-il, les lèvres légèrement tremblantes. Scrow, dis-moi, ça risque d'arriver ?

– J'ai déjà eu affaire à ces Butler, reprit Pierre Tombale. C'est toujours le pilote qu'ils visent en premier.

Scrow regarda attentivement Pierre Tombale, observant ses puissantes mâchoires et ses jambes musclées.

– D'accord, étranger. Tu prends le siège du copilote. Tu auras une part moindre et pas de discussion.

Pierre Tombale sourit.

– Pourquoi discuter maintenant, alors que nous aurons tout le temps de le faire plus tard ?

Scrow réfléchit un bon moment à cette réponse jusqu'à en avoir mal à la tête.

– D'accord, comme tu voudras. Tout le monde prend une pilule de dégrisement et on y va. Nous avons des cerveaux humains à effacer.

Pierre Tombale suivit son nouveau capitaine qui traversait le bar.

– Tu as un équipement suffisant pour un effacement de mémoire ?

Scrow haussa les épaules.

– Quelle importance ? répondit-il simplement.

– J'aime bien ton attitude, dit Pierre Tombale.
Avec un petit temps de retard.

CANCÚN, MEXIQUE, MAINTENANT

Les Butler en question étaient évidemment les mêmes qui avaient échappé à la foule des fans de catch mesmérisés. Une demi-heure après que Scrow eut engagé son nouveau copilote, ils reprenaient leur souffle au bord de la lagune de Cancún, sous les rayons du soleil matinal. Si Turnball Root avait décidé de s'acharner sur eux, c'était beaucoup plus par amusement que par crainte de les voir contrarier ses plans. Bien qu'il fût toujours possible que des adversaires aussi redoutables que les Butler se révèlent gênants. Et les plans de Turnball étaient suffisamment délicats à réaliser pour ne pas courir le risque que des humains viennent le gêner. Il valait mieux leur faire subir un effacement de mémoire, au minimum. En plus, ils avaient échappé à sa première tentative et Turnball en était profondément agacé, ce qu'il n'aimait pas du tout.

Juliet s'accroupit juste au-dessus du niveau de l'eau, écoutant les rires et le tintement des flûtes de champagne en provenance d'un yacht qui passait sur la lagune.

– J'ai une idée, grand frère, dit-elle. Pourquoi ne pas demander à Artemis de nous verser un million de dollars pour que nous puissions prendre notre retraite ? Enfin, moi, je pourrais prendre ma retraite et toi, tu serais *mon* majordome.

Butler s'assit à côté d'elle.

– Franchement, je ne crois pas qu'Artemis ait un million de dollars. Il a tout investi dans son dernier projet. LE PROJET, comme il l'appelle.

– Qu'est-ce qu'il veut voler, maintenant ?

– Rien. Artemis a quitté le milieu de la délinquance. Ces temps-ci, il veut sauver le monde.

Le bras de Juliet s'immobilisa au moment où elle jetait un caillou dans l'eau.

– Artemis Fowl a cessé d'être un délinquant ? Notre Artemis Fowl ? N'est-ce pas contraire aux règles de sa famille ?

Butler ne sourit pas à proprement parler mais son froncement de sourcils devint nettement moins prononcé.

– Ce n'est pas vraiment le moment de plaisanter, petite sœur.

Il marqua une pause.

– Mais si tu veux vraiment le savoir, le code des Fowl stipule que si un membre de la famille est surpris à dévier vers le droit chemin, il peut se voir confisquer son guide pratique du docteur Denfer et ses ventouses de cambrioleur.

Juliet ricana. « Des ventouses ».

Le froncement de sourcils habituel de Butler reprit sa place.

– Sérieusement, petite sœur. La situation dans laquelle nous nous trouvons est dramatique. Poursuivis par des agents du monde des fées et quasiment aux antipodes de mon principal.

– D'ailleurs, qu'est-ce que tu fais là ? Qui t'a envoyé sur cette fausse piste ?

Butler y avait déjà réfléchi.

– C'est Artemis qui m'a envoyé ici. Il a dû le faire sous la pression, bien que ce ne soit apparemment pas le cas. Peut-être a-t-il été berné ?

– Berné ? Artemis Fowl ? Il aurait changé.

Butler se renfrogna, tapotant l'endroit où son holster aurait dû être accroché.

– Artemis a changé. Tu aurais du mal à le reconnaître, à présent. Il est si différent.

– Différent ? En quoi ?

L'expression maussade de Butler s'accentua, dessinant une fente verticale entre ses sourcils.

– Il compte tout. Ses pas, ses mots, tout. Je crois que son grand chiffre de référence, c'est le cinq. Il est obsédé par les rangées, aussi. Il regroupe tous les objets qui l'entourent en petites rangées. De cinq, généralement, ou de dix.

– J'ai entendu parler de ce genre de choses. On appelle ça un TOC Trouble obsessionnel compulsif.

– Et il est paranoïaque. Il ne fait confiance à personne.

La tête de Butler tomba sur sa poitrine.

– Même pas à moi.

Juliet lança le caillou au loin dans la lagune.

– On dirait qu'Artemis a besoin d'aide.

Butler approuva d'un signe de tête.

– Et toi ? Tu as aussi pris pas mal de coups depuis une heure.

Du bout des doigts, Juliet racla le sol, ramassant des galets.

– Quoi ? Se faire poursuivre par une horde mesmérisée ? Ou découvrir que les fées existent vraiment ? Ces petites choses-là ?

Butler poussa un grognement. Il avait oublié à quel point sa sœur aimait se moquer de lui et à quel point il était disposé à le supporter.

– Oui, ces petites choses-là, dit-il en lui donnant un coup de coude affectueux.

– Ne t'inquiète pas pour moi, grand frère, je suis une femme moderne. Nous sommes intelligentes et coriaces, tu en as peut-être entendu parler ?

– Je comprends. Vous êtes capables de *faire face*, c'est ça ?

– Grand frère, crois-moi, je suis en pleine forme. Les Butler sont ensemble et rien ne peut les arrêter.

– Tes nouveaux souvenirs ne t'affolent pas ?

Juliet éclata d'un rire qui réconforta le cœur de Butler.

– M'affoler ? Où vivons-nous ? Dans les années 70 ? Non, ces souvenirs ne m'affolent pas du tout. En fait, je sens...

Elle réfléchit un instant à la suite de sa phrase.

– Je sens qu'ils me font du bien. Ils font partie de moi. Comment ai-je pu oublier Holly ? Ou Mulch ?

Butler tira de la poche de son blouson une paire de lunettes de soleil. Elles étaient un peu plus massives que ne l'exigeait la mode et de minuscules panneaux solaires étaient fixés sur leurs branches.

– Avec des fées à nos trousses, nous en aurons peut-être besoin.

Juliet les lui prit des mains et le contact avec l'objet ramena un flot de souvenirs.

«Artemis les a fabriquées en démontant des casques des FAR pour qu'on puisse voir à travers le bouclier des fées. Les FAR sont retorses, mais Artemis l'est encore plus.»

– Je me souviens de ces lunettes. Pourquoi les as-tu apportées?

– Règle numéro un des scouts. Toujours prêt. Il y a sans arrêt des fées autour de nous. Je ne veux pas tirer sur l'une d'elles accidentellement ou en rater une, le cas échéant.

Juliet espéra que son frère essayait d'être drôle.

– Tu ne tirerais pas sur une fée, dit Juliet en mettant les lunettes.

Immédiatement, quelque chose apparut dans son champ de vision, comme jaillissant d'un grille-pain. Une chose qui n'était certainement pas humaine. Elle était suspendue dans un harnais et pointait sur la tête de Juliet une arme au canon bulbeux. La chose portait une combinaison apparemment constituée d'une substance visqueuse, semblable à du goudron, qui collait à son torse tremblotant et recouvrait chaque poil de sa barbe hirsute.

– Tire sur la fée! s'écria Juliet. Tire!

Si quelqu'un l'avait entendue, il aurait cru qu'elle plaisantait. Combien y avait-il de chances pour qu'une fée décide de se montrer au moment précis où elle mettait des lunettes équipées d'un filtre anti-bouclier? Sans compter que Juliet était connue pour son sens de l'humour intempestif et sa tendance à faire de l'esprit dans les moments les plus dangereux.

Par exemple, lorsque Christian Varley Penrose, son instructeur à l'académie de Mme Ko, avait dévissé sur la face nord de l'Everest et qu'il avait été précipité dans le vide avec pour seule planche de salut entre lui et une mort certaine une jeune fille fluette, Juliet s'était tendue de toutes ses forces et avait lancé à son sensei qui tombait en vrille : « Hé, Penrose. Si je vous sauve la vie, ça vaut bien une bonne note. »

Il aurait donc été parfaitement raisonnable de penser qu'en criant « Tire sur la fée ! » Juliet se moquait de son grand frère. Mais Butler ne le pensa pas une seconde. Il était entraîné à reconnaître les différents registres du stress et même si Artemis ne l'avait pas obligé à écouter sur le lecteur MP3 de la voiture une conférence sur le sujet, il savait faire la différence entre une Juliet *véritablement alarmée* et une Juliet *qui rigole*. Ainsi, lorsque sa sœur s'exclama « Tire sur la fée ! », Butler décida d'adopter une conduite agressive en moins de temps qu'il n'en faut à un colibri pour battre des ailes.

« Pas de pistolet, donc pas question de tirer, songea Butler. Mais il y a d'autres options. »

L'option que choisit Butler consista à saisir fermement le bras de sa sœur et à la pousser sur le côté, l'envoyant glisser sur la plage de galets où son épaule traça un sillon parmi les pierres.

« Une épaule écorchée. Je vais en entendre parler pendant des semaines. »

Butler lança les bras en avant et utilisa son élan pour

se relever et se ruer tête baissée sur ce qui avait effrayé Juliet. Il espérait simplement que *la chose* serait assez proche pour qu'il puisse l'attraper, sinon, il y aurait quelque part devant lui une fée qui rirait sous son masque et le viserait calmement avec son arme.

La chance lui sourit. Butler entra en contact avec quelque chose de trapu et massif. Quelque chose qui résista et se débattit comme un goret dans une couverture, en produisant une odeur très particulière dont on pourrait avoir l'idée si on avait la malchance de tomber tête la première dans une mare d'eaux grasses du Moyen Âge.

« Je connais cette odeur, se dit Butler, en maintenant sa prise d'une poigne inflexible. Une odeur de nain. »

L'engin non identifié auquel le nain était suspendu émit une plainte avant de décrocher, précipitant Butler et son prisonnier qui se tortillait entre ses mains dans les eaux peu profondes de la lagune. Pour Butler, le plongeon fut indolore – il était quasiment rivé au nain invisible et l'eau froide lui sembla très rafraîchissante – mais pour l'être féerique dissimulé par sa combinaison de camouflage, la chute soudaine fut catastrophique. Les cailloux pointus qui recouvraient le fond de la lagune percèrent la combinaison, déchirant la matière et libérant sa charge.

Scrow, le nain, devint soudain visible.

– Aha ! dit Butler en le hissant hors de l'eau. Une tête de nain. Très bien.

Scrow avait renoncé à ses dons de polyglotte comme à tous ses autres pouvoirs magiques, mais il avait vécu parmi les humains suffisamment longtemps pour apprendre des rudiments de diverses langues. Or, les quelques paroles prononcées par Butler pouvaient donner lieu à un terrible malentendu.

« Une tête de nain ? L'Homme de Boue veut manger ma tête. »

En fait, Butler était content de voir une tête de nain car les nains ont une grande tête par rapport à leur corps et ce nain-là en avait une encore plus grosse que les autres. Elle avait presque la taille de celle de Butler et un casque était planté dessus.

« Avec un casque de fée, je peux voir ce que voit ce petit bonhomme. »

C'était le casque qui intéressait Butler et non pas la tête bien charnue qui se trouvait à l'intérieur.

– Viens là, gluant, grogna le garde du corps, en arrachant le casque à tâtons. C'est bien toi qui as essayé de tirer sur ma sœur ?

Reconnaissant le mot « tirer », Scrow regarda ses propres mains et fut consterné de voir qu'elles étaient vides. Il avait lâché son pistolet.

Scrow était un délinquant professionnel. Il avait connu de nombreuses situations où il l'avait échappé belle et jamais il n'avait perdu son sang-froid. Un jour, armé d'une simple lotion anti-brûlure et de trois capsules de bouteille, il avait affronté victorieusement un gang de gobelins ivres mais ce géant assoiffé de sang, avec son air furibond et son goût prononcé pour les cervelles de nain, le plongea dans la panique.

– Nooon ! hurla-t-il d'une voix stridente. Pas manger cervelle !

Butler n'accorda aucune attention à cette crise de nerfs, ni à l'odeur de moisi qui se dégageait du casque, et empoigna d'une main l'accessoire protecteur, tel un joueur de basket attrapant un ballon.

La tête de Scrow était à présent pleinement exposée et le nain aurait juré qu'il sentait sa cervelle trembler.

Lorsqu'un nain se trouve dans un tel état de désarroi, il peut se passer une ou deux choses. Un : le nain décroche sa mâchoire et essaye de s'enfuir à coups de dents. Cette option était interdite à Scrow à cause de la cagoule de sa combinaison. Deux : le nain terrifié *lâche du lest*. Lâcher du lest est un truc d'aviateur qui consiste à jeter dans le vide tout ce qui est lourd et inutile afin d'alléger l'appareil et de le maintenir en vol. Les nains ont la capacité de se débarrasser d'un tiers de leur poids en moins de cinq secondes. C'est bien évidemment une mesure d'urgence à laquelle il n'est possible de recourir qu'une fois tous les dix ans environ. Cela implique l'expulsion rapide de plusieurs couches de graisse molle, de terre et de gaz ingérés dans les mines, à travers ce que les mamans de nains appellent pudiquement le tunnel inférieur.

Lâcher du lest est surtout une réaction automatique qui ne se déclenche que lorsque le rythme cardiaque du nain dépasse les deux cents pulsations par minute, ce qui arriva à Scrow à l'instant où Butler lui demanda s'il avait essayé de tirer sur sa sœur. Ce fut à ce moment-là que Scrow perdit plus ou moins le contrôle de ses fonctions corporelles et eut tout juste le temps de crier : « Pas manger cervelle ! » avant que son corps ne décide de lâcher du lest en utilisant la force de propulsion qui en résultait pour filer d'ici le plus vite possible.

Bien entendu, Butler ignorait ces détails biologiques. Tout ce qu'il comprit, c'est qu'il s'envola soudain en arrière, haut dans les airs, accroché à un nain qui semblait équipé d'un réacteur.

« Encore ? Oh, non », songea-t-il.

Il était sans doute le seul humain qui puisse avoir une telle pensée dans cette situation.

Butler vit la silhouette de Juliet rétrécir au loin, sa bouche arrondie de stupeur formant un cercle noir. Et aux yeux de Juliet, il sembla que son frère avait soudain acquis la faculté de voler en se battant avec un nain vêtu d'un justaucorps à cagoule.

« Je me soucierai plus tard des soucis de Juliet à mon égard, se dit Butler, essayant de ne pas penser au jet luisant et gazeux qui les poussait plus haut vers le ciel et les rapprochait de l'engin volant auquel ils étaient accrochés. Attention à ce qui se passe en dessous. »

Butler avait un problème plus urgent que les inquiétudes de Juliet, ce dont il s'aperçut lorsqu'il enfonça le casque de Scrow sur sa propre tête. Le nain et lui étaient propulsés vers le gyroplane sans aucun moyen de contrôler leur approche. Tout ce que Scrow était capable de faire, c'était de crier quelque chose à propos de sa cervelle. Il appartenait donc à Butler et à lui seul de les sortir vivants de cette situation. Leur altitude n'avait rien de préoccupant. Elle n'était pas suffisamment élevée pour qu'ils se blessent en tombant, surtout avec un matelas d'eau au-dessous d'eux. La menace, c'était le rotor du gyroplane qui allait les découper en tranches fines s'ils passaient au travers. Le gyroplane exploserait alors et carboniserait les tranches. Le moteur n'émettait qu'un murmure, mais si deux corps traversaient les pales, les échappements seraient très vite détruits.

« Mon dernier acte sur terre aura été d'exposer le Peuple des fées aux yeux des humains et je ne peux rien faire pour l'empêcher. »

Ils continuaient de monter, filant en arrière, le vent cinglant leurs vêtements, leur glaçant la peau. Les yeux grands ouverts du nain roulaient dans leurs orbites et sa chair pendait en lambeaux.

« Tout à l'heure, il était grassouillet. J'en suis sûr. »

Les pales du gyroplane n'étaient qu'à quelques mètres lorsque leur course s'interrompit brutalement au-dessus de l'engin. Ils restèrent suspendus dans les airs une fraction de seconde, le tunnel inférieur de Scrow n'ayant plus assez de réserve pour les propulser.

– Juste au bon moment, gronda Butler.

Puis ils redescendirent droit vers le rotor.

« Je serai mort en ayant sauvé ma sœur d'un nain assassin, songea Butler. Cela aurait pu être pire. »

Au tout dernier moment, dans un mouvement spectaculaire, le rotor du gyroplane pivota de quatre-vingt-dix degrés, faisant pencher l'appareil de côté. Butler et Scrow tombèrent alors droit à l'intérieur de l'engin.

Butler eut à peine le temps de remercier sa bonne étoile avant de se voir plongé dans une nouvelle situation périlleuse.

Une rude bagarre semblait avoir éclaté au sein d'une

bande de nains. La cabine était jonchée de corps inanimés tandis que les trois nains encore debout continuaient de se battre à deux contre un. Le «un» avait le nez en sang et sur l'épaule une tache noire en forme d'étoile, là où quelqu'un lui avait tiré dessus avec un Neutrino. Mais son moral ne paraissait pas entamé pour autant.

– Il était temps que vous arriviez, dit-il à Butler du coin des lèvres. Ces deux zigotos sont furieux que j'aie fait basculer leur gyro.

– Pierre Tombale, espèce de collaborateur ! hurla l'un des nains.

– Pierre Tombale ? répéta Butler, parvenant à parler et à grogner en même temps.

– Ouais, répondit son vieil ami Mulch Diggums. C'est mon nom quand je sors. Et heureusement pour vous qu'il m'arrive de sortir.

Les stabilisateurs du gyroplane redressèrent l'appareil et Butler mit à profit ce moment de répit pour se défaire de Scrow qu'il jeta par la porte de la cabine.

– Ah, Scrow l'escroc, dit Mulch. Il est rare que quelqu'un porte un nom aussi bien adapté à sa personnalité.

Mais Butler ne l'écoutait pas. Le moment n'était pas encore venu de s'intéresser aux bavardages de Mulch. Il se tourna plutôt vers les deux nains ennemis.

– Vous deux, dit-il.

Il les gratifia de son expression la plus féroce, une expression qui avait un jour laissé penser à un troll qu'il s'était peut-être attaqué à trop forte partie.

Les deux en question se ratatinèrent sous le regard de

Butler et se demandèrent avec anxiété ce que ce géant allait leur ordonner de faire.

D'un geste du pouce, Butler montra la porte de la cabine.

– Sautez, lança-t-il, jouant la simplicité.

Les nains échangèrent un regard plus éloquent qu'un long discours.

« Faut-il vraiment que nous sautions en plein jour, pensèrent-ils, ou vaut-il mieux rester à bord et affronter cette terrifiante montagne humaine ? »

Ils se prirent par la main et sautèrent.

En quelques instants, Mulch prit le contrôle des commandes et fit descendre le gyroplane pour aller chercher Juliet.

– Hé, ho, la Princesse de Jade, lança-t-il depuis le siège du pilote. Comment va la carrière de catcheuse ? Moi aussi, j'ai un pseudonyme, maintenant. On m'appelle Pierre Tombale. Qu'en pensez-vous ?

– J'aime bien ça, répondit Juliet en embrassant Mulch sur la joue. Merci de nous avoir sauvés.

Mulch sourit.

– Il n'y avait rien à la télévision, sauf des programmes payants et je refuse de payer pour ça, par principe. Sauf quand c'est l'émission de ce cuisinier qui parle comme un charretier. Je l'aime beaucoup, lui, et tout ce qu'il arrive à faire avec du blanc de dinde et deux haricots verts.

Les souvenirs retrouvés de Juliet lui rappelèrent l'obsession de Mulch pour la nourriture.

– Alors, vous vous trouviez par hasard dans un bar quand ces gens-là ont reçu le message ? demanda Butler d'un air sceptique en jetant des équipements de survie aux nains tombés dans la lagune.

Mulch tira le manche à balai virtuel et le gyroplane remonta rapidement dans les nuages.

– Eh oui, c'est le destin, mes amis. J'ai trahi mes propres congénères pour vous venir en aide. J'espère que vous appréciez. Ou plutôt, j'espère que votre riche maître appréciera.

Butler referma la porte de la cabine, coupant le flux d'air.

– D'après mes souvenirs, l'aide est surtout venue de moi.

– Tout ce que vous avez réussi à faire, c'est chambouler mon plan, répliqua le nain d'un air dédaigneux. Je voulais attendre qu'ils vous assomment et vous hissent à bord. C'est à ce moment-là que je serais intervenu.

– Un plan brillant.

– Par rapport à celui qui consistait à vous jeter sur le rotor du gyroplane ?

– Vous marquez un point.

Il y eut un moment de silence, le genre de silence qui n'existerait certainement pas dans une machine volante de fabrication humaine. Le genre de silence aussi qui s'installe lorsqu'un petit groupe de personnes se demandent pendant combien de temps encore il leur sera possible d'échapper à des dangers mortels en conservant dans leur corps des réserves de vie raisonnables.

– Nous sommes repartis une fois de plus, j'imagine ?

dit enfin Mulch. Repartis pour une nouvelle aventure où il faudra sauver le monde en un temps record en naviguant à vue ?

– En l'espace d'une seule soirée, nous avons été attaqués par des fans de catch réduits à l'état de zombies et une bande de nains invisibles, répondit Butler d'un air sombre. C'est donc certainement ce qui nous attend.

– Où va-t-on ? demanda Mulch. Pas dans un endroit trop ensoleillé, j'espère. Ou trop froid. J'ai horreur de la neige.

Butler se surprit à sourire, un sourire qui n'était pas affectueux à proprement parler, mais qui n'était pas non plus le sourire inquiétant du carnassier.

– L'Islande, annonça-t-il.

Le gyroplane perdit soudain de l'altitude lorsque Mulch lâcha momentanément le manche à balai virtuel.

– Si c'est une plaisanterie, Butler, ce n'est pas drôle.

Le sourire de Butler s'effaça.

– Non, répondit-il, pas drôle du tout.

Chapitre 7

COMBIEN JE T'AIME ?

LE VATNAJÖKULL, MAINTENANT

Orion Fowl avait choisi de se sangler dans le harnais d'évacuation d'urgence situé juste derrière Holly et il lui parlait à l'oreille tandis qu'elle pilotait la capsule de survie dans le corridor de glace que la sonde avait creusé à la manière d'un ver de terre.

Avoir quelqu'un qui vous parle directement dans l'oreille est déjà agaçant en temps normal, mais quand cette personne déverse un flot de niaiseries romantiques pendant que le détenteur de l'oreille se débat avec les commandes d'une capsule de vingt ans d'âge lancée à pleine vitesse, cela devient plus qu'agaçant – c'est tout simplement dangereux.

Holly essuya le hublot avec la manche de sa combinaison. Au-dehors, un unique faisceau lumineux, à l'avant de la capsule, éclairait le chemin tracé par la sonde.

« Tout droit, pensa-t-elle. Au moins, c'est tout droit. »

– Combien je t'aime ? se demanda Orion. Voyons. Je t'aime passionnément et éternellement… éternellement, bien sûr, cela va sans dire.

Holly battit des paupières pour chasser la sueur qui coulait dans ses yeux.

– Il est sérieux ? lança-t-elle à Foaly par-dessus son épaule.

– Oh, absolument, répondit le centaure, la voix rendue tremblante par les mouvements de la capsule. S'il vous demande de chercher des marques de naissance, dites tout de suite non.

– Oh, je ne ferais jamais cela, assura Orion. Il n'appartient pas aux dames de chercher les marques de naissance, c'est le travail des joyeux compagnons, cette brave bête et moi, par exemple. Les dames, comme Miss Short, en font déjà assez de par leur simple existence. Elles exsudent la beauté et c'est suffisant.

– Je n'exsude rien du tout, répliqua Holly, les dents serrées.

Orion lui tapota l'épaule.

– Pardonnez-moi si j'exprime une opinion divergente mais, en cet instant, vous *exsudez* une magnifique aura. Une aura d'un bleu pastel avec de petits dauphins tout autour.

Holly serra le volant entre ses doigts.

– Je vais avoir la nausée. Il a bien dit « bleu pastel » ?

– Et il a parlé de dauphins, de « petits dauphins », ajouta Foaly.

Il n'était pas mécontent de cette distraction. Elle lui évitait de penser qu'ils étaient en train de poursuivre la sonde qui avait fait exploser leur navette. C'était un peu comme si une souris poursuivait un chat, un gigantesque chat mutant avec des yeux au laser et un ventre plein d'autres petits chats malfaisants.

– Silence, *brave bête*. Taisez-vous, tous les deux.

Holly ne pouvait se permettre de se laisser distraire et pour ne pas entendre les babillages d'Orion, elle se parlait à haute voix, décrivant ce qu'elle faisait pour l'enregistrer sur le journal de bord.

– Nous continuons de traverser la glace qui forme une couche incroyablement épaisse à cet endroit. Sans radar, ni sonar, nous suivons simplement les lumières.

Le spectacle lumineux qu'on voyait à travers le hublot était à la fois plein de couleurs et d'une inquiétante étrangeté. Les moteurs de la sonde projetaient des faisceaux de lumière le long du tunnel de glace, formant des arcs-en-ciel sur les parois lisses. Holly eut la certitude d'avoir vu un banc de baleines pris dans le glacier, et peut-être même une sorte d'énorme serpent de mer.

– La sonde maintient sa trajectoire dans une descente diagonale. Nous passons de la glace à la roche sans ralentissement perceptible.

C'était vrai. La densité accrue de la matière à traverser semblait n'avoir aucun effet sur les rayons laser qui découpaient le chemin de la sonde.

Foaly ne put s'empêcher d'exprimer son autosatisfaction.

– Il faut reconnaître que je sais construire ce genre d'appareils, dit-il.

– Mais vous ne savez pas les contrôler, remarqua Holly.

– Vous avez déplu à la princesse, s'écria Orion en se débattant dans son harnais. Si je n'étais entravé par ces maudits liens…

– Vous seriez mort, acheva Foaly.

– Vous avez raison, admit Orion. Et la princesse s'est calmée à présent, il n'y a donc pas de mal, joyeux compagnon. Je dois prendre garde à mon tempérament chevaleresque. Parfois, je me rue dans la bataille.

Les oreilles de Holly la démangeaient, ce qui était uniquement dû au stress, elle le savait, mais la démangeaison ne disparaissait pas pour autant.

– Il faut guérir Artemis, dit-elle, regrettant de ne pas avoir une main libre pour se gratter. Je ne peux plus supporter ça.

Au-dehors, la paroi rocheuse défilait dans un mélange confus de gris et de bleu foncé. De la cendre, de la pierre pulvérisée et des débris divers tournoyaient dans le tunnel, obscurcissant encore davantage la vision de Holly.

Elle essaya sans grand espoir d'activer le système de communication de la capsule.

– Rien. Aucun contact avec Haven. La connexion est toujours bloquée. La sonde a dû nous repérer. Pourquoi ne passe-t-elle pas à l'offensive ?

– J'aime l'offensive, je ne vis que pour cela ! s'exclama Orion d'une voix aiguë, ce qui était inhabituel. Oh, comme je prie pour que ce dragon se retourne et que je puisse l'abattre.

– L'abattre avec quoi ? demanda Foaly. Votre marque de naissance secrète ?

– Ne vous moquez pas de ma marque de naissance, que j'ai peut-être ou que peut-être je n'ai pas.

– Taisez-vous tous les deux, lança sèchement Holly. La lumière a changé. Quelque chose s'annonce.

Foaly écrasa sa joue contre le hublot arrière.

– Ah oui, je m'y attendais.

– Vous vous attendiez à quoi ?

– Nous devons être sous le niveau de la mer, maintenant. Ce qui s'annonce, c'est un bon gros morceau d'océan. On va voir à quel point j'ai bien conçu cette sonde.

La lumière qui se reflétait sur les parois du tunnel était soudain devenue diffuse, vacillante, et un grand *wham* retentissant ébranla la capsule. Orion lui-même fut réduit au silence lorsqu'une colonne d'eau compacte jaillit droit sur eux.

Holly avait appris lors de ses séances d'entraînement qu'elle devait relâcher ses muscles et se préparer à l'impact, mais chaque cellule de son corps aurait voulu se tendre avant le choc.

« Maintiens la trajectoire bien droite, se dit-elle. Transperce la surface. Au-dessous, tout est calme. »

L'eau se referma autour d'eux comme un poing maléfique et secoua la capsule en brutalisant ses occupants. Tout ce qui n'était pas fixe devint un projectile. Une boîte à outils infligea à Foaly une meurtrissure douloureuse et le front d'Orion fut percé par les pointes d'une fourchette qui laissa de minuscules plaies sur sa peau.

Holly jurait comme un matelot pendant qu'elle se débattait avec les commandes pour maintenir une trajectoire verticale, luttant contre la nature en furie, parlant à la capsule comme s'il s'agissait d'un cheval sauvage. Un rivet sauta de son alvéole dans un tintement métallique, ricocha tout autour de la cabine et frappa violemment le pare-brise en dessinant sur le verre un entrelacs de craquelures scintillantes.

Holly fit une grimace.

– Nom de nom ! Pas bon, ça. Pas bon du tout.

Orion posa une main sur l'épaule de Holly.

– Au moins, nous vivons cette grande aventure ensemble, n'est-ce pas, damoiselle ?

– Non, justement, pas pour l'instant, répliqua Holly.

Elle redressa les volets arrière et força le passage à travers les tourbillons déchaînés pour pénétrer enfin dans les eaux paisibles du vaste océan.

Le pare-brise tenait bon pour le moment et Holly scrutait la masse d'eau, à la recherche de la lueur des moteurs qui lui indiquerait la position de la sonde. Pendant quelques instants, elle ne vit rien d'anormal dans les profondeurs de l'océan Atlantique puis, à une vingtaine de mètres en direction du sud-sud-ouest, elle aperçut soudain quatre disques de lumière bleue.

– Là ! s'écria-t-elle. Je les vois.

– Nous devrions peut-être nous diriger vers le terminal de surface le plus proche, suggéra Foaly. Pour tenter d'établir le contact avec Haven.

– Non, répliqua Holly. Il faut maintenir un contact visuel et essayer de savoir où va cette chose. Si nous la perdons de vue, grâce à *votre* métal furtif, elle pourra se cacher n'importe où dans toute cette masse d'eau.

– Encore une pique que vous m'envoyez, ma jeune dame, dit Foaly d'un air boudeur. Je les compte, savez-vous ?

– Compter, dit Orion. Artemis avait coutume de le faire.

– J'aimerais bien qu'Artemis soit avec nous en ce moment, déclara Holly, la mine sombre. Avec ses cinq et tout le reste. Il saurait comment agir.

Orion fit la moue.

– Mais vous m'avez, moi. Je puis vous être utile.

– Laissez-moi deviner. Vous voulez établir un camp ?

Orion parut si affligé que Holly s'adoucit.

– Orion, écoutez-moi, si vous voulez vraiment nous aider, surveillez l'écran de communication. Si un signal nous parvient, dites-le-moi.

– Je ne vous décevrai point, gente damoiselle. Cet écran de communication sera désormais mon saint graal. J'espérerai de toutes mes forces qu'un signal jaillisse de son cœur glacé, fait de câbles et de condensateurs.

Foaly était sur le point d'intervenir pour expliquer que l'écran de communication ne comportait ni câbles, ni condensateurs, mais lorsqu'il vit le regard venimeux que lui lança Holly, il décida de se taire.

– Et vous, dit Holly, d'un ton qui s'accordait avec son regard, essayez de comprendre comment le grand Foaly s'est fait complètement dépasser. Peut-être qu'alors nous pourrons prendre le contrôle de cette sonde avant qu'il n'y ait d'autres victimes.

« Encore une pique », songea Foaly, mais il eut la sagesse de ne pas le dire à haute voix.

Ils descendirent de plus en plus loin dans des profondeurs d'un bleu toujours plus dense. La sonde suivait une trajectoire rectiligne, ne s'écartant jamais pour contourner un roc ou un récif. Apparemment, elle ignorait la présence de la minuscule capsule de survie lancée à ses trousses.

« Ils doivent nous voir », pensa Holly qui poussait la capsule jusqu'aux limites de ses possibilités, simplement pour ne pas se laisser distancer. Mais si la sonde les avait repérés, elle n'en laissait rien paraître et se contentait de tracer son chemin à travers l'océan à une vitesse constante, se rapprochant inexorablement de sa destination, quelle qu'elle fût.

Holly pensa à quelque chose.

– Foaly, vous avez un communicateur, n'est-ce pas ?

Le centaure transpirait dans cette atmosphère à l'oxygène raréfié, sa chemise bleu clair tournant au bleu foncé.

– Bien sûr. J'ai déjà vérifié s'il y avait un signal. Rien du tout.

– Je sais, mais qu'est-ce que vous avez comme mini-programmes ? Il y a un logiciel de navigation ?

Foaly sortit son téléphone et fit défiler la liste des applications.

– Oui, j'ai un navigateur. Il fonctionne en autonomie, pas besoin de signal extérieur.

Il était inutile de dire au centaure ce qu'il devait faire.

Il détacha les sangles de son harnais et brancha son téléphone sur un capteur universel aménagé dans le tableau de bord. Ses données furent aussitôt transférées sur un petit écran, à la surface du hublot.

Une boussole en trois dimensions apparut et, en quelques secondes, représenta graphiquement les mouvements de la capsule dont Holly s'assura qu'elle suivait exactement la trajectoire de la sonde.

– OK, dit le centaure. Nous sommes connectés. Au fait, c'est moi qui ai conçu cette application. Je gagne beaucoup plus avec cette petite merveille qu'en travaillant pour les FAR.

– Dites-moi où on va.

Foaly déplaça une petite icône en forme de vaisseau spatial le long d'une ligne droite qui traversait l'écran, jusqu'à ce qu'elle atteigne le fond de l'océan. Un cercle rouge clignota pour indiquer le point d'impact.

– Très joli, ce cercle, commenta Orion.

– Il ne va pas le rester longtemps, répliqua Foaly en pâlissant.

Pendant une demi-seconde, Holly détourna les yeux de la sonde.

– Foaly, dites-moi ce qu'il y a là-dessous.

Le centaure ressentit soudain tout le poids de sa responsabilité, qu'il avait refoulée depuis l'attaque de la sonde… de *sa* sonde.

– L'Atlantide. Par tous les dieux, Holly, la sonde se dirige droit sur l'Atlantide.

Les yeux de Holly se posèrent à nouveau sur les quatre disques de lumière.

– Est-ce qu'elle pourrait transpercer le dôme ?

– Elle n'a pas été conçue pour ça.

Holly lui laissa le temps de réfléchir à ce qu'il venait de dire.

– D'accord, j'admets qu'elle a fait beaucoup de choses pour lesquelles elle n'avait pas été conçue.

– Alors ?

Foaly procéda à quelques calculs sur l'écran, des calculs qu'Artemis aurait pu comprendre s'il avait été présent.

– C'est possible, dit-il. Il ne resterait plus rien de la sonde mais, à cette vitesse, elle pourrait faire craquer le dôme.

En sollicitant ses commandes, Holly parvint à augmenter un peu la vitesse de la capsule.

– Nous devons prévenir l'Atlantide. Orion, avons-nous quelque chose du côté des communications ?

Le passager humain leva les yeux de l'écran.

– Pas le moindre gazouillement, princesse, mais cette petite lumière clignote avec beaucoup d'insistance. A-t-elle une signification particulière ?

Foaly regarda par-dessus son épaule.

– La coque a dû être perforée dans le tunnel. Nos réserves d'oxygène s'épuisent.

Pendant une seconde, les épaules de Holly s'affaissèrent.

– Ça ne fait rien, on continue.

Foaly se prit le crâne entre les mains, comme pour retenir ses pensées.

– Non. Nous allons essayer de sortir de la zone de

brouillage de la sonde. Nous devons remonter d'urgence à la surface.

– Et si elle change de cap ?

– Alors, elle n'entrera pas en collision avec l'Atlantide et personne ne sera noyé ni écrasé. Et même si elle reprend sa course, ils seront prêts à la recevoir.

S'enfuir contrariait les instincts de Holly.

– J'ai l'impression d'abandonner les gens qui sont là-dessous.

Foaly montra l'écran.

– À cette vitesse, la sonde atteindra l'Atlantide en trois heures. Nous n'aurons plus d'oxygène dans cinq minutes. Nous aurons perdu connaissance dans six minutes, dans douze minutes, nous serons morts et nous ne pourrons plus être utiles à personne.

– Je me sens un peu étourdi, déclara Orion. Mais aussi merveilleusement euphorique. Je sens que je suis sur le point de trouver une rime au mot « monstre ».

– Manque d'oxygène, dit Foaly. Ou alors, c'est lui qui est comme ça.

Holly réduisit les gaz.

– On peut y arriver ?

Foaly tapa une équation.

– Si nous prenons tout de suite la direction opposée, peut-être. Si ceux qui sont aux commandes ont réussi à augmenter la puissance du brouilleur, alors, non.

– Vous ne pouvez pas nous promettre mieux que peut-être ?

Foaly hocha la tête d'un air las.

– C'est mon dernier mot.

En trois habiles manœuvres, Holly parvint à retourner la capsule.

– Ce sont les meilleures chances de réussite que j'aurai eues aujourd'hui, dit-elle.

C'était une course de vitesse, à présent, mais une course inhabituelle, dont les concurrents se fuyaient l'un l'autre. L'objectif était simple : maintenant qu'ils savaient où se dirigeait la sonde, Holly avait six minutes pour piloter la capsule hors de la zone de brouillage. Par la même occasion, ils auraient un peu d'oxygène à respirer, ce qui ne serait pas désagréable. Par chance, la sonde était descendue en pente raide, la capsule devait donc suivre une trajectoire tout aussi directe pour remonter. S'ils parvenaient à atteindre la surface avant que les six minutes soient écoulées, tout irait bien. Ils émettraient jusqu'à ce que Haven capte le signal. Sinon, la capsule n'étant pas équipée d'un pilote automatique, ni d'un système d'émission, la sonde atteindrait les tours de surveillance de l'Atlantide avant même d'avoir été repérée. L'autre aspect quelque peu négatif, c'était qu'ils seraient morts.

« C'est drôle, pensa Holly, je ne crois pas que mon rythme cardiaque soit particulièrement élevé. Ces situations de vie ou de mort sont devenues presque normales pour moi depuis que j'ai rencontré Artemis Fowl. »

Elle lança au jeune romantique qui avait le visage d'Artemis un regard en biais qu'il remarqua.

– Je donnerais cher pour connaître vos pensées, princesse. Elles valent bien une rançon de roi.

– Je souhaitais que vous disparaissiez et que vous nous rendiez Artemis, répliqua-t-elle d'un ton dur. Nous avons besoin de lui.

– Hum, dit Orion. Cette pensée n'est pas aussi précieuse que je l'avais imaginé. Pourquoi voulez-vous qu'Artemis revienne ? Il est désagréable et méchant avec tout le monde.

– Parce que Artemis pourrait nous sortir d'ici vivants et sauver le peuple atlante. Peut-être même découvrir qui a assassiné tous ces officiers des FAR.

– Je vous l'accorde, répondit Orion, agacé. Mais il n'y a aucun sentiment dans ses sonnets et l'Opéra dont il a dessiné les plans n'était destiné qu'à se faire plaisir.

– Voilà exactement ce dont nous avons besoin en ce moment, lança Foaly. Quelqu'un qui sache dessiner les plans d'un Opéra.

– Eh oui, perfide destrier, dit Orion avec mauvaise humeur. Savoir dessiner les plans d'une sonde serait beaucoup plus utile.

Holly fit retentir un bref coup de klaxon pour réclamer l'attention.

– Excusez-moi, messieurs, toute cette discussion consomme beaucoup d'oxygène, alors, pourrions-nous, *s'il vous plaît*, nous taire ?

– Est-ce un ordre, mon adorée ?

– Oui, murmura Holly d'un ton menaçant. C'en est un.

– Très bien. Nous nous tairons donc. Je préférerais encore me couper la langue plutôt que de prononcer une seule parole de plus. J'aimerais mieux me décapiter moi-même avec un couteau à beurre plutôt que de proférer le moindre…

Holly se laissa aller à son instinct le plus primitif et lui donna un coup dans le plexus solaire.

« Ce n'est pas bien, pensa-t-elle alors que le garçon s'effondrait dans son harnais, le souffle coupé. Plus tard, je me sentirai coupable d'avoir fait ça. »

En admettant qu'il y ait un « plus tard ».

L'énergie disponible dans le bloc de combustible était encore abondante, mais il n'y avait plus d'air dans les réservoirs et pas de système pour recycler le dioxyde de carbone qu'ils exhalaient en respirant. La capsule était conçue pour des situations d'urgence limitées dans le temps. Elle n'avait pas été prévue pour entreprendre de véritables missions. La coque pouvait se fissurer sous la pression d'une ascension rapide bien avant que le combustible ne s'épuise.

« Il y a tant de façons de mourir, songea Holly. L'une d'elles finira par s'imposer. »

L'indicateur numérique de profondeur qui marquait dix mille mètres défila rapidement à l'envers. Ils se trouvaient dans une vallée sous-marine de l'Atlantique qu'aucun œil humain n'avait jamais observée. Des bancs d'étranges poissons lumineux grouillaient autour d'eux et parvenaient aisément à les suivre, frappant la coque de leurs ventres transparents, charnus et luisants.

Puis la lumière changea et les poissons disparurent en filant si vite qu'ils semblaient tout simplement s'être dématérialisés. Ils furent remplacés par des phoques, des baleines et d'autres poissons qui ressemblaient à de petites flèches argentées. Un morceau de glace bleutée roulé par les flots passa à côté d'eux et Holly vit le visage de sa mère se dessiner dans les ombres de sa surface.

« Manque d'oxygène, se dit-elle. Rien d'autre. »

– Combien de temps encore ? demanda-t-elle à Foaly.

Le centaure vérifia le niveau d'oxygène.

– En prenant comme base trois êtres conscients – et des êtres plutôt nerveux, ajouterais-je – qui consomment l'air rapidement, nous commencerons à être à court dans une ou deux minutes.

– Vous nous avez dit que nous y arriverions !

– Le trou du réservoir s'est élargi.

Holly frappa du poing le tableau de bord.

– Nom de nom, Foaly. Pourquoi faut-il que ce soit toujours aussi difficile ?

Foaly répondit d'une voix calme :

– Holly, ma chère amie, vous savez ce que vous avez à faire.

– Non, Foaly, je ne le sais pas.

– Si, vous le savez.

Holly le savait, en effet. Il y avait à bord trois êtres conscients qui respiraient à fond. Foaly à lui seul consommait plus d'oxygène qu'un troll mâle. Il suffisait d'une seule personne pour piloter l'engin et envoyer un message.

Le choix était difficile mais elle n'avait pas le temps de se tourmenter à ce sujet. Elle chercha à tâtons dans l'un des anneaux de sa ceinture un petit cylindre de métal et le dégagea.

– Qu'est ceci, ma dulcinée? demanda Orion qui venait de se remettre de son coup dans le ventre.

Holly lui répondit par une autre question :

– Seriez-vous prêt à tout faire pour moi, Orion?

Le visage du garçon sembla s'illuminer.

– Bien sûr, absolument tout.

– Alors, fermez les yeux et comptez jusqu'à dix.

Orion fut déçu.

– Comment? Aucune tâche à accomplir? Pas même un dragon à terrasser?

– Fermez les yeux si vous m'aimez.

Orion s'exécuta et Holly lui enfonça légèrement dans le cou un Shokker alimenté par une batterie. Électrocuté, le jeune homme s'effondra dans son harnais, une petite fumée s'échappant des deux minuscules brûlures provoquées par les électrodes.

– Vous avez bien fait ça, dit Foaly avec appréhension. Mais pour moi, pas dans le cou, s'il vous plaît.

Holly vérifia le Shokker.

– Ne vous inquiétez pas. Il n'est pas suffisamment chargé pour servir deux fois de suite.

Foaly ne put réprimer un soupir de soulagement et lorsqu'il jeta à Orion un coup d'œil un peu coupable en sachant que c'était lui qui aurait dû être inconscient, Holly lui infligea une seconde décharge dans le flanc.

Foaly n'eut même pas le temps de penser «espèce d'elfe perfide» avant de s'affaisser dans son coin.

– Désolée, les amis, dit Holly.

Puis elle fit le vœu silencieux de ne plus prononcer

un mot jusqu'à ce que le moment soit venu d'envoyer le message.

La capsule fonça vers la surface, son nez fendant les eaux. Holly la dirigea à travers un vaste canyon sous-marin qui avait développé son propre système écologique, à l'abri de toute exploitation humaine. Elle voyait onduler d'immenses anguilles qui auraient pu écraser un autobus, d'étranges crabes à la carapace luisante et une créature à deux pattes qui disparut dans une crevasse avant qu'elle ait eu le temps de l'observer davantage.

Elle prit la trajectoire la plus directe à travers le canyon, trouvant une cheminée rocheuse qui lui permit d'accéder à la pleine mer.

Il n'y avait toujours rien sur le tableau de communication. Totalement bloqué. Elle devait aller plus loin encore.

« J'aurais bien besoin de la magie des sorciers, pensa-t-elle. Si N° 1 était avec nous, il pourrait agiter ses runes et transformer le dioxyde de carbone en oxygène. »

Derrière le hublot, elle voyait l'eau bouillonner, les poissons défiler. Était-ce un rayon de lumière en provenance de la surface qu'elle apercevait à présent ? L'appareil avait-il atteint la zone photique ?

Holly essaya à nouveau la radio. Cette fois, elle entendit des parasites et il lui sembla que des paroles s'y mêlaient.

« Très bien, pensa-t-elle, mais la tête lui tournait un peu. Est-ce un effet de mon imagination ? »

« Non, vous avez bien entendu, lui répondit Foaly,

toujours inconscient. Vous ai-je jamais parlé de mes enfants ? »

Manque d'oxygène. Tout venait de là.

« Pourquoi m'avez-vous tiré dessus, ma dulcinée ? demanda Orion évanoui. Vous aurais-je déplu ? »

Il est trop tard. Trop tard.

Holly tremblait à présent. Elle remplit ses poumons, mais l'air vicié n'était pas suffisant. Les parois de la capsule prirent soudain une forme concave, menaçant de l'écraser.

– Tout cela n'est pas vrai, s'écria-t-elle, rompant son vœu de silence.

Elle vérifia à nouveau le système de communication. Il y avait un signal. On entendait bel et bien des paroles au milieu des parasites.

Suffisant pour transmettre ?

Un seul moyen de le savoir.

Holly afficha le menu sur l'écran du tableau de bord et choisit « TRANSMETTRE ». Mais elle fut informée que l'antenne externe n'était pas disponible. L'ordinateur lui conseilla de vérifier la connexion. Holly colla son visage contre le hublot tribord et vit que la connexion était morte à jamais, l'antenne ayant été arrachée de son support par un des nombreux chocs qu'avait subis la capsule.

« Pourquoi cette bassine préhistorique n'est-elle pas équipée d'une antenne interne ? Même le plus bête des téléphones en a une. Un téléphone ! Bien sûr. »

Holly détacha la boucle de son harnais et se laissa

tomber à genoux. Elle se glissa le long du plancher, en direction de Foaly.

« Ça ne sent pas bon, ici. L'air vicié. »

Pendant un instant, une tête de serpent poussa sur l'une des barres d'appui et se mit à siffler vers elle.

« Tu n'as plus beaucoup de temps, dit le serpent. Ton avenir n'est pas très joli, Holly. »

« N'écoutez pas le serpent, dit Foaly sans remuer les lèvres. Il est aigri parce que son âme est coincée dans une barre de métal à cause de ce qu'il a fait dans une vie antérieure. »

« Je vous aime toujours », assura Orion endormi, qui respirait lentement et régulièrement, ne consommant presque pas d'oxygène.

« Cette fois, je vais vraiment devenir folle », pensa Holly.

Elle parvint à atteindre Foaly et tendit la main pour trouver son téléphone dans la poche de sa chemise. Le centaure n'allait jamais nulle part sans son précieux téléphone et il était très fier de cet appareil encombrant et malcommode transformé par ses soins.

« J'ai une passion pour ce téléphone, disait Foaly avec orgueil. Plus de cinq cents applications. Entièrement conçues par moi. Il y en a une particulièrement intéressante que j'ai appelée Descendance. Imaginons que vous trouviez l'amour de votre vie, il vous suffit de prendre une photo de vous et de votre bien-aimé et Descendance vous montrera à quoi ressembleront vos enfants potentiels. »

« Fascinant. J'espère que nous aurons l'occasion d'en reparler sérieusement un de ces jours. »

Le téléphone était allumé, il n'y avait donc pas besoin de mot de passe, quoique, connaissant Foaly, Holly supposait que son mot de passe devait être une quelconque version de son propre nom. L'écran présentait un enchevêtrement insensé de mini-programmes qui devait sans doute avoir un sens si l'on était un centaure.

« Le problème avec toutes ces applications, c'est que, parfois, quelqu'un veut simplement appeler rapidement un numéro. Où est l'icône qui représente le téléphone ? »

Les icônes commencèrent alors à lui faire signe.

– Choisis-moi, disaient-elles en chœur. Par ici.

« Ce n'est pas une hallucination, déclara fièrement Foaly évanoui. Ces petits bonshommes sont animés. »

– Téléphone ! cria Holly dans le micro du communicateur en espérant qu'il était doté d'une commande vocale.

À son grand soulagement, une icône floue représentant un téléphone à l'ancienne s'agrandit pour occuper tout l'écran.

« Elle n'est pas vraiment floue. C'est ma vue qui faiblit. »

– Appel au centre de police, ordonna-t-elle à l'icône.

Le téléphone cliqueta pendant une minute puis demanda :

– Voulez-vous appeler le centre des saucisses ?

– Non. Appel au centre de police.

Autour de la capsule, l'eau bouillonnante était d'un bleu nettement plus clair, à présent, et traversée de rayons lumineux.

– Voulez-vous appeler le centre de police ?

– Oui, haleta Holly. Oui, c’est ça.

La capsule, de plus en plus secouée, traversa les remous de la surface et fut ballottée par les vagues.

– Nous vous connectons au centre de police.

Le téléphone émit un faible bourdonnement tandis qu’il essayait d’établir la communication. Enfin, il annonça d’une voix si triste qu’elle en devenait comique :

– Bou hou, votre signal n’est pas assez fort. Voulez-vous enregistrer un message que je pourrai envoyer dès que le signal sera suffisant ?

– Oui, oui, croassa Holly.

– Avez-vous dit « cui cui » ? « Cui cui » n’est pas une réponse appropriée à la situation.

Holly s’efforça de se calmer.

– Oui, je voudrais envoyer un message.

– Parfait, répondit le téléphone d’une voix joyeuse. Commencez à enregistrer après le tintement de la cloche et souvenez-vous que les bonnes manières ne coûtent rien, alors n’oubliez jamais de donner votre nom et de dire au revoir.

« Dire au revoir, songea Holly. Très drôle. »

Holly enregistra un message concis en essayant de tousser et de cracher le moins possible. Elle s’identifia, comme le téléphone l’avait suggéré, et identifia également le danger qui menaçait l’Atlantide. Dès qu’elle eut terminé ou presque, Holly s’effondra sur le dos, remuant faiblement comme un poisson échoué. Devant ses yeux, des taches grandissantes se transformèrent en cercles pâles qui s’amassaient en obscurcissant sa vision.

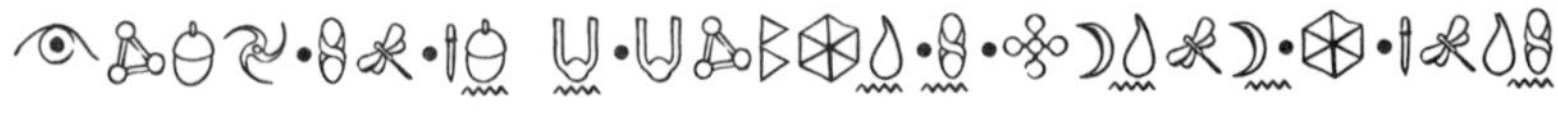

Elle ne vit pas, de l'autre côté du hublot, la couleur bleue devenir verte puis laisser place au blanc nacré et terne du ciel nordique.

Elle n'entendit pas le claquement des valves de pression qui s'ouvraient, elle ne sentit pas l'air frais envahir la cabine et le capitaine Holly Short ne sut pas que, quinze minutes après la remontée de la capsule à la surface, son message au centre de police allait finalement être transmis et déclencher presque immédiatement des mesures d'urgence.

Les mesures d'urgence auraient même été prises immédiatement si le lutin volant de permanence au standard, un certain Chix Verbil, n'avait tout d'abord cru que le message était une blague téléphonique de Crooz, son partenaire de poker, pour se moquer de sa voix nasillarde. Chix se décida enfin à communiquer le message au commandant Baroud Kelp lorsqu'il lui vint à l'esprit qu'ignorer un avertissement destiné à sauver l'Atlantide d'un péril imminent pouvait avoir des effets négatifs sur la suite de sa carrière.

Baroud Kelp réunit aussitôt une vidéoconférence avec le Conseil du Peuple et une décision d'évacuation fut approuvée sans délai.

PRISON DES PROFONDEURS, MAINTENANT

Turnball Root était occupé à faire semblant d'être occupé à la construction de son modèle réduit du *Nostremius*. Il apparaîtrait ainsi d'autant plus innocent lorsqu'on viendrait le chercher, ce qui arriverait dans très peu de temps, il en était certain.

« Faire semblant d'être occupé demande plus d'énergie que d'être vraiment occupé », se dit Turnball. Cette pensée lui procura une joie intense car c'était une observation spirituelle et judicieuse, tout à fait le genre de choses que ses éventuels biographes aimeraient citer. Mais ses judicieuses observations devaient à présent laisser place à la réalisation de son plan. Il aurait d'ailleurs beaucoup plus de plaisir à faire de l'esprit lorsque quelqu'un d'autre que Thibyson serait là pour l'écouter. Leonor adorait ses petits commentaires et les consignait souvent dans son journal intime. Le regard de Turnball se brouilla et ses mains se figèrent au souvenir de leur premier été passé ensemble sur cette magnifique île du Pacifique. Elle, la silhouette un peu masculine dans son gilet et sa culotte de cheval, lui, beau et pimpant dans son uniforme de cérémonie des FAR.

– Cela ne pourra jamais marcher, capitaine. Comment serait-ce possible ? Je suis une humaine et vous ne l'êtes assurément pas.

Rapide comme l'éclair, il avait alors pris ses mains dans les siennes en lui disant :

– L'amour peut abattre toutes les barrières. L'amour et la magie.

C'est à ce moment-là qu'il avait fait en sorte qu'elle l'aime.

Leonor avait sursauté mais sans retirer ses mains.

– J'ai senti une étincelle, Turnball, avait-elle dit.

Il avait plaisanté :

– Moi aussi, je l'ai sentie, avant d'expliquer : C'est l'électricité statique, cela m'arrive tout le temps…

Leonor l'avait cru et elle était tombée amoureuse du capitaine.

« Elle n'aurait pas tardé à m'aimer de toute façon, pensa Turnball avec colère. J'ai simplement accéléré le processus. »

Mais dans son cœur, il savait qu'il avait intensifié les émotions de Leonor grâce à la magie et à présent qu'elle avait dépassé de très loin son espérance de vie, son emprise sur elle faiblissait.

« Sans magie, m'aimera-t-elle autant que je l'aime ? » se demandait-il mille fois par jour, terrifié à l'idée de connaître la réponse.

Pour maintenir le rythme régulier de ses fonctions vitales, Turnball tourna à nouveau ses pensées vers son valet, M. Thibyson.

Thibyson était sans nul doute un répugnant imbécile et pourtant Turnball Root avait pour lui une certaine indulgence. Peut-être même allait-il décider de le laisser vivre lorsque tout cela serait terminé, ou au moins le tuerait-il rapidement, sans le faire souffrir.

Parmi toutes les grandes machinations et les vols spectaculaires auxquels Turnball avait participé, en tant que policier corrompu, fugitif ou prisonnier, l'acte apparemment très simple de retourner Thibyson en sa faveur avait été le plus ambitieux. Il avait nécessité une parfaite gestion du temps, une grande audace et des mois de mise en condition. Turnball pensait souvent à ce plan qu'il avait mis en œuvre près de quatre ans auparavant…

Thibyson n'était pas un humain, il n'avait donc pas été doté dès sa naissance d'une nature perfide et égoïste. Il appartenait au Peuple des fées qui n'avaient généralement aucun penchant pour la délinquance, à l'exception des gobelins. Les malfaiteurs moyens, tel ce Mulch Diggums, étaient assez répandus, mais les criminels intelligents et prévoyants étaient rares.

Le défaut de Thibyson, c'était sa tendance à se plaindre. À mesure que les mois passaient, il avait peu à peu baissé sa garde devant Turnball Root et s'était mis à lui raconter comment il avait été rétrogradé après l'évasion de Mulch Diggums. Il avait également exprimé son amertume envers les FAR et son désir de se venger.

Turnball avait vu là sa chance – sa première véritable chance de s'enfuir depuis son arrestation. Il avait aussitôt établi un plan pour mettre Thibyson de son côté.

La première étape consistait à faire semblant de compatir aux malheurs de l'elfe aquatique alors qu'en réalité, si c'était lui qui avait commandé, il l'aurait éjecté en pleine mer par la porte d'un sas pour le punir de sa médiocre performance dans l'épisode Mulch Diggums.

– Je prends un tel plaisir à nos conversations, avait-il prétendu. J'aimerais tant que nous puissions parler plus librement.

Thibyson s'était aussitôt refermé comme une huître, se souvenant que chaque mot prononcé était enregistré.

À sa visite suivante, la tête de poisson de Thibyson, légèrement penchée, affichait une expression satisfaite et Turnball sut que son plan marcherait.

– J'ai débranché votre micro, avait dit le gardien. Maintenant, nous pouvons parler de ce que nous voulons.

Turnball eut alors la certitude d'avoir réussi son coup. Il suffirait d'un peu de magie pour que Thibyson devienne son esclave.

Sauf que Turnball Root ne disposait d'aucune magie. C'était le prix irrévocable que les délinquants devaient payer : la perte définitive de tout pouvoir magique. Un abandon sur lequel il était impossible de revenir, quels que soient les efforts tentés pendant des siècles par les voyous en exil. Ils achetaient des potions, essayaient des sortilèges, psalmodiaient au clair de lune, dormaient sur la tête, se baignaient dans du crottin de centaure, rien ne marchait. Une fois qu'on avait enfreint les règles du monde des fées, la magie disparaissait. C'était dû en partie à un phénomène psychologique mais c'était surtout le résultat de malédictions ancestrales lancées par des sorciers et que les administrations successives n'avaient pas jugé bon de lever.

Ce déni de ses droits de la fée les plus élémentaires avait toujours révolté Turnball. Pendant ses années de fuite, il avait dépensé une fortune chez des envoûteurs et des charlatans qui prétendaient tous le « chauffer au rouge », le faire déborder de magie, si seulement il prenait telle potion ou récitait tel sortilège à l'envers au milieu de la nuit en tenant à la main une grenouille acariâtre. Rien n'avait marché. Rien jusqu'au jour où, un siècle auparavant, il avait rencontré un lutin volant femelle, exilée à Hô Chi Minh Ville, qui avait réussi à maintenir en lui une minuscule étincelle de pouvoir magique, tout juste suffisante pour enlever les verrues. En échange d'une somme exorbitante, que Turnball aurait été prêt à payer un million de fois, elle lui avait révélé son secret :

« Racine de mandragore et vin de riz. Cela ne ramènera pas la douce magie, capitaine, mais chaque fois que vous prendrez ces deux ingrédients, ils provoqueront en vous une étincelle. Une étincelle à chaque fois, rien de plus. Faites un usage raisonnable de cette petite recette, capitaine, sinon, l'étincelle ne viendra pas au moment où vous en aurez le plus besoin. »

Et c'était un lutin alcoolique qui lui avait donné ce conseil !

Il avait utilisé la recette dans le passé mais pas depuis son arrestation. Jusqu'à présent, en tout cas. Pour son anniversaire, cette année-là, Turnball avait souhaité un dîner composé de poisson-coffre, de baies de fo-fo et de copeaux de mandragore, arrosé d'une carafe de vin de riz et d'un simili-café. Pour appuyer cette demande, il avait révélé les coordonnées d'un gang de trafiquants d'armes de sinistre réputation, ce qui vaudrait encore un bon point au directeur de la prison. Tarpon Vinyaya avait accepté la requête et lorsque Thibyson arriva avec le repas, Turnball l'invita à rester avec lui pour parler un peu. Pendant qu'ils bavardaient, Turnball grignotait, ne mangeant que les

copeaux de mandragore et ne buvant que le vin. En même temps, il confortait subtilement Thibyson dans son opinion à l'égard des FAR.

– Eh oui, mon cher Thibyson, ce sont des rustres sans cœur. Que pouviez-vous faire d'autre ? Ce bandit de Diggums ne vous a laissé d'autre choix que d'abandonner la poursuite.

Et lorsque Turnball estima le moment venu, lorsqu'il sentit une étincelle de magie jaillir dans ses entrailles, il posa la main sur l'épaule de Thibyson, ses doigts courts effleurant le cou nu de l'elfe de mer.

D'ordinaire, toucher le cou de quelqu'un n'a pas grande conséquence. Il est rare que des guerres soient déclenchées à cause d'un toucher de cou, mais ce toucher-là n'était pas innocent. Car, au bout de son doigt, Turnball avait dessiné avec son propre sang une rune d'asservissement utilisée en magie noire. Il croyait beaucoup aux runes. Idéalement, pour obtenir le maximum d'efficacité, il aurait fallu que la personne à qui on jetait le sort soit étendue les bras en croix sur un socle de granit, baignée d'une huile fermentée à base de larmes de licorne et tatouée de symboles de la tête aux pieds. Ensuite, on aurait dû lui faire des passes magiques juste au-dessus du visage pendant au moins trois minutes, mais il faut parfois se contenter de ce qu'on a et espérer que tout se passera au mieux.

Ainsi donc, Turnball toucha le cou de Thibyson et lui transféra par ce contact son unique étincelle de magie.

Thibyson se donna une claque dans le cou, comme si un insecte venait de le piquer.

– Oh ! Hé, qu'est-ce que c'est que ça ? J'ai senti comme une étincelle, Turnball.

Turnball retira aussitôt sa main.

– Électricité statique. Ça arrive toujours autour de moi. Ma mère avait peur de m'embrasser. Tenez, Thibyson, buvez un peu de ce vin pour vous remettre.

Thibyson contempla avec avidité le contenu de la carafe. Les boissons alcoolisées n'étaient généralement pas autorisées dans la prison, car leur usage prolongé pouvait provoquer l'atrophie des récepteurs magiques. Mais parmi les fées, comme parmi les humains, certains ne peuvent résister à l'attrait de ce qui est mauvais pour eux.

– Ça ne se refuse pas, dit-il, prenant avec avidité une coupe de vin.

« En effet, songea Turnball, tu ne pourras plus rien me refuser, désormais. »

Turnball savait qu'il parviendrait à ses fins. Il avait déjà réussi dans le passé avec des esprits plus forts que celui de Thibyson.

Thibyson s'était alors aperçu qu'il était incapable de dire non à Turnball Root. Cela avait commencé avec des demandes simples et anodines : une couverture supplémentaire, des livres qui ne figuraient pas dans la bibliothèque de la prison. Mais bientôt, Thibyson s'était retrouvé inextricablement lié aux plans d'évasion de Turnball et, qui plus est, il ne semblait pas s'inquiéter de son implication. Il lui semblait que c'était très bien ainsi.

Pendant les quatre années suivantes, Thibyson était passé du rôle de gardien à celui de complice. Il avait établi des contacts avec plusieurs détenus restés fidèles à Turnball et les avait préparés à la grande évasion. Il avait fait plusieurs incursions dans ce qui était encore à l'époque les laboratoires Koboï, utilisant son code de sécurité pour avoir accès au site particulièrement sensible de leur usine de recyclage. Là, il avait découvert entre autres choses la galette de silicium qui permettait de brouiller les communications et, infiniment plus précieuse, la sphère de contrôle de la sonde martienne. Quelque part dans un coin de sa tête, Thibyson savait que quelqu'un finirait par s'apercevoir de ces vols, mais il ne semblait pas en mesure de s'en inquiéter.

La plupart des objets qu'il avait trouvés dans les laboratoires Koboï n'avaient aucune utilité ou étaient en trop mauvais état pour être réparés, mais la sphère de contrôle avait simplement besoin d'un léger détartrage et d'un nouveau capteur universel. Il s'agissait de besognes si simples que Turnball les avait fait faire par Thibyson chez lui avec, naturellement, une supervision par web-cam.

Lorsqu'il disposa d'une sphère de contrôle d'origine et en état de marche, Turnball n'eut guère de difficultés à la synchroniser avec la sonde martienne avant son décollage. Il entreprit alors la tâche ardue de reprogrammer les paramètres de la mission. Ce travail ne pouvait être accompli avant que le vaisseau eût quitté la Terre mais il avait tout de suite pensé à une bonne dizaine de façons d'employer un engin spatial piraté. Pas sur Mars, toutefois.

« Mars ? Oh, non, non, Leonor. C'est trop loin et ça ne me servirait à rien. Attendons que cette grosse bête décolle, ensuite, je la détournerai. »

À l'origine, son plan était la simplicité même : utiliser la sonde comme une énorme et bruyante diversion lors de son retour de Mars. Mais comme les messages de Leonor devenaient plus brefs et d'une certaine manière plus froids, Turnball comprit qu'il lui faudrait réduire ses délais et affiner son plan. Il était vital qu'il s'évade mais il était encore plus important qu'il renforce son emprise sur Leonor avant que son humanité ne reprenne entièrement le dessus. Son processus de vieillissement était à présent si rapide que seules des pratiques magiques très spécialisées pourraient l'inverser. Et il n'existait qu'un unique endroit où trouver une telle magie. Si Julius avait été vivant, Turnball aurait craint que son petit frère ne découvre son stratagème mais, même Julius disparu, il fallait craindre les FAR. Il devait leur porter un coup décisif, couper la tête du serpent et peut-être aussi sa queue.

Aussi Turnball surveillait-il les communications de Vinyaya, le directeur de la prison, utilisant le mot de passe que Thibyson lui avait volé. Il s'intéressait particulièrement aux coups de téléphone que le directeur passait à sa sœur, le commandant Raine Vinyaya, des FAR.

La tête du serpent.

Il n'était pas facile de tuer le commandant, surtout si l'on ne disposait que d'un instrument contondant volant dans l'espace. En plus, le commandant était réticente à l'idée de se rendre en surface où elle devenait vulnérable.

Mais, il y avait maintenant un mois de cela, elle avait appelé son frère par vidéo pour l'informer – d'un ton où perçait un malaise qu'elle n'aurait jamais laissé deviner à quiconque d'autre – de son voyage en Islande où elle devait rencontrer Artemis Fowl, ce petit Bonhomme de Boue impudent. Apparemment, le garçon avait un plan pour sauver le monde.

« L'horrible Artemis Fowl, le commandant Vinyaya et Holly Short en prime, rassemblés dans un même lieu. Parfait. »

Turnball activa sa sphère de contrôle et entra des paramètres de mission entièrement nouveaux dans la sonde martienne, des paramètres auxquels l'engin obéirait sans discussion puisqu'ils venaient de sa propre sphère. Pour résumer, le nouveau programme était le suivant : revenir sur Terre pour écraser le commandant et le plus grand nombre possible des soldats d'élite qui l'accompagnaient. Les écraser, les brûler, puis électrocuter leurs cendres.

Très amusant.

En ce qui concernait Artemis Fowl, Turnball en avait entendu parler et d'après tout ce qu'on disait, c'était un humain un peu plus brillant que la plupart de ses semblables. Il valait mieux étudier la question de plus près, au cas où l'humain préparerait lui-même une petite perfidie. Turnball avait utilisé le code du directeur de la prison pour accéder aux vidéos enregistrées par les FAR grâce à plus de deux cents micro-caméras cachées dans le manoir des Fowl. À son grand ravissement, il avait alors découvert qu'Artemis Fowl semblait atteint du complexe d'Atlantis.

« Atlantis est le mot magique de cette mission », pensa-t-il.

Turnball était également préoccupé par le garde du corps gigantesque du Bonhomme de Boue, qui était le genre de personnage prêt à tout pour retrouver et tuer l'assassin de son maître.

« Le célèbre Butler. L'homme qui a vaincu un troll. »

Par chance, c'était Artemis lui-même qui avait mis Butler hors du coup lorsque, dans une crise de paranoïa, il avait inventé un prétexte pour l'envoyer au Mexique.

Même si cela compliquait légèrement ses plans, Turnball avait décidé de s'amuser un peu avec les Butler, juste pour s'assurer qu'il n'y aurait pas de vengeance dans l'air.

« Je sais que tu n'approuverais pas tous ces assassinats, Leonor, pensa Turnball qui s'était assis devant son ordinateur et envoyait des instructions à travers le terminal de Thibyson. Mais ils sont nécessaires si nous voulons être ensemble pour toujours. Ces gens n'ont aucune importance comparés à notre amour éternel. Et tu ne connaîtras jamais le prix qu'il aura fallu payer pour notre bonheur. Tout ce que tu sauras, c'est que nous serons à nouveau réunis. »

En vérité, Turnball était conscient de l'immense plaisir que lui procuraient toutes ces machinations et il regrettait presque d'envoyer l'ordre de tuer. Presque mais pas tout à fait. Passer tout ce temps avec Leonor serait encore plus agréable que d'inventer des stratagèmes. Il y avait si longtemps qu'il n'avait pas vu le beau visage de son épouse.

Il avait donc envoyé à la sonde l'ordre de tuer avant de prendre une bonne dose de mandragore et de vin de riz.

Heureusement, il suffisait d'une toute petite étincelle de magie pour mesmériser des humains.

« Car ils sont stupides et manquent de volonté. Mais ils sont drôles, comme les singes. »

Lorsque Thibyson arriva dans la cellule, en ce jour décisif, Turnball était assis, les mains sous ses cuisses, essayant de toutes ses forces de dissimuler son excitation.

– Ah, monsieur Thibyson, dit-il lorsque la porte se volatilisa. Vous êtes bien matinal. Se serait-il passé quelque chose dont je devrais m'inquiéter ?

La tête de poisson généralement impassible de Thibyson paraissait plus émue qu'à l'ordinaire.

– La sœur du directeur est morte. Une navette remplie de membres des FAR a été détruite et le commandant Vinyaya tuée dans l'incendie. Est-ce nous qui avons fait cela ?

Turnball lécha la rune tracée avec du sang au bout de son doigt.

– Que nous l'ayons fait ou pas n'a aucune importance. Vous ne devriez pas vous en préoccuper.

D'un geste machinal, Thibyson se frotta le cou, là où une légère trace de la rune luisait encore.

– Je ne suis pas préoccupé. Pourquoi le serais-je ? Ça n'a rien à voir avec nous.

– Très bien. Fabuleux. Je pense que nous avons de plus gros poissons à prendre.

La référence aux poissons fit grimacer Thibyson.

– Oh, désolé, monsieur Thibyson. Je devrais faire plus attention. Alors, dites-moi, quelles sont les nouvelles ?

Thibyson claqua des branchies pendant un moment, préparant ses phrases dans sa tête. Le capitaine Root n'aimait pas les bégaiements.

– Il y a une sonde spatiale qui se dirige droit sur l'Atlantide, nous devons donc évacuer la ville. Selon toutes probabilités, l'engin ne parviendra pas à pénétrer le dôme mais le Conseil ne peut prendre le risque. J'ai été appelé pour piloter une navette et vous serez l'un de mes… heu… pa… passagers.

Turnball soupira, déçu.

– Oh… pa… passagers ? Vraiment ?

Les yeux de Thibyson roulèrent dans leurs orbites.

– Désolé, capitaine. Je voulais dire passagers, bien sûr, l'un de mes passagers.

– Le bégaiement trahit un manque de professionnalisme.

– Je sais, dit Thibyson. J'y travaille. J'ai acheté un de ces… heu… li… livres audio. Je suis très nerveux, à présent.

Turnball décida de relâcher la pression. Il aurait tout le temps d'imposer sa discipline plus tard, quand il tuerait l'elfe de mer. L'ultime punition.

– C'est très naturel, dit-il, magnanime. Votre grand

retour aux commandes d'une navette. Et puis, il y a cette sonde mystérieuse et tous ces dangereux prisonniers à transporter.

Thibyson sembla encore plus nerveux.

– Exactement. En fait… je ne voudrais pas avoir à faire ça, Turnball, mais…

– Mais vous devez me menotter, acheva Turnball. Bien sûr, je comprends très bien.

Il tendit les mains, les poignets tournés vers le haut.

– Vous n'avez pas besoin d'attacher les menottes, n'est-ce pas ?

Thibyson cligna des yeux et caressa son cou.

– Non, pourquoi les attacher ? Ce serait barbare.

L'elfe de mer passa aux poignets de Turnball des menottes en plastique polymère ultralégères.

– Ça va bien, comme ça ? demanda-t-il.

Cette fois encore, Turnball se montra généreux.

– Ce sera très bien. Ne vous inquiétez pas pour moi. Concentrez-vous sur le pilotage de la navette.

– Merci, capitaine, c'est un grand jour pour moi.

Tandis que la porte se dissolvait à nouveau, Turnball fut frappé par la façon dont l'inconscient du gardien tolérait la trahison de tout ce à quoi il croyait. Thibyson faisait comme si tout était normal, même au moment où cela ne l'était plus. L'elfe de mer s'arrangeait pour mener deux vies parallèles.

« C'est fou ce qu'on peut arriver à faire pour fuir la culpabilité », songea Turnball.

Il franchit le seuil de la porte derrière Thibyson et respira pour la première fois depuis des années un air libre quoique recyclé.

L'Atlantide n'était pas grande selon les critères humains. Avec à peine dix mille résidants, elle n'aurait même pas mérité de figurer parmi les grandes cités aux yeux des Hommes de Boue. Mais c'était le deuxième grand centre administratif et culturel des fées, le premier étant la capitale, Haven-Ville. Un lobby de plus en plus important demandait la destruction d'Atlantis dont l'entretien coûtait trop cher aux contribuables. Sans compter qu'il ne se passerait pas longtemps avant que les humains envoient un de leurs drones sous-marins au bon endroit et découvrent l'existence du dôme. Mais le budget nécessaire à un projet de démolition et de relocalisation était si énorme que les politiciens préféraient encore que l'on continue à entretenir la ville. C'était plus cher à long terme mais les dirigeants se disaient que lorsque le « long terme » arriverait, quelqu'un d'autre serait aux affaires.

Thibyson mena Turnball Root le long d'un couloir constitué d'un tube de plexiglas à travers lequel on voyait des dizaines d'engins sous-marins faire la queue devant les divers sas de pressurisation à péage, leurs pilotes attendant de glisser une carte à puce dans le lecteur pour pouvoir sortir. Il n'y avait apparemment aucun mouvement de panique. D'ailleurs, pourquoi y en aurait-il eu ? Les Atlantes s'étaient préparés depuis plus de huit mille ans à voir une nouvelle brèche s'ouvrir dans leur dôme.

À l'époque, un astéroïde était tombé dans l'océan en laissant dans son sillage une traînée d'eau surchauffée de plus de trois kilomètres de longueur avant d'arracher, dans un dernier sursaut d'énergie, un morceau de la taille d'une croqueballe à la surface du dôme. En ce temps-là, il n'était pas en verre de sécurité et, moins d'une heure plus tard, toute la ville était submergée. On avait dénombré plus de cinq mille morts. Il avait fallu environ un siècle pour bâtir la nouvelle Atlantide sur les fondations de l'ancienne et, cette fois, une part importante des plans était consacrée à une stratégie d'évacuation. En cas d'urgence, toutes les fées, adultes ou enfants, pouvaient avoir quitté la ville en moins d'une heure. Des exercices avaient lieu chaque semaine et dès la maternelle, la première chanson qu'apprenaient les enfants était la suivante :

Le dôme bleuté
Protège notre cité,
S'il craque,
Préparons l'évac.

Turnball Root se souvint de ce refrain en suivant Thibyson le long du couloir.

S'il craque, évac ? Qu'est-ce que c'était que cette rime ? Évac n'était même pas un vrai mot, simplement une abréviation militaire. Exactement le genre de terme qu'utilisait Julius.

« Je suis si content que Leonor n'ait jamais eu à rencontrer mon rustre de frère. Dans le cas contraire, aucune magie n'aurait jamais pu la persuader de m'épouser. »

Une part de lui-même savait que, s'il maintenait Leonor à l'écart du Peuple, c'était parce que dix minutes de conversation avec n'importe quelle fée du monde souterrain lui aurait montré que son mari n'était pas du tout le noble révolutionnaire qu'il prétendait être. Fort heureusement, Turnball avait l'art d'ignorer cette part de lui-même.

D'autres prisonniers sortaient de leurs cellules en traînant des pieds, traversant des passerelles étroites pour rejoindre l'allée principale. Chacun d'entre eux avait les chevilles entravées et portait le survêtement couleur citron vert de la prison des Profondeurs. La plupart jouaient les bravaches, affichant une attitude fanfaronne, méprisante, mais Turnball savait par expérience qu'il fallait plutôt se méfier de ceux qui avaient le regard placide. Ceux-là étaient indifférents à tout.

– Allez, les bagnards, lança un félutin grand format aux allures de Cro-Magnon, une espèce qui apparaissait parfois en Atlantide, en raison de l'environnement pressurisé. Allez, avancez. Ne m'obligez pas à me servir de mon électro-trique.

« Au moins, je porte mon grand uniforme de cérémonie », pensa Turnball, sans prêter attention au gardien.

Mais c'était insuffisant pour le consoler. Uniforme ou pas, il défilait le long de l'allée comme n'importe quel autre prisonnier. Il se calma en prenant la décision de tuer Thibyson dès que possible et peut-être d'envoyer un e-mail à Leeta, sa compagne, pour la féliciter d'être redevenue célibataire. Elle serait sans doute enchantée.

Thibyson leva le poing, arrêtant la procession à un

croisement. Les prisonniers durent attendre comme du bétail pendant qu'un grand cube de métal, fermé par des bandes de titane, passait devant eux sur un chariot à coussin d'air.

– Opale Koboï, expliqua Thibyson. Elle est tellement dangereuse qu'ils ne la laissent même pas sortir de sa cellule.

Turnball se hérissa. *Opale Koboï.* Ici, les gens passaient leur temps à colporter des ragots sur elle. La rumeur, ces jours-ci, prétendait qu'il y avait quelque part une autre Opale Koboï venue du passé pour se porter secours à elle-même dans le présent. Ils auraient eu mieux à faire que d'être obsédés par cette maudite Opale Koboï. Si quelqu'un devait s'inquiéter d'Opale Koboï, c'était lui. Après tout, elle avait assassiné son petit frère. Mais finalement, il valait mieux ne pas y penser, s'attarder sur le passé risquait de raviver son ulcère.

Le cube mit un temps infini à passer et Turnball remarqua qu'il avait trois portes sur le côté.

« Trois portes. Ma cellule n'en a qu'une. Pourquoi Koboï a-t-elle besoin d'une cellule si grande qu'il faille trois portes pour y accéder ? »

Cela n'avait pas d'importance. Il serait bientôt sorti d'ici et il pourrait alors s'offrir une vie de prince.

« Leonor et moi, nous retournerons sur cette île où notre rencontre a été si intense. »

Dès que l'intersection entre les deux allées fut libérée, Thibyson mena les prisonniers vers leur port de navettes. À travers le plastique transparent, Turnball remarqua des foules de civils qui marchaient d'un bon pas vers leurs propres capsules de secours, mais sans panique apparente. Aux niveaux supérieurs, des groupes d'Atlantes plus aisés se rendaient tranquillement vers des navettes d'évacuation privées qui devaient sans doute coûter plus d'argent que Turnball n'aurait pu en voler en une semaine.

« Les jabots sont redevenus à la mode, remarqua Turnball avec un certain plaisir. Je le savais. »

Le couloir menait à une aire d'embarquement où des groupes de prisonniers attendaient impatiemment devant les sas qui donnaient directement sur la mer.

– Tout cela est tellement inutile, dit Thibyson. Les canons à eau vont réduire cette sonde en morceaux. Nous serons tous de retour dans quelques minutes.

« Pas tous, pensa Turnball, sans chercher à dissimuler son sourire. Certains d'entre nous ne reviendront jamais. »

Et en cet instant, il savait que c'était vrai. Même si son plan échouait, il ne reviendrait jamais ici. D'une manière ou d'une autre, Turnball Root serait libre.

Thibyson ouvrit la porte de la navette avec sa télécommande et les prisonniers menottés entrèrent en file indienne. Lorsqu'ils se furent assis, Thibyson activa des barres de sécurité, semblables à celles des manèges de fête foraine, qui faisaient office d'entraves. Les détenus étaient cloués à leurs sièges et toujours menottés. Totalement incapables de bouger.

– Tu les as tous, Tipoisson ? demanda le félutin aux allures de Cro-Magnon.

– Oui, je les ai tous. Et je m'appelle Thibyson.

Turnball ricana. Les moqueries des collègues, une autre raison qui lui avait permis de retourner Thibyson si facilement.

– C'est bien ce que j'ai dit, Tipinson. Maintenant, mets-toi aux commandes de cette bassine pendant que je surveille ces affreux bagnards.

Thibyson se raidit.

– Attends un peu, toi…

Turnball Root n'avait pas envie de perdre du temps à cause d'une bagarre.

– Voilà une excellente idée, monsieur Thibyson. Usez donc de votre licence de pilote et laissez votre collègue s'occuper de nous, les affreux bagnards.

Thibyson se caressa le cou.

– Bien sûr. Pourquoi pas ? Je vais vous faire sortir d'ici, c'est ce qu'on attend de moi.

– Exactement. Vous avez tout compris.

– Vas-y, Dupoisson, railla l'imposant gardien dont le badge portait le nom de R-MAX. Fais ce que te dit le bagnard.

Thibyson s'installa aux commandes et procéda à une rapide check-list, sifflant doucement à travers ses branchies pour couvrir les quolibets de R-MAX.

« Ce R-MAX n'a pas conscience des ennuis qui l'attendent », songea Turnball.

Cette idée lui procurait un intense plaisir. Il se sentait investi d'un *pouvoir*.

– Excusez-moi, monsieur R-MAX, c'est bien votre nom ?

R-MAX plissa les yeux, affichant un air qu'il croyait

menaçant, mais il donnait plutôt l'impression d'être myope ou peut-être constipé.

– C'est bien cela, bagnard. R. de Max. Le roi de la sécurité maximum.

– Je vois. Un surnom. Très romantique.

R-MAX fit tournoyer son électro-trique.

– Il n'y a rien de romantique chez moi, Root. Demande à mes trois ex-femmes. Je suis ici pour vous rendre la vie dure et c'est tout.

– Oups, dit Turnball d'un ton amusé. Désolé d'avoir parlé.

Ce petit échange avait donné à Thibyson le temps de sortir la navette de son aire de stationnement et à l'un des occupants de l'appareil un moment de réflexion pour comprendre que son ancien chef préparait quelque chose. En fait, parmi les douze spécimens de durs à cuire coincés sur leurs sièges par les barres de sécurité, il y en avait dix qui, à un moment ou à un autre, avaient servi sous les ordres de Turnball, et la plupart d'entre eux s'en étaient très bien trouvés, jusqu'au jour de leur arrestation. Dès que Thibyson avait récupéré sa licence, il s'était assuré que tous ces prisonniers auraient un siège dans sa navette.

« Ce sera agréable pour le capitaine d'avoir des amis autour de lui dans une situation de crise », avait-il pensé.

L'*ami* le plus important était un lutin du nom d'Unix B'lob, assis de l'autre côté de l'allée centrale, à la même hauteur que Turnball. Unix était un lutin volant qui ne volait plus. Deux moignons cautérisés marquaient l'en-

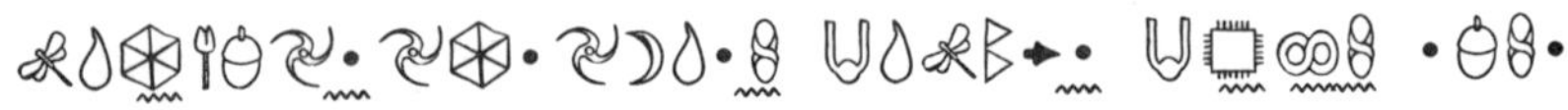

droit où s'étaient trouvées ses ailes. Turnball avait sorti Unix de la fosse d'un troll et, depuis ce jour, le lutin était devenu son bras droit. Il était le lieutenant idéal car il ne discutait jamais un ordre. Unix n'avait pas besoin de justifications, il n'établissait pas de priorités, il était prêt à mourir pour Turnball, que ce soit pour aller lui chercher une tasse de café ou pour voler une tête nucléaire.

Turnball adressa à son subordonné un clin d'œil destiné à lui faire savoir que le grand jour était venu. Unix ne réagit pas, mais il réagissait rarement, considérant toutes choses avec une indifférence glacée.

« Réjouis-toi, Unix, mon vieux, avait envie de lui dire Turnball. La mort et le chaos vont bientôt suivre. »

Mais pour le moment, il devait se contenter du clin d'œil.

Thibyson était nerveux et ne pouvait le cacher. La navette avança par petits bonds, brusques et instables, éraflant une aile le long de la jetée.

– Bien joué, Thibyson, grogna R-MAX. Tu essayes de nous écraser avant que la sonde s'en charge ?

Thibyson rougit et serra les doigts si fort autour du manche que ses jointures brillèrent d'une lueur verte.

– Ça va, je l'ai en main, à présent. Pas de problème.

La navette s'écarta peu à peu de l'abri constitué par les immenses panneaux en forme d'ailerons incurvés qui détournaient du dôme les courants sous-marins les plus violents et Turnball prit plaisir à voir s'éloigner la nouvelle Atlantide. Les contours de la ville composaient un mélange nébuleux de clochers et de minarets traditionnels qui côtoyaient des pyramides de verre et d'acier plus modernes. Des centaines de stations de filtrage recouvertes de lattes étaient disposées à chaque coin des gigantesques pentagones de polymère, imbriqués les uns dans les autres, qui formaient le dôme de protection de l'Atlantide.

« Si la sonde touchait une station de filtrage, le dôme serait emporté, songea Turnball. Oh, tiens, ils se sont servis de dessins d'enfants pour décorer les ailerons. Très amusant. »

La navette poursuivit son chemin, passant devant les canons à eau dressés sur leurs socles, attendant de recevoir des coordonnées de tir.

« Adieu, ma jolie sonde, pensa Turnball. Tu m'as bien servi et tu me manqueras. »

Une flottille fuyait la ville menacée : vaisseaux de croisière, navettes publiques, transporteurs de troupes et convois de prisonniers filaient tous en direction de l'un des marqueurs situés à une quinzaine de kilomètres, là où, d'après les têtes pensantes, l'onde de choc ne serait plus qu'un simple frémissement. Bien que la fuite parût chaotique, elle ne l'était pas le moins du monde. Chaque vaisseau avait un marqueur attitré où s'amarrer dans le cercle des quinze kilomètres.

Thibyson prenait de plus en plus d'assurance. Il s'enfonça rapidement dans les profondeurs obscures en direction de son point d'ancrage, mais un calmar géant s'accrocha à sa balise clignotante, essayant de la dévorer.

L'elfe de mer orienta le conduit d'échappement droit sur la créature qui s'enfuit dans une gerbe de tentacules. Thibyson déclencha alors l'amarrage automatique,

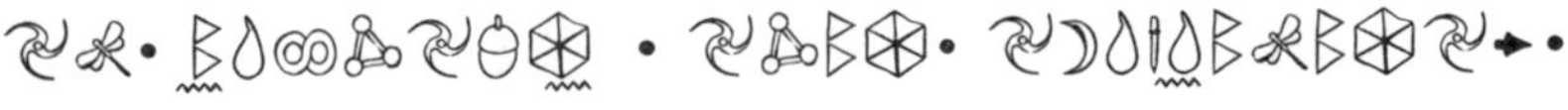

faisant descendre la navette sur ses bouées de fixation magnétiques.

R-MAX eut un rire dédaigneux.

– Tu ne devrais pas tirer sur tes cousins, Tipoisson. Tu ne seras plus invité aux réunions de famille.

Thibyson donna un coup de poing sur le tableau de bord.

– J'en ai assez de toi !

– Moi aussi, dit Turnball.

Il tendit la main, arrachant négligemment l'électro-trique que R-MAX portait à son ceinturon. Il aurait pu neutraliser immédiatement le gros lutin, mais il voulait d'abord qu'il comprenne ce qui se passait. Il lui fallut un certain temps.

– Hé ! s'exclama R-MAX. Qu'est-ce que tu… ? Tu viens de me prendre mon…

Puis la lumière se fit.

– Tu n'es pas menotté !

– Quel brillant esprit, lança Turnball.

Il enfonça alors l'électro-trique dans le ventre de R-MAX, envoyant dix mille volts d'étincelles crépitantes à travers le corps du lutin. Le gardien sautilla sur place comme un danseur classique possédé par un démon puis il s'effondra en un petit tas amorphe.

– Vous avez électrocuté mon collègue, dit Thibyson d'une voix morne, ce qui devrait me mettre très en colère mais j'en suis très content, plus que content, même si ça ne se sent pas dans le ton de ma voix.

Turnball adressa à Unix un nouveau clin d'œil qui signifiait « regarde ton génie de chef en pleine action. »

– Vous n'avez pas besoin de ressentir quoi que ce soit, monsieur Thibyson. Tout ce que vous devez faire, c'est détacher les barres de sécurité des sièges trois et six.

– Le trois et le six seulement ? Vous ne voulez pas libérer tous vos amis ? Votre solitude a duré si longtemps, Turnball.

Mais seules les barres trois et six sautèrent et Turnball se leva, étirant voluptueusement ses jambes comme s'il était resté assis pendant une éternité.

– Pas encore, monsieur Thibyson. Certains de mes amis m'ont peut-être oublié.

Unix était libre, lui aussi, et il se mit immédiatement au travail, dépouillant R-MAX de ses bottes et de son ceinturon. D'un mouvement d'épaules, il se débarrassa du haut de son survêtement et le noua autour de sa taille pour permettre aux moignons de ses ailes arrachées de prendre un peu l'air.

Turnball ressentit un léger malaise. Unix était un personnage dérangeant, loyal jusqu'à la mort, mais étrange au-delà de l'étrange. Il aurait pu se faire enlever ces moignons par un chirurgien esthétique mais il préférait les exhiber comme des trophées.

« Si jamais il montre le moindre signe de déloyauté, je devrai l'abattre comme un chien. Sans aucune hésitation. »

– Tout va bien, Unix ?

Le lutin au teint pâle fit un bref signe de tête puis continua à fouiller R-MAX.

– OK, dit Turnball en se postant au milieu de la navette pour son grand discours. Messieurs, nous sommes sur le point de réaliser ce que la presse décrit souvent comme « une audacieuse évasion ». Certains d'entre nous vont survivre, d'autres pas, malheureusement. La bonne nouvelle, c'est que le choix n'appartient qu'à vous.

– Je choisis de survivre, déclara Ching Mayle, un gobelin bourru qui avait des marques de dents sur le crâne et des muscles jusqu'aux oreilles.

– Pas si vite, Mayle. Il faut d'abord un acte de foi.

– Vous pouvez compter sur moi, capitaine.

Ces paroles avaient été prononcées par Bobb Ragby, un nain encore plus entravé que les autres prisonniers puisqu'il portait un anneau qui l'empêchait d'ouvrir la bouche.

Il avait participé à de nombreuses escarmouches sous le commandement de Turnball, notamment sur les îles Tern, là où Julius Root et Holly Short avaient fini par arrêter Turnball.

Ce dernier donna une pichenette sur l'anneau de Bobb en le faisant tinter.

– Puis-je vraiment compter sur toi, monsieur Ragby, ou la prison t'a-t-elle ramolli ? As-tu encore le feu sacré ?

– Enlevez-moi cet anneau et vous verrez. J'avalerai ce gardien tout entier.

– Quel gardien ? demanda Thibyson, inquiet malgré la rune qui palpitait sur son cou.

– Pas vous, Thibyson, assura Turnball d'une voix apaisante. M. Ragby ne parlait pas de vous, n'est-ce pas, monsieur Ragby ?

– Si, justement.

Turnball porta la main à sa bouche.

– Comme c'est fâcheux. Je suis partagé, monsieur Thibyson. Vous m'avez rendu des services qui sont loin d'être négligeables mais voilà que Bobb Ragby ici présent veut vous dévorer, ce qui serait assez divertissant. En plus, il devient d'une humeur massacrante quand on ne lui donne pas assez à manger.

Thibyson aurait voulu être terrifié, réagir d'une manière radicale, mais la rune sur son cou lui interdisait toute émotion plus intense qu'une légère anxiété.

– S'il vous plaît, Turnball, capitaine. Je croyais que nous étions amis ?

Turnball considéra la question.

– Vous êtes un traître à votre peuple, Thibyson. Comment pourrais-je avoir un traître comme ami ?

Même un Thibyson intoxiqué par la magie était capable de relever l'ironie de cette réponse. Turnball Root n'avait-il pas trahi les siens en de nombreuses occasions, sacrifiant même des membres de la confrérie du crime pour améliorer le confort quotidien de sa cellule ?

– Mais les pièces de votre modèle réduit, objecta faiblement Thibyson. Et l'ordinateur. Vous avez donné les noms de…

Turnball n'aimait pas la tournure que prenait cette conversation. Il s'avança rapidement et donna un coup d'électro-trique dans les branchies de Thibyson. L'elfe de mer, assis dans le siège du pilote, tomba de côté, retenu par son harnais, les bras ballants, les branchies frémissantes.

– Et ça cause, et ça cause, dit Turnball d'une voix claironnante. Avec ces gardiens, c'est toujours la même chose. Ils rejettent tout sur les détenus, pas vrai, les gars ?

Unix fit pivoter le siège de Thibyson et se livra à une fouille systématique, prenant tout ce qui pouvait être utile, même une petite boîte de cachets contre l'indigestion. On ne savait jamais.

– Le choix est le suivant, messieurs, reprit Turnball à l'adresse des captifs. Sortir avec moi dès maintenant, ou bien rester ici et attendre qu'une inculpation pour coups et blessures vienne s'ajouter à votre dossier.

– Sortir de la navette ? dit Bobb Ragby, qui riait à moitié.

Turnball sourit avec un charme démoniaque.

– Exactement, les gars. On sort sous l'eau.

– J'ai lu quelque chose sur la pression au fond de la mer.

– Moi aussi, j'ai entendu parler de ça, ajouta Ching Mayle en se léchant un globe oculaire. On ne va pas être écrasés ?

Turnball haussa les épaules, ménageant ses effets.

– Faites-moi confiance, les gars. Tout est dans la confiance. Si vous ne me faites pas confiance, vous pourrirez ici. J'ai besoin de gens sur qui je puisse compter, surtout avec ce que je prépare. Prenez ça comme un test.

Il y eut des grognements. Le capitaine Root avait toujours aimé les tests. Cela ne suffisait pas d'être un pillard et un assassin, il fallait en plus passer des tests. Un jour, il avait obligé toute sa bande à manger crus des vers gluants, simplement pour prouver qu'ils étaient prêts à obéir à n'importe quel ordre, aussi ridicule soit-il. La plomberie de leur repaire avait été mise à rude épreuve, ce week-end-là.

Ching Mayle gratta les traces de morsure de son crâne.

– C'est notre seul choix ? Rester ici ou sortir de la navette ?

– En bref, oui, monsieur Mayle. Parfois un vocabulaire limité peut présenter des avantages.

– Pouvons-nous y réfléchir ?

– Bien sûr, prenez tout le temps nécessaire, répondit Turnball, magnanime Du moment que vos cogitations ne durent pas plus de deux minutes.

Ching fronça les sourcils.

– Mes cogitations peuvent prendre des heures, surtout si je mange de la viande rouge.

La plupart des fées trouvaient dégoûtant de manger la chair d'un animal mais dans chaque groupe, il y avait un clan d'omnivores.

– Deux minutes ? Sérieusement, capitaine ?

– Non.

Bobb Ragby se serait essuyé le front s'il avait pu l'atteindre.

– Le ciel soit loué.

– Maintenant, il ne reste plus que cent secondes. Allons, messieurs. *Tic tac.*

Sa fouille terminée, Unix se releva et vint se ranger silencieusement au côté de Turnball.

– En voilà un. Qui d'autre veut placer sa vie entre mes mains ?

Ching hocha la tête.

– Je crois que c'est oui. Vous avez bien réussi, capitaine. Je n'avais encore jamais respiré d'air frais avant de m'engager à vos côtés.

– Moi aussi, je viens, dit Bobb Ragby en secouant sa barre de sécurité. J'ai peur, capitaine, je ne le cache pas, mais je préfère être un pirate mort plutôt que de retourner dans les Profondeurs.

Turnball haussa un sourcil.

– Et ?

– Et quoi, capitaine ? (La peur rendait la voix de Ragby gutturale.) Je vous ai dit que j'étais prêt à sortir d'ici.

– Je parle de ta motivation, monsieur Ragby. J'ai besoin de plus qu'une simple répugnance à retourner en prison.

Ragby cogna sa tête contre la barre qui le retenait prisonnier.

– Plus ? Je veux vous suivre, capitaine. Je suis sincère, je le jure. Je n'ai jamais rencontré un chef tel que vous.

– Vraiment ? Je ne sais pas. Tu sembles réticent.

Ragby n'était pas le plus fin renard du terrier mais son instinct lui disait que partir avec le capitaine était beaucoup moins dangereux que de rester sur place. Turnball était réputé pour traiter preuves et témoins sans la moindre indulgence. Dans les bars où se retrouvaient les fugitifs du monde des fées, une légende courait selon laquelle le capitaine aurait un jour brûlé tout un centre commercial pour détruire une empreinte de son pouce qu'il avait peut-être laissée dans un box du restaurant *Fabuleux Falafels*.

– Je ne suis pas réticent, capitaine. Emmenez-moi, s'il vous plaît. Je suis votre fidèle Ragby. Qui a tiré sur cette fée, à Tern Mór ? C'était moi, le bon vieux Bobb.

Turnball essuya une larme imaginaire.

– Tes supplications m'émeuvent, mon cher Bobby. Très bien, Unix, libère M. Ragby et M. Ching.

Le lutin mutilé s'exécuta puis il détacha le harnais de Thibyson et le souleva en position verticale.

– Et le traître ? demanda-t-il.

Turnball sursauta au son de la voix reptilienne d'Unix. Il prit conscience que, pendant tout le temps qu'ils avaient passé ensemble, il n'avait pas entendu le lutin prononcer plus d'une centaine de mots.

– Non. Laisse-le. Le vin de riz me fait mal à l'estomac.

D'autres lieutenants auraient pu demander une explication sur ce point précis, mais Unix n'avait jamais cherché à savoir ce qu'il n'avait pas besoin de savoir et même les informations nécessaires étaient expulsées de son cerveau dès lors qu'elles avaient dépassé leur période d'utilité. Le lutin approuva d'un signe de tête et rejeta Thibyson de côté tel un sac de déchets.

Ragby et Ching se levèrent aussitôt, comme si leur siège les avait éjectés.

– Je me sens un peu bizarre, dit le gobelin en glissant son petit doigt dans l'une des marques de dents de son crâne nu. Je suis bien parce que je suis libre mais, en même temps, je me sens un peu mal parce que je vais peut-être mourir bientôt.

– Il n'y a jamais eu de filtre entre votre cerveau et

votre bouche, monsieur Mayle, grommela Turnball. Ça ne fait rien, c'est moi qui suis payé pour penser.

Il se tourna vers les autres prisonniers.

– D'autres volontaires ? Vous avez encore vingt secondes.

Quatre mains se levèrent. Deux d'entre elles appartenaient à la même personne, terrifiée à l'idée de rester derrière.

– Trop tard, dit Turnball.

Il fit signe à ses trois acolytes de le rejoindre.

– Approchez, que je vous prenne dans mes bras. Nous formons un groupe désormais.

Quiconque connaissait Turnball Root n'aurait jamais imaginé qu'il puisse avoir envie de prendre quelqu'un dans ses bras. Le capitaine avait un jour tiré sur un elfe qui avait eu la velléité de claquer sa main contre la sienne dans un geste d'amitié. Bobb et Ching durent faire un effort pour dissimuler leur surprise. Unix lui-même haussa un sourcil en forme d'accent circonflexe.

– Allons, messieurs, suis-je donc si effrayant ?

« Oui, aurait voulu crier Bobb. Tu es plus effrayant qu'une mère de nain armée d'une cuillère à long manche. »

Mais il préféra tordre sa bouche dans une expression qui ressemblait à un sourire et il s'avança pour étreindre Turnball. Unix s'approcha également, ainsi que Ching.

– Nous formons une drôle de bande, vous ne trouvez pas ? lança Turnball d'un ton joyeux. Sincèrement, Unix, j'ai l'impression de serrer une planche contre moi. Et toi, monsieur Ragby, tu sens vraiment très mauvais. Personne ne te l'a jamais dit ?

Ragby l'admit d'un grognement.

– Si. Mon père et tous mes copains.

– Je ne suis donc pas le premier, Dieu merci. Confirmer une mauvaise nouvelle ne me dérange pas, mais je déteste être le premier à l'annoncer.

Bobb Ragby avait envie de pleurer. Pour une mystérieuse raison, ce bavardage inepte avait quelque chose de terrifiant.

Un grondement ébranla soudain l'enveloppe de métal de la navette. Le bruit augmenta rapidement d'intensité jusqu'à remplir l'espace étroit. En cinq secondes, on était passé du silence au vacarme, du rien au tout.

– Les deux minutes sont écoulées, annonça Turnball. Le moment est venu pour les fidèles de sortir d'ici.

La coque, au-dessus du petit groupe, brilla soudain d'une teinte rouge tandis que quelque chose la faisait fondre de l'extérieur. Plusieurs alarmes clignotèrent sur l'écran de contrôle, au-dessus de leur tête.

– Wouaoh ! s'écria Turnball. C'est le chaos total, tout à coup. Que se passe-t-il donc ?

Une partie du plafond avait fondu à présent. Le métal aurait dû tomber sur eux goutte à goutte, brûlant leur chair, mais quelque chose siphonnait la matière. De grosses boules de métal chauffé à blanc furent ainsi aspirées les unes après les autres, laissant apparaître un cercle béant. L'eau de l'océan n'était plus retenue que par une sorte de gel.

– Faut-il retenir son souffle ? demanda Bobb Ragby en s'efforçant de ne pas éclater en sanglots.

– Ça ne servirait pas à grand-chose, répondit Turnball qui aimait jouer avec les gens.

« Il est bien agréable d'en savoir plus que les autres », pensa-t-il.

Quatre Amorphobots qui avaient fusionné en une seule masse gélatineuse déployèrent alors un tentacule à l'intérieur de la navette et aspirèrent le capitaine Root, ainsi que les membres de son gang, avec la précision d'un nain gobant un escargot dans sa coquille. En une seconde, il ne resta plus d'eux qu'une légère tache sur le plancher et l'écho d'un bruit de succion.

– Je suis très content d'être resté où je suis, dit l'un des prisonniers, qui n'avait jamais été au service de Turnball.

Il avait été condamné à six ans de prison pour avoir exécuté d'habiles copies de cuillères de collection ornées de personnages de dessin animé.

– Ce truc gluant avait l'air dégoûtant.

Les autres n'ajoutèrent pas un mot. Ils avaient compris quelle catastrophe les attendait lorsque la chose gélatineuse se détacherait du large trou qui perçait le fuselage de la navette.

Mais la catastrophe attendue n'eut jamais l'occasion de se produire car, dès que les Amorphobots s'arrachèrent du trou pratiqué dans le fuselage, l'espace fut aussitôt rempli par la sonde piratée qui avait soudain dévié de sa trajectoire et transpercé la navette qu'elle emporta dans sa course et enterra profondément dans le fond rocheux de l'océan, la réduisant à l'état de galette. Quant aux personnes qui se trouvaient à l'intérieur, la plupart d'entre elles furent liquéfiées. Il allait se passer des mois avant qu'on retrouve des restes et plus longtemps encore avant que ces restes puissent être identifiés. Le cratère qui s'était formé à l'endroit de l'impact mesurait plus de quinze mètres de profondeur et au moins autant de diamètre. L'onde de choc se propagea au fond de la mer, décimant le système écologique local et empilant une demi-douzaine de vaisseaux de secours les uns sur les autres, comme des parpaings.

L'énorme Amorpho-bulle emporta rapidement Turnball et ses complices loin du point d'impact, en imitant à la perfection les mouvements d'un calmar géant, déployant même des tentacules de gel qui projetaient derrière lui des jets d'eau en forme de cône. À l'intérieur de son corps gélatineux, deux êtres féeriques conservaient le plus grand calme : Turnball aurait pu être aisément qualifié de serein et Unix n'était pas plus ému par ce nouveau prodige que par tout ce qui lui était arrivé d'autre au cours de sa longue existence. En revanche, on pouvait dire que Bobb Ragby était terrifié, au point de perdre le peu d'esprit dont il disposait. Alors que Turnball savait à quoi s'attendre, puisque c'était lui qui avait fait venir les Amorphobots, Ragby était persuadé qu'ils avaient été avalés par un monstre en gelée qui les emportait dans son repaire pour les consommer au cours des froides et longues journées d'hiver. Quant à Ching Mayle, il se répétait inlassablement une seule et même phrase : « Je suis désolé d'avoir volé le sucre d'orge», une référence probable à un incident qui devait avoir pour lui une profonde signification, ainsi que pour la personne dont le sucre d'orge avait été dérobé.

Turnball fouilla dans le fatras électronique qui occupait le ventre de l'Amorphobot et en retira un petit masque sans fil qu'il glissa sur son visage. On pouvait parler à travers le gel mais le masque rendait l'opération infiniment plus facile.

– Mes chers amis, dit-il, nous sommes à présent officiellement morts et libres de tenter d'arracher aux FAR leur ressource naturelle la plus puissante. La véritable magie.

Ching émergea soudain de son histoire de sucre d'orge répétée en boucle. Il ouvrit la bouche pour dire quelque chose, mais il s'aperçut que si le gel apportait assez d'oxygène à ses poumons pour pouvoir respirer, il ne permettait pas en revanche de parler très facilement sans masque.

Il gargouilla un instant puis décida de poser sa question plus tard.

– Je devine ce que tu t'apprêtes à dire, monsieur Mayle, reprit Turnball. Pourquoi, au nom du ciel, chercherions-nous à nous en prendre aux FAR ? Il vaudrait certainement mieux rester aussi éloignés que possible de la police.

Une lueur ambrée, dans le ventre de l'Amorphobot, projetait sur le visage du capitaine une ombre sinistre.

– Eh bien, je réponds non. J'affirme que nous devons attaquer maintenant et voler sous leur nez ce dont nous avons besoin. Pendant que nous y serons, nous en profiterons pour infliger quelques destructions et répandre le désordre afin de brouiller notre piste. Vous avez vu ce que je suis capable de faire à partir de la cellule d'une prison, imaginez les possibilités quand je serai libre dans le vaste monde.

Il était difficile de discuter ces arguments, surtout lorsque celui qui les exposait contrôlait le robot qui maintenait tout le monde en vie et que les autres ne savaient pas très bien s'ils pouvaient parler ou pas. Turnball Root avait le don de toujours choisir le bon moment.

L'Amorphobot plongea derrière un récif hérissé de pointes, échappant au plus fort de l'onde de choc. Des morceaux de roche et de corail furent précipités dans les eaux troubles mais repoussés par le gel. Un calmar s'aventura un peu trop près et se vit gratifié d'une décharge électrique infligée par un tentacule gluant. Tandis que les parois d'une haute falaise sous-marine surgissaient dans un mélange de rayures grises et vertes, Turnball soupira sous son masque, le son amplifié et déformé.

« J'arrive, mon amour, pensa-t-il. Bientôt, nous serons réunis. »

Il préféra ne pas prononcer ces paroles à haute voix car même Unix les trouverait un peu mélodramatiques.

Comme s'il avait reçu un choc, Turnball s'aperçut soudain qu'il était parfaitement heureux. Et le prix payé pour ce bonheur ne le dérangeait pas le moins du monde.

CHAPITRE 8

N'IMPORTE QUOI N'IMPORTE COMMENT

CERVEAU D'ARTEMIS FOWL, QUELQUES SECONDES AVANT QUE HOLLY SHORT NE LUI INFLIGE UNE SECONDE DÉCHARGE

Des confins de son propre cerveau, Artemis observait et réfléchissait, regardant à travers la paroi piégée qui se dressait dans son bureau imaginaire. Le scénario était intéressant, fascinant, et il parvenait presque à le distraire de ses propres problèmes. Quelqu'un avait décidé de détourner la sonde martienne de Foaly et de la diriger droit sur l'Atlantide. On ne pouvait considérer comme une coïncidence l'étape que la sonde avait faite en Islande pour régler leur sort au commandant Vinyaya et à ses meilleurs soldats, sans compter l'allié humain le plus ingénieux du Peuple des fées : Artemis Fowl.

« Un plan très élaboré se déroule sous nos yeux. Il ne s'agit pas d'une série de coïncidences. »

Non pas qu'Artemis n'accordât aucun crédit aux coïncidences, simplement, il trouvait difficile à avaler qu'elles puissent se produire en série.

Pour autant qu'il pouvait en juger, la principale question à poser était celle-ci : qui en tirait bénéfice ?

Qui tirait bénéfice de la mort de Vinyaya et de la menace qui pesait sur l'Atlantide ?

Vinyaya était bien connue pour sa tolérance zéro à l'égard de toute forme de délinquance, il y avait donc beaucoup de voyous qui seraient ravis de sa disparition – mais pourquoi l'Atlantide ?

« La prison, bien sûr ! Il doit s'agir d'Opale Koboï. C'est une tentative d'évasion. La sonde provoque une évacuation qui lui permet de sortir du dôme. »

Opale Koboï, l'ennemi public numéro un. La félutine qui avait incité les gobelins à la révolution et assassiné Julius Root.

« Ce ne peut-être qu'Opale. »

Artemis se corrigea lui-même : « C'est probablement Opale. Ne sautons pas à des conclusions hâtives. »

Il était exaspérant d'être enfermé dans son propre cerveau alors que tant de choses se passaient dans le monde. Son prototype de canon à nanogalettes, le Cube de Glace, avait été détruit et, plus urgent, une sonde qui se dirigeait vers l'Atlantide pouvait potentiellement anéantir la ville ou, à tout le moins, permettre à une félutine condamnée pour assassinat de s'évader.

– Laisse-moi sortir, veux-tu ? cria Artemis à son écran mental.

Aussitôt, les quatre se déployèrent en carrés scintillants et formèrent comme un treillis métallique qui étincelait sur toute la surface.

Artemis avait sa réponse.

« J'ai été enfermé ici par une décharge électrique et maintenant, elle me barre le passage. »

Artemis savait que, dans le monde entier, de nombreux instituts réputés recouraient encore à des traitements par électrochocs pour soigner diverses affections mentales. Il comprit que, lorsque Holly lui avait tiré dessus avec son Neutrino, la charge électrique avait stimulé la personnalité d'Orion, lui donnant une position dominante.

« Dommage que Holly ne me tire pas dessus une nouvelle fois. »

Holly lui tira dessus à nouveau.

Artemis imagina deux éclairs fourchus qui traversaient l'espace et transformaient l'écran en une surface blanche.

« Je ne devrais pas ressentir de douleur, songea Artemis avec espoir, car, techniquement, je ne suis pas conscient en cet instant. »

Conscient ou pas, Artemis éprouva autant de douleur qu'Orion.

« Typique de la façon dont cette journée s'est déroulée », pensa-t-il, tandis que ses jambes virtuelles se dérobaient sous lui.

ATLANTIQUE NORD, MAINTENANT

Artemis se réveilla quelque temps plus tard avec, dans les narines, une odeur de chair brûlée. Il savait qu'il était de retour dans le monde réel à cause du harnais dont les sangles s'enfonçaient dans ses épaules et du balancement de la mer qui lui donnait la nausée.

Il ouvrit les yeux et se retrouva devant la croupe de Foaly. Les jambes arrière du centaure étaient agitées de spasmes tandis qu'il affrontait les démons du sommeil. Une musique résonna quelque part. Une musique familière. Artemis ferma les yeux et pensa : « Cette musique m'est familière parce que c'est moi qui l'ai composée. La *Chanson de la sirène*, tirée de ma troisième symphonie inachevée. »

Et pourquoi était-ce si important ?

« Parce que cette musique est la sonnerie que j'ai réservée à ma mère sur mon portable. Elle m'appelle. »

Artemis n'eut pas à tapoter ses poches pour trouver son téléphone car il le gardait toujours au même endroit. Il demandait à ses tailleurs de lui coudre une fermeture éclair avec un rabat de cuir dans sa poche poitrine droite afin qu'il ait une place attitrée. Car si Artemis Fowl égarait son portable modifié, les conséquences seraient un peu plus fâcheuses que si Johnny le Lycéen perdait son dernier modèle à écran tactile. Sauf s'il arrivait que le téléphone de Johnny le Lycéen dispose d'une technologie suffisante pour pirater n'importe quel site gouvernemental, qu'il soit équipé d'un joli petit pointeur laser capable de découper du métal et qu'on puisse y lire le premier jet des mémoires d'Artemis, dont le contenu était légèrement plus intéressant que de simples révélations sur sa vie intime.

Artemis avait les doigts froids et gourds, mais après quelques tentatives, il parvint tant bien que mal à ouvrir la fermeture éclair et à sortir son téléphone. Sur l'écran apparut une photo de sa mère pendant que les premières mesures de la *Chanson de la sirène* s'élevaient des minuscules haut-parleurs.

– Téléphone, dit-il en articulant clairement, le doigt sur une touche qui activait le contrôle vocal.

– Oui, Artemis, répondit le téléphone avec la voix de Lili Frond, une voix qu'il avait choisie simplement pour agacer Holly.

– Accepter l'appel.

– Bien sûr, Artemis.

Un instant plus tard, la connexion s'établit. Le signal était faible mais c'était sans importance car le portable disposait d'un logiciel de reconstitution vocale efficace à quatre-vingt-quinze pour cent.

– Bonjour, mère. Comment allez-vous ?

– Arty, tu m'entends ? J'ai un écho.

– Non. Il n'y a pas d'écho de mon côté. Je vous entends parfaitement.

– Je n'arrive pas à faire marcher la vidéo, Artemis. Tu m'avais promis que nous pourrions nous voir.

La connexion vidéo était disponible mais Artemis préféra s'en passer. Il ne pensait pas que sa mère serait enchantée de voir son fils échevelé, accroché à un harnais dans une capsule de survie en perdition.

« Échevelé ? C'est une plaisanterie ? Je dois plutôt ressembler à un réfugié échappé d'une zone de guerre. »

– Il n'y a pas de réseau vidéo en Islande. J'aurais dû vérifier.

– Hum, dit sa mère, une syllabe qu'Artemis connaissait bien.

Elle signifiait qu'elle le soupçonnait de quelque chose, sans savoir de quoi exactement.

– Alors, tu es vraiment en Islande ?

Artemis était content qu'il n'y ait pas de contact vidéo. Il lui aurait été plus difficile de mentir les yeux dans les yeux.

– Bien sûr. Pourquoi me demandez-vous cela ?

– Parce que le GPS m'indique que tu te trouves dans l'Atlantique Nord.

Artemis fronça les sourcils. Sa mère avait insisté pour que son téléphone soit équipé d'un GPS s'il voulait qu'elle l'autorise à voyager seul.

– C'est sans doute un bogue dans le programme, répondit-il.

En même temps, il afficha son GPS et entra manuellement les coordonnées de Reykjavik.

– Il arrive que le releveur se trompe un peu. Essayez encore une fois.

Il y eut un silence pendant lequel il n'entendit que le cliquetis des touches, puis un autre « hum » lui parvint.

– Je suppose qu'il est inutile de te demander si tu mijotes quelque chose ? Artemis Fowl mijote toujours quelque chose.

– Ce n'est pas juste, mère, protesta Artemis. Vous savez bien ce que j'essaye d'accomplir.

– Je le sais très bien. Mon Dieu, Arty, tu ne parles plus que de cela. LE PROJET.

– C'est important.

– Je le sais, mais les gens aussi sont importants. Comment va Holly ?

Artemis jeta un coup d'œil à Holly qui ronflait doucement, pelotonnée au pied d'un siège. Son uniforme était très abîmé et un filet de sang coulait d'une de ses oreilles.

– Elle est… heu… Elle va très bien. Un peu fatiguée par le voyage, mais elle contrôle parfaitement la situation. Je l'admire, mère, vraiment. Quels que soient les imprévus que lui réserve la vie, elle ne baisse jamais les bras.

Angeline eut une exclamation de surprise.

– Eh bien, Artemis Fowl II, c'est le plus long discours non scientifique que je t'aie jamais entendu tenir. Holly Short a de la chance d'avoir un ami comme toi.

– Oh non, répondit Artemis d'un ton affligé. Ce n'est jamais une chance de me connaître. Je suis incapable d'aider qui que ce soit. Même pas moi.

– Ce n'est pas vrai, Arty, dit Angeline avec sérieux. Qui a sauvé Haven des gobelins ?

– Quelques personnes. J'ai dû jouer un rôle là-dedans.

– Et qui a retrouvé son père dans l'Arctique alors que tout le monde le croyait mort ?

– Moi.

– Alors, ne dis pas que tu es incapable d'aider les

autres. Tu as passé la plus grande partie de ton existence à aider. Bien sûr, tu as commis quelques erreurs, mais tu as du cœur.

– Merci, mère. Je me sens mieux, maintenant.

Angeline s'éclaircit la voix, et Artemis eut l'impression qu'elle était un peu nerveuse.

– Tout va bien ? lui demanda-t-il.

– Oui, bien sûr. Il faut simplement que je te dise quelque chose.

Artemis se sentit soudain mal à l'aise.

– De quoi s'agit-il, mère ?

Une douzaine de révélations possibles lui traversèrent l'esprit. Sa mère avait-elle eu vent de quelques-unes de ses opérations les plus douteuses ? Elle savait tout de ses manigances avec le monde des fées mais il y avait aussi beaucoup d'affaires strictement humaines qu'il ne lui avait pas avouées.

« Voilà l'inconvénient d'être un délinquant à demi repenti : on ne se libère jamais de sa culpabilité. Il suffit d'un coup de téléphone pour être découvert. »

– C'est au sujet de ton anniversaire.

Les épaules d'Artemis s'affaissèrent, brusquement détendues.

– Mon anniversaire. C'est tout ?

– Je t'ai trouvé des cadeaux… différents, et je tiens à te les donner. J'en serais vraiment heureuse.

– Si cela vous rend heureuse, je suis sûr que je le serai aussi.

– Dans ce cas, Arty, il faut que tu me promettes de les mettre.

La nature d'Artemis ne le disposait guère à promettre quoi que ce soit.

– Qu'est-ce que c'est?

– Promets-moi, mon chéri.

Artemis jeta un coup d'œil à travers le hublot. Il était coincé dans une capsule de survie en bout de course, en plein océan Atlantique. Ou bien ils allaient couler ou bien un quelconque vaisseau d'une marine scandinave allait les prendre pour des extraterrestres et pulvériser l'engin.

– Très bien, je vous le promets. Alors, qu'est-ce que vous m'avez trouvé?

Angeline se tut un instant.

– Un jean, dit-elle enfin.

– Quoi? croassa Artemis.

– Et un T-shirt.

Artemis savait que, dans les circonstances actuelles, il n'aurait pas dû s'offusquer, mais il ne pouvait s'en empêcher.

– Mère, vous m'avez tendu un piège.

– Je sais bien que tu n'aimes pas beaucoup les tenues décontractées.

– Ce n'est pas vrai. Le mois dernier, pendant la vente de charité, j'ai retroussé mes deux manches.

– Les gens ont peur de toi, Arty. Les filles sont terrifiées. Tu as quinze ans et tu es toujours vêtu d'un costume sur mesure alors que personne n'est mort dans ta famille.

Artemis respira à plusieurs reprises.

– Est-ce que quelque chose est écrit sur le T-shirt?

Un froissement de papier s'éleva des haut-parleurs du téléphone.

– Oui, c'est cool. On voit l'image d'un garçon qui, je ne sais pas pourquoi, n'a pas de cou et n'a que trois doigts à chaque main et derrière lui, dans un style graffiti, il est écrit : N'IMPORTE QUOI N'IMPORTE COMMENT. Je ne vois pas très bien ce que ça veut dire, mais ça me semble très actuel.

« N'importe quoi n'importe comment », songea Artemis, et il eut envie de pleurer.

– Mère, je...

– Tu as promis, Arty. Une promesse est une promesse.

– Oui, j'ai promis, mère.

– Et puis je veux que tu m'appelles maman et que tu cesses de me vouvoyer.

– Mère ! Vous devenez déraisonnable. Je suis ce que je suis. Les T-shirts et les jeans ne sont pas faits pour moi.

Angeline Fowl joua son atout.

– Tu sais, Arty chéri, parfois, les gens ne sont pas ce qu'ils croient être.

C'était une allusion pas très subtile au fait qu'Artemis avait mesmérisé ses propres parents, ce dont Angeline ne s'était aperçue que lorsque Opale Koboï avait occupé son corps et que tous les secrets du monde des fées lui avaient été révélés.

– Ce n'est pas juste de dire cela.

– Juste ? Attends, je vais convoquer une conférence de presse. Artemis Fowl vient d'employer le mot « juste ».

Artemis se rendit compte que sa mère n'avait pas tout à fait digéré l'épisode de la mesmérisation.

– Très bien, je consens à porter le jean et le T-shirt.

– Pardon ?

– Je vais porter le jean et le T-shirt… maman.

– Je suis si heureuse ! Dis à Butler de te laisser deux jours par semaine pour les jeans et les mamans. Essaye de t'y habituer.

« Quoi d'autre ? se demanda Artemis. Une casquette de base-ball à l'envers ? »

– Butler prend bien soin de toi, j'imagine ?

Artemis rougit. Encore des mensonges.

– Oui. Tu devrais voir la tête qu'il fait pendant la réunion. Il s'ennuie à mourir avec toutes ces histoires scientifiques.

La voix d'Angeline changea, elle devint plus chaleureuse, plus sentimentale.

– Je sais que c'est très important, ce que tu fais, Arty. Je veux dire important pour la planète. Et je crois en toi, mon fils. C'est pour ça que je garde ton secret et que je te laisse batifoler autour du monde avec des fées, mais tu dois me promettre que tu ne cours aucun danger.

Artemis connaissait l'expression « avoir honte de soi » mais, à présent, il la comprenait vraiment.

– Personne ne peut être plus en sécurité que moi, dit-il d'un ton allègre. Je suis mieux protégé qu'un président. Je suis mieux armé, aussi.

Il y eut un nouveau « hum ».

– C'est ta dernière mission en solitaire, Arty. Tu me l'as promis. « Il faut simplement que je sauve le monde, m'as-tu dit, ensuite je pourrai passer plus de temps avec les jumeaux. »

– Je m'en souviens, répondit Artemis, ce qui n'était pas vraiment une approbation.

– Alors, je te verrai demain matin. À l'aube d'un nouveau jour.

– À demain matin, maman.

Angeline raccrocha et son image disparut de l'écran d'Artemis. Il regrettait de la voir partir.

Dans la capsule, Foaly se retourna soudain sur le dos.

– Pas ceux avec les rayures, lança-t-il. Ce sont de tout petits bébés.

Puis il ouvrit un œil et vit Artemis qui le regardait.

– Est-ce que j'ai dit ça à haute voix ?

Artemis confirma d'un signe de tête.

– Oui. Il était question de bébés à rayures.

– Des souvenirs d'enfance. Je les ai à peu près surmontés, à présent.

Artemis tendit la main pour aider le centaure à se remettre sur ses sabots.

– Je ne veux pas d'aide de vous, marmonna Foaly en tapant sur sa main comme si c'était une guêpe. J'en ai assez de vous. Si jamais vous répétez les mots « brave bête » ne serait-ce qu'en pensée, je vous donne un coup de sabot dans les dents.

Artemis détacha la boucle de son harnais et tendit la main un peu plus.

– Je suis désolé pour tout cela, Foaly. Mais je vais bien, maintenant. C'est moi, Artemis.

Foaly accepta alors qu'il l'aide à se relever.

– Oh, les dieux soient loués. L'autre me tapait vraiment sur les nerfs.

– Pas si vite, intervint Holly, surgissant entre eux, pleinement consciente.

– Wouaoh, dit Foaly en se cabrant. Vous pourriez au moins grogner et gémir un peu quand vous reprenez vos esprits.

– Nan, répliqua Holly. Entraînement ninja des FAR. Et ce bonhomme n'est pas Artemis. Je l'ai entendu dire «maman». Artemis Fowl ne dit jamais «maman, man-man, m'man ou mamounette». C'est Orion qui essaye de nous berner.

– Je comprends que ça paraisse bizarre, dit Artemis. Mais il faut me croire. C'est ma mère qui m'a extorqué cette mièvrerie.

Foaly tapota son grand menton.

– Extorqué ? Mièvrerie ? C'est bien Artemis.

– Merci de m'avoir donné une deuxième décharge, reprit Artemis en caressant les marques de brûlure sur son cou. Elle m'a libéré des quatre, pour l'instant en tout cas. Et je suis désolé pour toutes ces idioties qu'Orion a déversées. Je ne sais absolument pas d'où ça venait.

– Il faudra que nous en parlions plus longuement, dit Holly qui l'écarta pour s'installer devant le tableau de bord. Mais plus tard. Voyons d'abord si je peux joindre Haven.

Foaly pressa une touche sur l'écran de son téléphone.

– Déjà fait, capitaine.

Après toutes les tribulations des heures précédentes, il semblait impossible de téléphoner tout simplement à Haven et d'obtenir tout de suite une connexion mais c'est exactement ce qui se produisit.

Le commandant Baroud Kelp décrocha à la première sonnerie et Foaly brancha le haut-parleur pour que tout le monde puisse suivre la communication vidéo.

– Holly ? C'est vous ?

– Oui, commandant. Foaly est avec moi et Artemis Fowl, aussi.

Baroud grogna.

– Artemis Fowl ? Comment se fait-il que je ne sois pas surpris ? Nous aurions dû lui aspirer la cervelle par l'oreille à cet affreux petit Bonhomme de Boue, quand nous en avions encore la possibilité.

Baroud était connu pour son attitude martiale et pour avoir lui-même choisi le nom de Baroud à sa sortie de l'école. Dans toute l'académie circulait une histoire garantie authentique : lorsqu'il était un jeune policier en patrouille, Kelp avait foncé sur son scooter anti-émeute dans une ruelle de Boolatown, à l'époque du solstice, et avait lancé dans son porte-voix, à l'adresse d'une douzaine de gobelins en pleine bagarre, la phrase immortelle : « Si vous cherchez des ennuis, vous êtes venus au bon endroit. » Après que les gobelins eurent cessé de rire, ils infligèrent à Baroud une correction qu'il n'était pas près d'oublier. Ses cicatrices l'avaient rendu un peu plus prudent, mais pas beaucoup.

Baroud était assis à son bureau du centre de police, raide comme un piquet dans son survêtement bleu de commandant, des rangées de glands étincelant sur sa poitrine. Ses cheveux bruns coupés à ras faisaient ressortir d'impressionnantes oreilles pointues, et ses yeux violet foncé lançaient des regards flamboyants sous des sourcils qui frétillaient comme des étincelles lorsqu'il parlait.

– Bonjour, commandant, dit Artemis. C'est bien agréable de voir qu'on est apprécié.

– J'apprécie les poux sous les bras beaucoup plus que je ne vous apprécierai jamais, Fowl. Il faudra vous y faire.

Artemis pensa immédiatement à une demi-douzaine de répliques cinglantes mais, pour le plus grand bien de tous, il les garda pour lui.

« J'ai quinze ans, maintenant, il est temps de me montrer plus mûr. »

Holly coupa court au rituel d'intimidation des mâles.

– Commandant, l'Atlantide est-elle en sécurité ?

– Pour l'essentiel, oui, répondit Baroud. Une demi-douzaine de vaisseaux d'évacuation ont été touchés. Une navette a été frappée de plein fouet et s'est retrouvée enterrée plus bas que l'enfer. Il faudra des mois pour ramasser les morceaux.

Les épaules de Holly s'affaissèrent.

– Il y a des morts ?

– Sans aucun doute. Nous ne savons pas encore combien mais ils se compteront par dizaines.

Le poids du commandement pesait sur le front de Baroud.

– C'est un jour sombre pour le Peuple, capitaine. D'abord, Vinyaya et son commando et maintenant ça.

– Qu'est-ce qui s'est passé ?

Le regard de Baroud se détourna vers un point hors champ, tandis que ses doigts tapaient sur un clavier virtuel.

– L'une des têtes d'œuf de Foaly a établi une simulation. Je vous l'envoie.

Quelques secondes plus tard, une icône clignota sur l'écran du téléphone de Foaly. Holly ouvrit le fichier et une simple vidéo en 2D montra la silhouette d'une sonde entrant dans l'atmosphère de la Terre, au-dessus de l'Islande.

– Vous la voyez, capitaine ?

– Oui, elle est là.

– Bien, je vais vous la commenter. Donc, la sonde martienne de Foaly apparaît juste au-dessous du cercle Arctique. Nous vous croyons sur parole puisque nous n'avons pas réussi à la détecter nous-mêmes, à cause de notre propre technologie de camouflage. Les boucliers, le métal furtif, tout s'est retourné contre nous. Je n'ai pas besoin de vous dire ce qui s'est passé ensuite.

Sur l'écran, la sonde tirait au laser sur une petite cible située à la surface, puis débarquait à terre quelques Amorphobots pour s'occuper des survivants. Le vaisseau ralentissait à peine avant de s'enfoncer dans la glace, suivant un cap sud-ouest en direction de l'océan Atlantique.

– Là encore, cette partie de la simulation a été faite sans données informatiques. Nous avons pris comme base ce que vous nous avez dit et nous avons aussi reconstitué la trajectoire en fonction de nos propres observations.

Artemis l'interrompit :

– Vous avez pu faire des observations ? À partir de quel moment ?

– C'était très étrange, répondit Baroud en fronçant les sourcils. Nous avons tenu compte de l'avertissement du capitaine Short et nous avons immédiatement procédé à un balayage dans la zone indiquée. Aucun résultat. Puis, cinq minutes plus tard, la sonde a surgi sur nos écrans. Pas de boucliers, rien. En fait, elle soufflait de la chaleur par ses échappements, nous ne pouvions donc pas l'ignorer. Elle a même éjecté les plaques de camouflage de ses moteurs. Cet engin-là brillait davantage que l'étoile du Nord. Et, au cas où nous n'aurions rien vu, nous avons reçu une information qui venait vous savez d'où ? D'un bar de Miami ! Nous avons eu assez de temps pour organiser l'évacuation.

– Mais pas assez pour abattre la sonde, dit Artemis d'un air songeur.

– Exactement, répondit Baroud Kelp, qui n'aurait jamais exprimé son approbation s'il s'était rendu compte qu'elle s'adressait à Artemis Fowl, le redoutable délinquant. Tout ce que nous avons pu faire, c'est armer les canons à eau, évacuer la ville et attendre que la sonde soit à portée de tir.

– Et ensuite ? insista Artemis.

– Ensuite, j'ai autorisé quelques tirs d'essai le long de la trajectoire avant que la sonde soit véritablement en vue. Ils n'auraient pas dû avoir assez de puissance pour provoquer des dégâts – les obus d'eau se dissolvent avec la distance – mais apparemment, l'un d'eux avait encore un peu de punch car la sonde a dévié de sa course et a plongé droit au fond de la mer en emportant une navette avec elle.

– Opale Koboï était dans la navette, n'est-ce pas ? dit précipitamment Artemis. C'est Opale qui a tout organisé. Ça *sent* Opale.

– Non, Fowl, si ça sent quelque chose, c'est plutôt vous. Tout a commencé avec votre réunion en Islande et maintenant, plusieurs de nos compatriotes, parmi les meilleurs d'entre nous, sont morts et nous avons une mission de secours sous-marine sur les bras.

Le visage d'Artemis était devenu rouge.

– Oubliez vos sentiments à mon égard. Opale se trouvait-elle à bord de la navette ?

– Non, elle n'y était pas, tonna Baroud en faisant vibrer les haut-parleurs de la capsule. Mais vous, vous étiez en Islande et maintenant, vous êtes ici.

Holly prit la défense de son ami :

– Artemis n'a rien à voir là-dedans, commandant.

– C'est possible mais il y a trop de coïncidences, Holly. Il faut que vous mettiez le Bonhomme de Boue en garde à vue jusqu'à ce que je vous envoie un engin de secours pour vous ramener. Ça va peut-être prendre quelques heures alors, remplissez un peu vos réservoirs de ballast pour descendre sous la surface. Il ne faut pas qu'on puisse vous repérer.

Holly n'était pas satisfaite de cette décision.

– Commandant, nous savons ce qui s'est passé. Mais Artemis a raison, nous devons nous demander *qui* a fait ça.

– Nous en parlerons au centre de police. Pour l'instant, ma priorité consiste à maintenir les gens en vie, c'est aussi simple que ça. Il y a des fées encore coincées en Atlantide. Tout le matériel étanche dont nous disposons est envoyé là-bas. Nous discuterons des théories du Bonhomme de Boue demain.

– On pourrait peut-être établir un camp, pendant qu'on y est, marmonna Holly.

Baroud n'était pas du genre à tolérer l'insubordination. Il se pencha tout près de la caméra, son front s'élargissant, déformé par le minuscule objectif.

– Vous avez dit quelque chose, capitaine ?

– Celui ou celle qui est derrière tout cela n'en a pas fini, répondit Holly en se penchant elle aussi vers la caméra. Ce n'est qu'une partie d'un plan plus vaste et mettre Artemis en garde à vue serait la pire des choses.

– Ah, vraiment ? répliqua Baroud, avec un petit rire inattendu. Ce que vous dites est étrange parce que dans le message que vous avez laissé un peu plus tôt, vous affirmiez qu'Artemis avait perdu la boule. Vos termes exacts étaient…

Holly jeta à Artemis un regard coupable.

– Nous n'avons pas besoin des termes exacts, mon commandant.

– Vous m'appelez *mon* commandant, maintenant ? Vos termes exacts étaient – je les cite très fidèlement – qu'Artemis devenait plus fou qu'un troll malade de la teigne qui boirait de l'eau de mer.

Artemis lança à Holly un coup d'œil récriminateur qui signifiait : « La teigne ? Vraiment ? »

Holly rejeta les commentaires de Baroud d'un geste de la main.

– C’était il y a plusieurs heures. Depuis, j’ai envoyé deux décharges à Artemis et il va très bien.

Baroud sourit.

– Deux décharges ? Je comprends mieux…

– Le fait est, insista Holly, que nous avons besoin de son aide pour comprendre ce qui arrive.

– Comme il a compris ce qui est arrivé à Julius Root et au commandant Raine Vinyaya ?

– Ce n’est pas juste de dire cela, Baroud.

Mais Kelp ne manifesta aucun repentir.

– Vous pouvez m’appeler Baroud le week-end, au club des officiers. En attendant, c’est « commandant ». Et je vous donne l’ordre, ou plutôt je vous *commande* de placer l’humain Artemis Fowl en garde à vue. Ce n’est pas une arrestation, je veux simplement que vous me l’ameniez pour que nous puissions bavarder un peu. Et il n’est absolument pas question d’agir en fonction de ses idées. Compris ?

Le visage de Holly était de bois, sa voix terne.

– Compris, commandant.

– Votre capsule a tout juste assez de jus pour alimenter le localisateur, rien de plus, alors ne pensez même pas à atteindre la côte. Vous paraissez légèrement plus pâle que la mort, capitaine, j’imagine qu’il ne vous reste plus suffisamment de magie pour activer votre bouclier ?

– Plus pâle que la mort ? Merci, Bard’.

– Bard’, capitaine ? Vous m’appelez *Bard’*, maintenant ?

– Je voulais dire Baroud.

– J'aime mieux ça. Donc, tout ce que je vous demande, c'est de garder le Bonhomme de Boue. D'accord ?

La réponse de Holly fut prononcée d'une voix si mielleuse qu'elle aurait pu séduire un ours.

– C'est d'accord, Baroud. Capitaine Short, baby-sitter extraordinaire, à votre service.

– Hum, dit Baroud d'un ton que le fils d'Angeline Fowl comprenait très bien.

– Hum, en effet, ajouta Holly.

– Je suis content que nous nous comprenions, reprit Baroud avec un frémissement de la paupière qui pouvait passer pour un clin d'œil. En tant que supérieur, je vous demande de rester où vous êtes et de ne pas essayer de comprendre le fond de cette affaire, surtout pas avec l'aide d'un humain et *surtout pas* cet humain-là. Vous m'avez bien reçu ?

– Je vous ai reçu cinq sur cinq, Baroud, répondit Holly.

Artemis comprit que Baroud Kelp n'interdisait pas à Holly de poursuivre ses investigations, il cherchait simplement à se couvrir sur la vidéo au cas où les actions de Holly la mèneraient devant un tribunal, ce qui arrivait souvent.

– Moi aussi, je vous reçois cinq sur cinq, commandant, dit Artemis. Si ça vous intéresse.

Baroud eut une exclamation dédaigneuse.

– Vous vous souvenez des poux sous les bras, Fowl ? Leur opinion m'intéresse davantage que la vôtre.

Et il disparut de l'écran avant qu'Artemis ait eu le temps de lancer une de ses répliques préparées d'avance.

Quelques années plus tard, lorsque le professeur J. Argon aurait publié sa biographie d'Artemis Fowl, qui deviendrait un best-seller sous le titre *Fowl et les fées*, cet échange serait considéré comme l'une des rares circonstances dans lesquelles Artemis Fowl II n'avait pas eu le dernier mot.

Holly émit un son qui ressemblait un peu à un cri suraigu d'adolescente, en moins féminin et plus dépité.

– Qu'est-ce qu'il y a ? demanda Foaly. Je trouve que les choses se présentent plutôt bien. À mon avis, le commandant Baroud Kelp, alias votre petit ami, vient de nous donner le feu vert pour mener notre enquête.

Holly tourna vers lui ses yeux aux couleurs dissemblables.

– D'abord, ce n'est pas mon petit ami, nous sommes allés dîner une fois ensemble et je vous en ai fait la confidence parce que je pensais que vous étiez un ami qui n'irait pas le crier sur les toits à la première occasion.

– Ce n'est pas la première occasion. Je me suis abstenu d'en parler le jour de ce charmant thé que nous avons pris ensemble.

– Hors sujet ! s'écria Holly, les mains en porte-voix.

– Ne vous inquiétez pas, Holly, ça ne sortira pas d'ici, assura Foaly.

Il pensa le moment malvenu pour mentionner qu'il avait déjà posté ces potins sur son site www.chevalsavant.gnom.

– Et ensuite, reprit Holly, même si Baroud m'a donné le feu vert en sous-main, à quoi ça nous sert en plein milieu de l'Atlantique dans ce bout de métal déglingué ?

Artemis jeta un regard de côté.

– Vous savez, je pourrais peut-être vous aider. D'une seconde à l'autre.

Plusieurs secondes passèrent sans aucun changement significatif de leur situation.

Holly leva les mains.

– D'une seconde à l'autre ? Vraiment ?

Artemis ne put s'empêcher de paraître un peu agacé.

– Il ne faut pas prendre les choses au pied de la lettre. Ça peut demander une minute. Je devrais peut-être l'appeler.

Cinquante-neuf secondes plus tard, un coup résonna contre la trappe d'accès de la capsule.

– Ah, ah, dit Artemis d'une manière qui donna à Holly l'envie de lui envoyer un coup de poing.

AU-DESSUS DE L'ATLANTIQUE, DEUX HEURES AUPARAVANT

– À l'usage, cet appareil marche plutôt bien, dit Mulch Diggums.

Il pressa deux boutons sur le tableau de bord du gyroplane des mercenaires, simplement pour voir l'effet produit. Lorsqu'il s'aperçut que l'un d'eux commandait la vidange d'un réservoir de toilettes chimiques dont le contenu tomba sur un innocent chalutier écossais, le nain décida de laisser les boutons tranquilles.

(L'un des pêcheurs était en train de filmer des mouettes pour son cours d'audiovisuel à l'université et il suivit toute la descente de la bulle de déchets. En voyant les images, on avait l'impression que la masse nauséabonde surgissait de nulle part dans le ciel et tombait très vite sur les malheureux marins. Sky News diffusa la vidéo sous le titre : *Chasse d'eau en pleine mer*. L'épisode fut considéré comme une farce d'étudiant.)

– J'aurais dû le deviner, dit Mulch sans la moindre trace de culpabilité. Il y a l'image d'un siège de toilettes sur le bouton.

Juliet était assise, le dos voûté, sur l'un des bancs aménagés le long de la cabine, sa tête touchant le plafond, et Butler était allongé sur le banc d'en face, ce qui était pour lui la façon la plus pratique de voyager dans cet engin.

– Alors, Artemis t'a mis hors jeu ? dit Juliet à son frère.

– Oui, répondit Butler d'un ton déprimé. Je jurerais qu'il n'a plus confiance en moi. Je jurerais qu'il n'a même plus confiance en sa propre mère.

– Angeline ? Comment peut-on ne pas faire confiance à Angeline ? C'est ridicule.

– Je sais, dit Butler. Et le comble, c'est qu'Artemis ne fait pas plus confiance aux jumeaux.

Juliet sursauta, se cognant la tête contre le plafond de métal.

– Ouille ! *Madre de Dios*. Artemis ne fait pas confiance à Myles et à Beckett ? De plus en plus ridicule. Quels redoutables actes de sabotage peuvent bien commettre des enfants de trois ans ?

Butler fit une grimace.

– Malheureusement, Myles a contaminé une des boîtes de Petri d'Artemis lorsqu'il a voulu prendre un échantillon pour ses propres expériences.

– On ne peut pas vraiment appeler ça de l'espionnage industriel. Et Beckett ? Qu'est-ce qu'il a fait ?

– Il a mangé le hamster d'Artemis.

– Quoi ?

– En fait, il a mâchonné une de ses pattes.

Butler changea de position dans l'espace exigu. Les engins volants des fées n'étaient pas faits pour transporter de gigantesques gardes du corps au crâne rasé. Le crâne rasé n'ayant d'ailleurs aucune importance en la matière.

– Artemis était fou de rage, il prétendait qu'il y avait un complot contre lui. Il a installé une serrure à combinaison sur la porte de son laboratoire pour empêcher ses frères d'entrer.

Juliet sourit, tout en sachant qu'elle n'aurait pas dû.

– Et ça a marché ?

– Non. Myles a passé trois jours de suite à taper sur le clavier jusqu'à ce qu'il tombe sur la bonne combinaison. Il a utilisé plusieurs rouleaux de papier toilette pour noter toutes les possibilités.

Juliet eut presque peur de poser la question.

– Et Beckett, qu'est-ce qu'il a fait ?

Butler rendit son sourire à sa sœur.

– Il a creusé un piège à ours dans le jardin et quand Myles est tombé dedans, il lui a échangé le code contre une échelle.

Juliet hocha la tête d'un air appréciateur.
– C'est exactement ce que j'aurais fait.
– Moi aussi, dit Butler. Peut-être que Beckett finira comme garde du corps de Myles.
Ce moment de légèreté ne dura pas.
– Artemis ne prend pas mes appels. Tu imagines ? Je crois qu'il a changé sa carte SIM pour que je ne puisse pas retrouver sa trace.
– Et pourtant, nous sommes sur ses traces, n'est-ce pas ?
Butler consulta son téléphone à écran tactile.
– Oh oui. Artemis n'est pas le seul à avoir le numéro de téléphone de Foaly.
– Qu'est-ce que ce rusé centaure t'a encore donné ?
– Un spray isotope. On en pulvérise sur un objet et on peut le suivre à la trace grâce à l'un des mi-p de Foaly.
– Un mipe ?
– Un mini-programme. Foaly s'en sert pour surveiller ses enfants.
– Sur quoi en as-tu mis ?
– Les chaussures d'Artemis.
Juliet gloussa de rire.
– Il aime qu'elles soient bien cirées.
– En effet.
– Tu commences à penser comme un Fowl, grand frère.
– Que les dieux nous en gardent, lança Mulch Diggums dans le cockpit. On n'a vraiment pas besoin d'un Fowl de plus.
Tous les trois éclatèrent d'un rire coupable.

Le gyroplane des mercenaires suivit le Gulf Stream vers le nord jusqu'aux côtes d'Irlande, volant à un peu plus de deux fois la vitesse maximum du Concorde, puis il décrivit une longue courbe en direction du nord-ouest, dans l'Atlantique Nord, guidé par l'ordinateur de bord qui visait les chaussures d'Artemis.

– Ses chaussures nous guident, il suffit de leur emboîter le pas, dit Mulch en riant de sa propre plaisanterie.

Les Butler ne participèrent pas à son allégresse, non par loyauté envers leur employeur, qui ne dédaignait pas une plaisanterie de temps à autre, mais parce que Mulch avait la bouche remplie de tout ce qu'il avait trouvé dans le réfrigérateur du gyroplane et qu'ils n'avaient aucune idée de ce qu'il venait de dire.

– Comme il vous plaira, reprit Mulch, en constellant le pare-brise de morceaux de ris de veau mâchés. Je fais l'effort de parler en humain et vous prenez mes plaisanteries de haut sans même vous donner la peine de rire.

Le gyroplane filait à deux mètres au-dessus des vagues, ses pulseurs anti-gravité creusant périodiquement des cylindres à la surface de l'océan. Le bruit du moteur, très faible, aurait pu passer pour le sifflement du vent et tout mammifère marin intelligent, capable de voir à travers le bouclier, aurait pu croire que le gyroplane était une baleine à bosse très rapide avec une queue exceptionnellement large et une cabine pour les passagers.

– Nous avons eu une sacrée chance avec ce zinc, commenta Mulch, la bouche heureusement vide. Il se pilote presque tout seul. J'ai simplement connecté votre téléphone au système de commande, ouvert le mi-p et, hop, on est partis.

L'appareil se comportait un peu comme un chien de chasse. Il s'arrêtait tout à coup lorsqu'il perdait la piste, puis se jetait furieusement en avant, le nez frémissant, jusqu'à ce qu'il retrouve la trace de l'isotope. À un certain moment, il avait plongé dans l'océan, s'enfonçant droit sous la mer jusqu'à ce que la pression fasse craquer les plaques de revêtement du fuselage et qu'ils perdent un mètre carré de bouclier.

– Ne craignez rien, Hommes de Boue, les avait rassurés Mulch. Tous les engins du monde des fées sont équipés de moteurs sous-marins. Quand on vit sous terre, il est assez logique de construire des appareils parfaitement étanches.

Juliet n'avait pas cessé de s'inquiéter pour autant. D'après ses souvenirs, lorsque Mulch se voulait rassurant, on pouvait lui faire autant confiance qu'à un cocktail préparé par l'empoisonneuse de Pittsburgh.

Heureusement, l'excursion sous-marine n'avait pas duré trop longtemps et bientôt, ils étaient revenus à l'air libre, filant sur la crête des vagues sans incident, si l'on excepte le moment où Mulch avait oublié sa promesse de ne pas appuyer sur les boutons inconnus et avait failli écraser l'appareil à la surface étincelante de l'océan en actionnant le mini-parachute qui servait de frein de secours.

– Ce bouton me faisait signe, avait prétendu Mulch en guise d'excuse. Je n'ai pas pu résister.

L'arrêt brusque avait fait glisser Butler tout au long du fuselage, jusqu'à la grille qui séparait le cockpit de la cabine. Seuls ses réflexes rapides comme l'éclair lui avaient évité d'avoir la tête coincée entre les barreaux.

Il frotta son crâne qui avait heurté une barre métallique.

– Allez-y doucement, sinon, il y aura des conséquences. Vous avez dit vous-même qu'on n'avait pas besoin de vous pour faire voler cet engin.

Mulch eut un grand rire qui laissa voir les effrayantes profondeurs de son gosier caverneux.

– C'est vrai, Butler, mon cher ami monstrueusement grand. Mais il est certain que vous aurez besoin de moi pour le faire atterrir.

Le rire de Juliet, léger et gracieux, sembla ricocher d'une paroi à l'autre.

– Tu t'y mets également, Juliet ? dit Butler sur un ton de reproche.

– Allons, grand frère. C'était drôle. Toi aussi, tu riras quand Mulch repassera la vidéo.

– Il y a une vidéo ? s'exclama Butler.

Ce qui déclencha un nouvel éclat de rire chez les deux autres.

Tous ces rires ne retardèrent en rien la réunion de Butler avec Artemis Fowl, son principal. Un principal qui n'avait plus confiance en lui et qui lui avait sans doute menti, l'envoyant sur un autre continent et se servant de Juliet pour être sûr qu'il partirait.

« J'ai cru que ma propre petite sœur était en danger. Artemis, comment avez-vous pu ? »

Il lui poserait des questions très directes quand il le retrouverait enfin. Et il valait mieux que les réponses soient convaincantes sinon, pour la première fois dans l'histoire des relations séculaires entre leurs deux familles, un Butler pourrait tout simplement renoncer aux devoirs de sa charge.

« Artemis est malade, songea Butler en essayant de trouver une explication rationnelle. Il n'est pas responsable. »

Artemis n'était peut-être pas responsable. Mais il le deviendrait bientôt.

Le gyroplane des mercenaires s'arrêta soudain au-dessus de la mer, un peu au nord du soixantième parallèle. L'endroit ne semblait pas différent des kilomètres carrés d'eaux grises qui s'étendaient de tous côtés jusqu'au moment où la colonne anti-gravité pénétra la surface sur une profondeur de deux mètres, révélant la présence de la capsule en forme de pointe de flèche.

– J'aime beaucoup cet appareil, dit Mulch d'une voix rauque. Il me fait paraître plus intelligent que je ne le suis.

Autour d'eux, l'eau s'agitait, bouillonnait, tandis que des impulsions invisibles testaient la surface de la mer et tassaient les vagues pour maintenir l'engin en vol stationnaire. Au-dessous, les ondes propagées donneraient l'impression que des battants de cloche frappaient la coque de la capsule.

– *Hello*, lança Mulch. Nous sommes juste au-dessus.

Butler passa la tête et les épaules dans le cockpit. C'était la seule partie de son corps qui pouvait entrer dans cet espace réduit.

– On peut les joindre par radio ?

– Par radio ? s'exclama le nain. On voit que vous ne connaissez pas grand-chose à la vie des fugitifs. La première chose à faire quand on vole un appareil des FAR, c'est de le dépouiller de tout ce qui peut envoyer un signal au centre de police. Chaque câble, chaque fusible, chaque objectif. Tout doit disparaître. J'ai connu des types qui s'étaient fait prendre parce qu'ils avaient laissé la stéréo. C'est un vieux truc de Foaly. Il sait que les voyous aiment bien écouter de la musique à pleine puissance, alors il installe des enceintes d'enfer dans tous les engins des FAR, chacune équipée d'un gel traceur. Il n'y a presque plus aucun accessoire technologique, ici.

– Alors ?

– Alors, quoi ? dit Mulch, comme s'il n'avait aucune idée de ce dont ils parlaient.

– Alors, comment allons-nous communiquer avec l'appareil qui se trouve au-dessous ?

– Vous avez un téléphone, non ?

Butler baissa les yeux.

– Artemis ne prend plus mes appels. Il n'est plus lui-même.

– C'est terrible, commenta Mulch. Vous croyez qu'ils ont à manger ? Dans certaines capsules de secours, il y a des rations de survie. Un peu coriaces mais ça peut passer avec une bonne bouteille de bière.

Butler était en train de se demander si ce détournement de conversation méritait une claque sur l'oreille quand son téléphone sonna.

– C'est Artemis, annonça-t-il.

Il paraissait plus choqué que lorsqu'il s'était retrouvé entouré de zombies catcheurs.

– Butler ? dit la voix d'Artemis à son oreille.

– Oui, Artemis.

– Il faut que nous parlions.

– Vous feriez bien d'être convaincant, répondit Butler avant de couper la communication.

Il ne fallut que quelques instants pour descendre avec un treuil un siège baquet et quelques minutes de plus pour que les occupants de la capsule grimpent dans le gyroplane. Holly fut la dernière à monter. Avant de sortir, elle tira le câble du hublot et ouvrit grand les réservoirs de ballast pour couler l'engin.

Dès qu'elle eut passé le coude par-dessus l'encadrement de la trappe d'accès, Holly commença à donner des ordres :

– Surveillez les canaux des FAR à la radio, aboya-t-elle. Il faut que nous sachions comment évolue l'enquête.

Assis sur le siège du pilote, Mulch eut un sourire.

– Ha, ha, ça pourrait bien poser un problème, voyez-vous, car cet appareil a été volé. Il n'est pas très bien équipé en matière de communications. Au fait, bonjour. Je vais bien, je suis toujours vivant et tout ça. Content de pouvoir vous sauver la vie. De quelle enquête s'agit-il ?

Holly se hissa à l'intérieur du gyroplane, jetant un regard désolé à la capsule qui sombrait en emportant avec elle un équipement de communication en bon état de marche.

– Eh oui, soupira-t-elle, il faut bien se contenter de ce qu'on a.

– Merci beaucoup, répliqua Mulch, vexé. Avez-vous apporté quelque chose à manger ? Je n'ai rien eu depuis... au moins quelques minutes.

– Non, rien à manger, dit Holly.

Elle serra Mulch contre elle. Il y avait peut-être quatre personnes au monde qui auraient accepté de toucher volontairement le nain. Puis elle le poussa hors du siège du pilote et prit sa place.

– Ça suffira pour les amabilités. La prochaine fois, je t'achèterai de quoi faire un barbecue.

– Avec de la vraie viande ?

Holly frissonna.

– Bien sûr que non. Ne sois pas dégoûtant.

Butler se redressa et prit le temps de faire un signe de tête à Holly. Il tourna ensuite toute son attention vers Artemis qui se conduisait comme le bon vieil Artemis, avec l'outrecuidance en moins.

– Alors ? lança Butler, ce simple mot lourd de menace.

« Si ce qu'il a à dire ne me convient pas, ce sera peut-être la fin de la route pour nous. »

Artemis savait que la situation aurait mérité au moins une étreinte et peut-être qu'un jour, après des années de méditation, il se sentirait prêt à embrasser spontanément les gens mais en cet instant, tout ce qu'il put faire fut de poser une main sur l'épaule de Juliet et une autre sur le bras de Butler.

– Je suis vraiment navré de vous avoir menti, mes amis.

Juliet posa sa propre main sur la sienne, car c'était dans sa nature, mais Butler leva les bras comme si on venait l'arrêter.

– Juliet aurait pu mourir, Artemis. Nous avons dû affronter une horde de fans de catch mesmérisés et un commando de nains mercenaires. Nous avons tous deux couru de graves dangers.

Le moment d'émotion passé, Artemis recula.

– Un danger réel ? Dans ce cas, quelqu'un m'a espionné. Quelqu'un qui suivait nos mouvements. Peut-être la même personne qui a envoyé la sonde tuer Vinyaya et pris l'Atlantide pour cible.

Dans les minutes qui suivirent, pendant que Holly procédait à la check-list et établissait un plan de navigation pour rejoindre l'endroit où la sonde s'était écrasée, Artemis mit Butler et Juliet au courant de ce qui s'était passé, laissant pour la fin le diagnostic de sa maladie.

– Je suis atteint d'une affection que les fées appellent le complexe d'Atlantis. C'est un mal comparable au trouble obsessionnel compulsif mais qui se manifeste également par des phases délirantes et même des troubles de la personnalité multiple.

Butler hocha lentement la tête.

– Je vois. Donc, quand vous m'avez envoyé au Mexique, vous étiez sous l'empire de ce complexe d'Atlantis.

– Exactement. J'en étais au premier stade qui entraîne une forte dose de paranoïa. Vous n'avez pas assisté au deuxième stade.

– Heureusement pour vous, lança Holly, depuis le cockpit. Cet Orion commençait à devenir un peu trop familier.

– Mon inconscient a construit un alter ego qui avait la personnalité d'Orion. Artemis, vous vous en souvenez sûrement, était la déesse de la Chasse et la légende dit qu'Orion était son ennemi mortel et qu'elle a envoyé un scorpion pour le tuer. Dans mon esprit, Orion était libéré de la culpabilité qu'avaient fait naître en moi mes divers agissements, notamment la mesmérisation de mes parents, l'enlèvement de Holly et, par-dessus tout, le fait d'avoir vu ma mère possédée par Opale. Peut-être que si je ne m'étais pas mêlé de magie, j'aurais eu un léger désordre de la personnalité, peut-être même le syndrome de l'enfant génial, mais avec mes circuits neuraux imprégnés de magie volée, je sais maintenant que j'étais condamné à succomber au complexe d'Atlantis.

Artemis baissa les yeux.

– Ce que j'ai fait était honteux. J'ai été faible et le regret que j'en éprouve me suivra jusqu'à la fin de ma vie.

Le visage de Butler s'adoucit.

– Vous allez mieux, maintenant ? La décharge électrique vous a guéri ?

Foaly était un peu fatigué d'entendre Artemis monopoliser la parole. Il s'éclaircit la gorge et décida de fournir quelques informations.

– D’après l’almanach installé dans mon téléphone, le traitement par électrochocs est archaïque et ses effets sont rarement permanents. Le complexe d’Atlantis peut être soigné mais il faut pour cela une longue thérapie et un usage précautionneux de médicaments psychotropes. Bientôt, les compulsions d’Artemis reviendront et il ressentira un besoin irrésistible d’accomplir sa mission, de tout compter systématiquement et d’éviter le chiffre quatre qui, je crois, ressemble au mot chinois signifiant la mort.

– Alors, Artemis n’est pas guéri ?

Artemis fut soudain content qu’il y ait cinq autres personnes dans le gyroplane. Un bon présage.

– Non, je ne suis pas encore guéri.

« Un présage ? Ça recommence. »

Artemis se tordit les mains, un geste qui exprimait sa détermination.

« Je ne vais pas me laisser vaincre si vite. »

Pour le prouver, il prononça délibérément une phrase de quatre mots.

– Tout ira très bien.

– Oooh, dit Mulch, qui avait toujours du mal à mesurer la gravité d’une situation. Quatre. Ça fait peur.

La première chose à faire était de descendre à l’endroit où la sonde s’était écrasée car il semblait évident à tout le monde, sauf à Mulch, que si l’engin avait traversé l’atmosphère en suivant une trajectoire aussi précise, ce n’était sûrement pas par hasard qu’il avait fini sa course sur une navette de la prison. Piloté par Holly, l'appareil volé s'enfonça rapidement dans les profondeurs de l'Atlantique, laissant dans son sillage des traînées de bulles entrelacées.

– Un plan est en train de se dérouler, songea Artemis à haute voix en serrant étroitement les doigts de sa main gauche pour les empêcher de trembler. Vinyaya est éliminée pour affaiblir les FAR, puis la sonde ne cherche plus à masquer sa position et quelqu'un prévient par téléphone les autorités de l'Atlantide juste à temps pour pouvoir procéder à une évacuation. Enfin, la sonde atterrit sur la navette. Un manque de chance pour les occupants ?

– Est-ce encore une de ces questions rhétoriques ? demanda Mulch. Je ne comprends jamais rien à ces choses-là. Et pendant qu'on aborde le sujet, pourrait-on m'expliquer la différence entre une métaphore et une image ?

Holly claqua des doigts.

– Quelqu'un voulait tuer tous les passagers de la navette.

– Quelqu'un voulait nous faire croire que tout le monde était mort dans la navette, rectifia Artemis. Quelle meilleure façon de simuler sa propre mort ? Il faudra des mois avant que les FAR puissent rassembler toutes les pièces, si elles y arrivent. Voilà qui donne une belle avance à un évadé.

Holly se tourna vers Foaly.

– J'ai besoin de savoir qui était à bord de cette navette. Vous connaissez quelqu'un de l'intérieur qui puisse nous renseigner au centre de police ?

Butler se montra surpris.

– Quelqu'un de l'intérieur ? Je croyais que vous étiez tous de l'intérieur.

– Pour l'instant, nous sommes un peu à l'extérieur, avoua Holly. Je suis censée avoir placé Artemis en garde à vue.

Juliet frappa ses mains l'une contre l'autre.

– Est-ce qu'il vous est déjà arrivé d'obéir à un ordre ?

– En fait, c'était plutôt un non-ordre et, de toute façon, je n'obéis aux ordres que quand ils sont justifiés. Dans le cas présent, il serait ridicule d'attendre une heure dans une capsule en perdition pendant que notre ennemi, quel qu'il soit, passe à la phase deux de son plan.

– Je suis d'accord, dit Artemis sans élever la voix.

– Comment pouvons-nous être sûrs qu'il y ait une phase deux ? interrogea Butler.

Artemis eut un sourire sombre.

– Il y a forcément une phase deux. Notre adversaire est habile, et même diabolique. Il n'aura jamais une meilleure occasion de pousser son avantage jusqu'au bout. C'est ce que j'aurais fait il y a quelques années.

Il perdit momentanément son calme habituel et lança au centaure d'un ton sec :

– Il me faut cette liste, Foaly. Qui se trouvait dans cette navette de la prison ?

– OK, OK, Bonhomme de Boue. J'y travaille. Mais je dois prendre la voie la plus longue pour que mes questions n'atterrissent pas sur le bureau de Baroud. C'est quelque chose de très technique, de très compliqué.

Ce que le centaure n'avouerait jamais, c'était qu'en fait, il demandait à Mayne, son neveu surdoué, de pirater le site de la police et de lui envoyer la fameuse liste en échange d'une énorme crème glacée quand il rentrerait à la maison.

– Ah voilà, je la reçois de ma... heu... source.

– Allez-y, Foaly, dites-moi.

À l'aide de son téléphone, Foaly projeta un écran sur la cloison. À côté de chaque nom, un lien permettait d'accéder aux données qui révélaient tout sur le prisonnier, jusqu'à la couleur de son caleçon, si c'était vraiment cela qu'on voulait savoir. D'ailleurs, les psychologues du monde des fées étaient de plus en plus convaincus que la couleur des sous-vêtements jouait un rôle essentiel dans le développement de l'individu.

Mulch repéra un nom qui n'était pas celui d'un délinquant.

– Hé, regardez, c'est ce bon vieux Thibyson qui pilotait la navette. Ils ont dû lui rendre sa licence.

– Tu le connais, Mulch? demanda Holly d'un ton abrupt.

Pour un voyou aussi endurci, Mulch était un être sensible.

– Pourquoi tant de mauvaise humeur? J'essaye de vous aider. Bien sûr que je le connais. Ce serait vraiment bizarre de ma part de dire : «Hé, regardez, ce bon vieux Thibyson, ils lui ont rendu sa licence» si je ne le connaissais pas.

Holly respira profondément, se souvenant que les relations avec Mulch demandaient un certain savoir-faire.

– Tu as raison, bien sûr. Alors, d'où connais-tu ce bon vieux Thibyson ?

– Oh, c'est une histoire amusante, répondit Mulch en faisant claquer ses lèvres.

Il aurait bien aimé avoir une cuisse de poulet pour l'accompagner dans son récit.

– Je lui ai échappé il y a quelques années, quand vous étiez embarqués dans le complot qui a tué Julius. Il ne s'en est jamais remis. Il me hait toujours autant, il hait aussi les FAR parce qu'elles lui ont retiré sa licence. De temps en temps, il m'envoie des messages d'insulte. Je lui renvoie des petites vidéos qui me montrent en train de rire. Ça le rend fou.

– Quelqu'un qui a un compte à régler, dit Artemis. Intéressant. Le parfait agent double. Mais qui le manipule ?

Holly se tourna vers l'écran pour examiner la liste.

– Ce lutin volant, Unix. C'est moi qui l'ai arrêté. Il fait partie de la bande de Turnball Root. Un tueur de sang-froid.

Holly devint pâle.

– Bobb Ragby est là aussi. Et Turnball lui-même. Tous ces gens travaillaient pour lui. Au nom des dieux, comment s'y est-il pris pour faire monter son gang au complet dans la même navette ? Cela aurait dû déclencher une douzaine de signaux d'alerte dans l'ordinateur.

– À moins que… dit Artemis en faisant défiler la liste sur l'écran tactile de Foaly.

Il ouvrit les données concernant Bobb Ragby. Sa photo et son dossier apparurent dans une fenêtre séparée et Artemis la parcourut rapidement.

– Regardez, il n'y a aucune mention de Turnball Root. Selon sa fiche, Ragby a été arrêté pour détournement de courrier et n'a ni affiliations, ni complices.

Il ouvrit un deuxième lien et le lut à haute voix :

– Dossier mis à jour par… M. Thibyson.

Holly était abasourdie.

– C'est Turnball Root qui a monté tout ça.

Elle avait procédé elle-même à l'arrestation du frère de Julius au cours d'un exercice d'initiation aux missions de reconnaissance. C'était une histoire qu'elle avait souvent racontée à Foaly.

– Il semble que Turnball soit notre adversaire, ce qui n'a rien d'une bonne nouvelle. Mais même en prenant en compte son intellect et son emprise sur ce Thibyson, nous ne savons toujours pas comment il a pu détourner une sonde spatiale.

– Ce n'est tout simplement pas possible, déclara Foaly en ajoutant un grognement chevalin pour donner plus de poids à une affirmation à laquelle il ne croyait pas lui-même.

– Possible ou pas, il faudra que nous en reparlions plus tard, dit Holly qui redressa l'appareil presque à l'horizontale. Nous sommes à l'endroit du crash.

Tout le monde était soulagé que l'engin volé ait réussi à descendre jusque-là en un seul morceau. Les mercenaires avaient dû enlever tout ce dont ils n'avaient pas besoin afin de réduire le poids au minimum et ils avaient très probablement abusé du pied-de-biche au cours de l'opération. Un rivet mal fixé ou une soudure fendue aurait suffi à faire perdre un peu de pression et l'appareil aurait été écrasé comme une canette de soda dans la main d'un géant doué d'une force exceptionnelle et animé d'une franche hostilité à l'égard des canettes de soda.

Mais le vaisseau était resté entier, en dépit d'un gauchissement soudain et inquiétant du fuselage.

– Quelle importance ? dit Mulch qui, comme d'habitude, ne voyait pas l'ensemble de la situation. Cet appareil ne nous appartient même pas. Que peuvent faire ces mercenaires ? Nous poursuivre en justice ?

L'humour de Mulch, cependant, s'était teinté de nostalgie au moment où il prononçait ces paroles.

« Je ne pourrai plus jamais revenir au *Perroquet ivre*, se dit-il. Et pourtant on y sert un curry délicieux. Avec de la vraie viande. »

Tout autour d'eux, les vaisseaux de secours de l'Atlantide s'affairaient autour des navettes en difficulté, s'efforçant de construire un dôme à pression pour que les équipes puissent administrer des soins magiques aux blessés. Au fond de l'océan, des travailleurs de la mer revêtus de scaphandres dégageaient les débris et aplanissaient les rochers à grands coups de marteau pour y déployer le socle de mousse sur lequel le dôme serait bâti. Pour l'instant, personne ne s'intéressait beaucoup à l'endroit où s'était produit le crash. Les vivants avaient la priorité.

– Je devrais appeler le centre de police pour parler de cette théorie sur Turnball Root, dit Holly. Le commandant Kelp agira en conséquence.

– Nous devons agir les premiers, assura Artemis. Les vaisseaux de Haven n'arriveront pas ici avant une heure au moins. À ce moment-là, il sera trop tard. Il faut d'abord avoir des preuves pour que Baroud puisse saisir le Conseil.

Les doigts de Holly restèrent suspendus au-dessus du téléphone de Foaly. Ce n'était pas le moment d'entrer dans une discussion stratégique avec le commandant. Elle connaissait bien l'état d'esprit de Baroud. Il ne fallait d'ailleurs pas longtemps pour le connaître. Si elle l'appelait maintenant, la stratégie qu'il suggérerait consisterait à attendre son arrivée, peut-être même à établir une sorte de camp.

Aussi, au lieu de le contacter par vidéo, elle lui envoya un bref message qui l'informait de la présence de Turnball Root sur la liste des passagers, puis elle éteignit le téléphone.

– Il va sûrement me rappeler, expliqua-t-elle. Je rallumerai le téléphone quand nous aurons quelque chose à lui dire.

Foaly lui lança un regard noir.

– Les résultats des matches de croqueballe vont me manquer, dit-il. Je sais que ça paraît dérisoire, mais je paye un abonnement.

Artemis se concentrait sur un problème précis pour détourner son esprit du mur composé de quatre scintillants, qui l'avait suivi hors de son cerveau et semblait l'entourer de toutes parts.

« Fais comme s'il n'était pas là, pensa-t-il. Concentre-toi sur le numéro à la Houdini de Turnball Root. »

– Comment Turnball a-t-il pu sortir vivant de la navette ? se demanda-t-il à haute voix. Foaly, pouvons-nous avoir accès aux caméras de surveillance ?

– Pas dans cet engin. Avant, c'était un magnifique véhicule d'urgence. J'ai contribué à la conception du modèle. Croyez-moi, c'était de la haute performance – il fut un temps où on pouvait assurer le nettoyage complet d'une zone de catastrophe à partir de ce petit bijou. Maintenant, il y a tout juste assez de technologie à bord pour éviter de s'écraser contre un mur.

– Nous n'avons donc aucun moyen de savoir si un vaisseau a eu rendez-vous avec la navette de la prison ?

– Pas d'ici, répondit Foaly.

– Il faut que je sache comment Turnball a réussi à s'enfuir, s'exclama Artemis, perdant à nouveau son calme. Sinon, comment suis-je censé le retrouver ? Il n'y a donc personne d'autre que moi pour comprendre cela ? Suis-je seul dans l'univers ?

Butler changea de position et s'assit, penché sur Artemis, l'enveloppant presque de sa masse.

– Vous êtes celui qui voit, Artemis. C'est votre don. Et nous, nous sommes ceux qui finissent par arriver au but.

– Parlez pour vous, dit Mulch. Habituellement, je n'y arrive jamais. Et quand j'y arrive, je n'aime pas ça, surtout si Artemis est dans le coup.

Une goutte de sueur se glissa entre les yeux d'Artemis, dans le pli que formaient ses sourcils froncés.

– Je sais, mon vieil ami. Mais il faut que je travaille, c'est la seule chose qui puisse me sauver.

Il réfléchit intensément pendant un bon moment.

– Peut-on détecter la trace ionique d'un autre appareil ?

– Bien sûr, répondit Foaly. Même cette baignoire désossée ne peut pas fonctionner sans capteur universel.

Il ouvrit une application sur l'écran et un filtre bleu foncé descendit devant leurs yeux. Les traînées ioniques des vaisseaux de secours apparurent sous la forme de rayons spectraux qui suivaient leurs moteurs comme des vers luisants. L'un de ces rayons menait au point d'impact, en provenance de l'Atlantide. Une autre colonne lumineuse, beaucoup plus intense, avait traversé les profondeurs, venant de la surface.

– Voici la navette de la prison et voici la sonde. Rien d'autre. Comment a-t-il fait ?

– Peut-être qu'il n'a rien fait du tout ? suggéra Juliet. Peut-être que son plan a mal tourné. Il y a un bon nombre de génies qui ont tout raté, ces derniers temps, si vous voyez ce que je veux dire, Artemis.

Artemis eut un demi-sourire.

– Je vois très bien, Juliet. Surtout que vous le dites avec clarté et franchise, sans essayer de ménager ma susceptibilité.

– Pour vous dire la vérité, Artemis, reprit Juliet, nous avons failli nous faire mettre en pièces par une foule de fans mesmérisés, je trouve par conséquent que vous aussi, vous méritez bien d'être un peu malmené. Et puis, moi, je ne suis pas à votre service, vous ne pouvez donc pas m'ordonner de me taire. Vous auriez toujours la possibilité de suspendre le salaire de Butler, j'imagine, mais ça ne me dérangerait pas.

Artemis adressa un signe de tête à Holly.

– Je ne pense pas que vous puissiez avoir un lien de parenté, toutes les deux ?

Puis il se leva d'un bond, se cognant presque contre le plafond de l'appareil.

– Foaly, je dois descendre là-bas.

Holly tapota l'indicateur de profondeur.

– Pas de problème. Je peux passer derrière cette crête qui nous cachera aux autres vaisseaux. Même s'ils nous voient, ils penseront que nous avons été envoyés par Haven. Dans le pire des cas, ils nous donneront l'ordre de nous éloigner des lieux du crime.

– Je voulais dire que je dois sortir, précisa Artemis. Il y a une combinaison pressurisée dans ce placard. Il me faut aussi le téléphone de Foaly. Je chercherai des indices selon la méthode ancienne.

– La méthode ancienne ? répéta Mulch. Avec une combinaison pressurisée ultra-moderne et un téléphone féerique ?

Une salve de protestations s'ensuivit.

– Vous ne pouvez pas y aller, c'est trop dangereux.

– Je vais y aller à votre place.

– Pourquoi faut-il que ce soit mon téléphone ?

Artemis attendit que la clameur soit retombée puis il traita les protestations à sa manière habituelle, brève et condescendante.

– Je dois y aller moi-même parce que la prochaine étape du plan de Turnball augmentera certainement le nombre des victimes, or, la vie du plus grand nombre est plus importante que la vie de quelques-uns.

– J'ai vu ça dans *Star Trek*, dit Mulch.

– Il faut que ce soit moi qui y aille, poursuivit Artemis, parce qu'il n'y a qu'une seule combinaison et qu'elle semble à peu près à ma taille. Si je ne me trompe, et il est très inhabituel que je me trompe, il est vital qu'une tenue pressurisée soit bien ajustée, sauf si vous souhaitez que vos globes oculaires sautent de leurs orbites.

Si quelqu'un d'autre avait dit cela, on aurait pu penser que c'était une plaisanterie pour détendre l'atmosphère mais, dans la bouche d'Artemis Fowl, il s'agissait simplement d'une constatation.

– Et enfin, Foaly, il est nécessaire que ce soit votre téléphone parce que, connaissant vos critères de fabrication, il doit pouvoir subir sans dommage une pression importante. Ai-je raison ?

– Oui, répondit Foaly, qui accepta le compliment en hochant sa longue tête. Vous avez également raison en ce qui concerne la combinaison. Ces choses-là ne se ferment pas bien si elles ne sont pas exactement à votre taille.

Butler n'était pas très content mais finalement, il n'était qu'un employé, même si Artemis se refusa à jouer cette carte.

– Je dois y aller, Butler, dit-il d'un ton ferme. Ma conscience me dévore. Je crois que le grand problème, c'est la culpabilité. Je dois tout faire pour me racheter.

– Et aussi ? répondit Butler qui n'était pas convaincu.

Artemis tendit les bras pour que Foaly puisse lui passer les manches de la combinaison.

– Et aussi, je ne veux pas me laisser dominer par cet âne.
– Âne ? s'exclama Foaly, blessé. Mon oncle préféré est un âne.

La combinaison pressurisée comportait en fait deux parties distinctes. L'intérieur se composait d'une membrane en une seule pièce qui assurait les fonctions vitales et l'extérieur était constitué d'une armure à la surface volatile qui absorbait la pression de l'eau et utilisait son énergie pour alimenter les servomécanismes. Très ingénieux, comme on pouvait s'y attendre d'un produit fabriqué par les laboratoires Koboï.
– Koboï, marmonna Artemis, effaré en voyant le logo.
Même quelqu'un qui n'aurait pas été obsédé par les mauvais présages se serait quelque peu inquiété en voyant la signature de son ennemi juré gravée sur la combinaison censée lui sauver la vie.
– J'éprouve une mauvaise impression.
– Ne vous occupez pas de l'impression, occupez-vous de la pression, dit Foaly, en lui glissant sur la tête le casque constitué d'une sphère transparente.
– Il me semble que vous venez de faire une horrible plaisanterie, dit Mulch qui était en train de mâchonner on ne savait quoi. Mais il me faudrait du gaz hilarant pour pouvoir l'apprécier.
Les commentaires de Mulch étaient devenus comme un bruit de fond dont la constance avait quelque chose d'apaisant.

Foaly fixa son téléphone à un capteur universel, à l'avant du casque.

– Il faudrait qu'une baleine vous donne un coup de queue pour l'arracher. Il fonctionne à toutes les profondeurs, résiste aux pressions que vous aurez à subir, et peut même capter les vibrations de votre voix pour les transformer en ondes sonores. Mais essayez de bien articuler.

– Restez tout près de la face rocheuse, dit Butler en prenant le casque entre ses mains pour être sûr qu'Artemis l'écoutait. Et au premier signe de danger, c'est *moi* qui vous fais revenir, *pas vous*. Vous m'avez compris, Artemis ?

Artemis approuva d'un signe de tête. La combinaison était connectée à une plaque du fuselage par un rayon électromagnétique qui la ramènerait immédiatement à sa base en cas d'urgence.

– Contentez-vous d'inspecter rapidement le site avec le téléphone de Foaly et rentrez tout de suite. Je vous donne dix minutes, pas plus, ensuite, la seule piste à suivre, c'est celle qui vous ramènera ici. Compris ?

Artemis fit un nouveau signe de tête mais il semblait plus occupé à chasser quelque chose de son esprit qu'à écouter Butler.

Celui-ci claqua des doigts.

– Concentrez-vous, Artemis ! Plus tard, vous aurez du temps à consacrer à votre complexe d'Atlantis. De l'autre côté de cette porte se trouve la fosse océanique de l'Atlantide avec dix kilomètres d'eau de mer au-dessus de vous. Si vous voulez rester vivant, restez alerte.

Il se tourna vers Holly.

– Tout cela est ridicule, j'annule l'opération.

Holly hocha la tête en signe de dénégation, les lèvres serrées en une ligne droite.

– Les règles de la marine, Butler. Vous êtes sur mon bateau, vous suivez mes ordres.

– Si je me souviens bien, c'est moi qui ai fourni le bateau.

– En effet, merci d'avoir amené mon bateau.

Artemis profita de cet échange pour se rapprocher du sas arrière, un espace étroit où Butler ne pouvait pas le suivre.

– Dix minutes, mon vieil ami, dit-il d'une voix que le haut-parleur du casque rendait métallique, comme celle d'un robot. Ensuite, vous pourrez me ramener à bord.

Butler pensa soudain à la réaction d'Angeline Fowl quand elle entendrait parler de cette dernière escapade.

– Attendez, Artemis, il doit y avoir un autre moyen…

Mais son objection se heurta à une paroi de plexiglas lorsque le panneau d'isolation du sas s'abaissa dans un bruit de billes d'acier roulant au fond d'une boîte de conserve.

– Je n'aime pas ce bruit de billes, dit Mulch. Ça ne donne pas une impression d'étanchéité.

Personne ne discuta. Ils comprenaient ce qu'il voulait dire.

De l'autre côté du panneau d'isolation, Artemis éprouvait ses propres appréhensions. Il venait de remarquer le nom que les mercenaires avaient donné à l'appareil. Il était peint à l'intérieur de la trappe qui ouvrait sur l'océan, dans une couleur semblable à celle du sang. Mais ce n'en était sûrement pas car il aurait été effacé depuis longtemps.

« Sans doute une solution à base de caoutchouc », pensa Artemis, mais l'élément que contenait la peinture des mercenaires n'était pas sa préoccupation essentielle. C'était le nom lui-même qui l'inquiétait : *Le Pillard*, écrit en gnomique, bien sûr. Le verbe qui signifiait « piller » se prononçait « quetkatt » et le suffixe qui transformait le verbe en substantif donnait le son « keutt », laissant supposer que l'un était dérivé de l'autre. Toute considération grammaticale mise à part, le mot « pillard » en gnomique se prononçait plus ou moins « quatquatquat ».

« Quatre-quatre-quatre, songea Artemis en pâlissant sous son casque. Mort-mort-mort. »

Au même instant, la trappe d'accès coulissa dans un nouveau bruit de billes d'acier et l'océan aspira Artemis dans ses sombres profondeurs.

« Prends un peu de temps, pensa-t-il, tandis que l'enveloppe extérieure de sa combinaison se mettait à vibrer et activait les petites sphères lumineuses situées sur ses tempes, au bout de ses doigts et aux genoux. Ne compte pas, n'essaye pas d'organiser, fais simplement ce que Butler t'a conseillé et concentre-toi. »

Il n'avait pas l'impression d'être sous l'eau. Son corps ne rencontrait pas la résistance à laquelle il se serait attendu, ses fonctions motrices n'étaient pas ralenties et il pouvait bouger avec la même fluidité qu'à l'ordinaire, bien que, à en croire Butler, ses mouvements n'aient jamais été très fluides.

Tout cela aurait été parfait si le calmar géant dont il venait d'envahir le territoire n'avait enveloppé dans ses épais tentacules ce visiteur luisant pour l'emmener dans son repaire.

« Ah, le mythique calmar géant. Appartenant au genre *Architeuthis*, pensa Artemis, étrangement calme à présent qu'il était confronté à une catastrophe digne de toutes les inquiétudes qu'il avait nourries précédemment. Plus mythique du tout, désormais. »

Chapitre 9

UN AMOUR INTERDIT

Turnball Root avait rencontré Leonor Carsby sur l'île lointaine de Lehua, à Hawaï, en été 1938. Leonor se trouvait là parce qu'elle s'était écrasée aux commandes de son Lockheed Electra sur une pente du volcan qui forme l'île et était tombée en chute libre dans le canal naturel aux contours étranges qu'on appelle le Trou de serrure et qui traverse les rochers. Turnball se trouvait là parce qu'il possédait sur cette île par ailleurs inhabitée une résidence d'hiver dans laquelle il aimait venir boire du vin en écoutant des disques de jazz pendant qu'il préparait son prochain cambriolage.

Ils n'étaient guère faits l'un pour l'autre, mais leur première rencontre avait eu lieu dans ce genre de circonstances extrêmes qui amènent parfois les cœurs à battre plus vite et à croire qu'ils sont amoureux.

Leonor Carsby était une humaine, riche héritière de Manhattan, mais aussi membre fondateur des Quatre-vingt-dix-neuf, une organisation d'aviatrices dont

la première présidente avait été Amelia Earhart. Lorsque Earhart disparut dans le Pacifique, Leonor Carsby fit vœu d'accomplir le vol qu'Amelia, son amie, son héroïne, avait entrepris sans arriver au bout.

En avril 1938, elle décolla de Californie avec un navigateur et d'énormes réservoirs supplémentaires. Six semaines plus tard, Leonor Carsby finissait dans le Trou de serrure en ayant perdu à la fois le navigateur et les réservoirs dans un choc violent contre le cruel volcan en forme de croissant. Ce fut un miracle qu'elle-même survive, protégée, aussi improbable que cela puisse paraître, par le cockpit du Lockheed.

Au cours de sa patrouille de jour, Unix avait trouvé l'héritière allongée les bras en croix sur un rocher plat, au bord de l'eau. Elle n'était pas en très bonne forme : déshydratée, une vilaine fracture à la jambe, elle délirait et semblait à l'article de la mort.

Le lutin téléphona pour informer de sa découverte, s'attendant à ce qu'on lui donne l'ordre de l'exécuter, mais quelque chose dans le visage de l'humaine qu'il voyait sur son écran intéressa Turnball. Il donna l'ordre à Unix de ne rien faire et d'attendre son arrivée.

Turnball prit la peine de se raser, d'attacher ses cheveux en catogan et de mettre une chemise propre à jabot avant de monter dans l'ascenseur qui menait de la caverne souterraine à la surface. Là, il trouva Unix accroupi devant la plus magnifique créature qu'il eût jamais vue. Même allongée de travers, dans une position qui n'avait rien de naturel, couverte de sang et d'ecchymoses, elle avait aux yeux de Turnball une beauté exquise.

Tandis qu'il se tenait debout devant Leonor, le soleil projetant de longues ombres sur son visage, l'aviatrice ouvrit les yeux, le regarda et prononça deux mots :

– Mon Dieu.

Puis elle retomba dans son délire.

Turnball était intrigué. Il sentit son cœur, glacé depuis des décennies, commencer à fondre. Qui était donc cette femme tombée du ciel ?

– Amène-la à l'intérieur, dit-il à Unix. Utilise toute la magie dont nous disposons pour la guérir.

Unix obéit sans discussion, comme à son habitude. Nombre de lieutenants auraient mis en question l'opportunité d'employer leur magie déclinante au bénéfice d'une humaine. Il y avait un nouveau dans la bande qui avait encore en lui la moitié de ses réserves. Lorsqu'il ne lui resterait plus rien, qui sait combien de temps passerait avant qu'ils retrouvent un peu de pouvoir ?

Mais ni Unix ni personne d'autre ne formula la moindre plainte, car ils savaient que Turnball supportait mal les récriminations et que les récriminateurs avaient tendance à se retrouver abandonnés dans un endroit très inconfortable, à attendre qu'il leur arrive quelque chose d'extrêmement douloureux.

Leonor Carsby fut donc emmenée dans la caverne souterraine où l'on prit soin d'elle jusqu'à ce qu'elle recouvre la santé. Turnball ne participa guère aux premières étapes de la guérison, préférant se montrer lorsque Leonor fut sur le point de se réveiller. Il pouvait ainsi prétendre avoir été présent pendant tout ce temps. Au début, Leonor ne fit que dormir, son corps se remettant peu à peu, mais au bout de quelques semaines, elle commença à parler. Au début, elle était hésitante, puis ses questions se bousculèrent si vite que Turnball eut du mal à suivre.

– Qui êtes-vous ?

– Qu'est-ce que vous êtes, exactement ?

– Comment m'avez-vous trouvée ?

– Est-ce que Pierre, mon navigateur, est vivant ?

– Quand pourrai-je recommencer à voler ?

Généralement, Turnball traitait les questions à peu près de la même manière qu'il traitait les récriminateurs mais, venant de Leonor Carsby, toute question suscitait chez lui un sourire indulgent et une réponse détaillée.

« Comment est-ce possible ? se demandait-il. Pourquoi est-ce que je tolère cette humaine au lieu de la jeter simplement aux requins, comme il serait normal de le faire ? Je lui consacre du temps et de la magie dans des proportions extravagantes. »

Turnball commençait à penser au visage de Leonor même quand il ne la voyait pas. Les carillons d'eau lui rappelaient son rire. Par moments, il était sûr de l'entendre l'appeler, alors qu'il se trouvait à l'autre bout de l'île.

« Grandis un peu, espèce d'idiot, se disait-il. Tu n'as pas un cœur romantique. »

Mais le cœur ne peut pas mentir et Turnball Root s'aperçut qu'il était amoureux de Leonor Carsby. Pour rester à côté d'elle, il annula deux raids prévus dans des réserves fédérales de lingots d'or et déménagea son bureau dans sa chambre afin de pouvoir travailler pendant qu'elle dormait.

Leonor l'aimait également. Elle savait qu'il n'était pas humain, mais elle l'aimait quand même. Il lui raconta tout de sa vie en omettant les épisodes violents. Turnball se présenta comme un révolutionnaire qui fuyait un gouvernement injuste et elle le crut. Pourquoi aurait-elle douté ? Il était le héros fringant qui l'avait sauvée et Turnball s'assurait qu'aucun de ses complices ne vienne détruire cette illusion.

Lorsque Leonor fut remise, Turnball l'emmena au mont Everest dans sa navette et elle versa des larmes d'émerveillement. Alors qu'ils survolaient la montagne, enveloppés d'une brume froide et blanche, Turnball posa la question qu'il avait en tête depuis deux mois :

– Quand pour la première fois ton regard a croisé le mien, ma chérie, tu as murmuré : « Mon Dieu. » Pourquoi as-tu dit cela ?

Leonor sécha ses larmes.

– J'étais à moitié morte, Turnball. Tu vas rire et penser que je suis bête.

Root lui prit la main.

– Jamais je ne penserai une chose pareille. Jamais.

– Alors, je vais te le dire. J'ai prononcé ces mots, Turnball, parce que je pensais que j'étais morte et que tu étais un ange beau et féroce venu me prendre pour m'emmener au ciel.

Turnball ne rit pas et il ne pensa pas qu'elle était bête. Il sut dès ce moment que cette ravissante petite femme était l'amour de sa vie et qu'il devait la conquérir.

Aussi, lorsque Leonor commença à parler de son retour à New York en disant que Turnball ferait sensation dans la ville, il se piqua le pouce avec une épine, dessina avec son sang une rune d'asservissement et se prépara un souper de mandragore et de vin de riz.

VENISE, ITALIE, MAINTENANT

L'Amorphobot géant emporta Turnball Root jusqu'à sa bien-aimée qui l'attendait dans leur maison de Venise, devant la porte du sous-sol. La maison était haute de trois étages et avait été construite pour Turnball lui-même en 1798 avec les plus beaux marbres italiens mélangés à des polymères du monde des fées qui absorberaient l'enfoncement graduel de la ville sans subir de fissures. Le voyage dura plusieurs heures pendant lesquelles l'Amorphobot assura la survie de Turnball et de ses complices en remontant régulièrement à la surface pour remplir ses cellules d'oxygène et en injectant dans les bras de ses passagers, en guise de nourriture, un goutte-à-goutte composé d'une solution saline. Pendant tout le trajet, Turnball travailla devant l'ordinateur installé dans le ventre de l'Amorphobot pour préparer la prochaine étape de son plan.

Il s'aperçut qu'il se sentait très à l'aise dans cet environnement protégé, le monde filant autour de lui. Il était isolé et pourtant, il contrôlait les choses.

Il était en sécurité.

Du coin de l'œil, à travers le filtre nébuleux du gel,

Turnball voyait que Bobb Ragby et Ching Mayle lui vouaient presque un culte après cette évasion spectaculaire. Un culte. Il aimait bien cette idée.

Lorsqu'ils approchèrent de la côte italienne, Turnball sentit son arrogance tranquille s'effacer devant l'appréhension qui s'insinuait en lui comme un serpent.

« Leonor. Comme tu m'as manqué. »

Depuis que Turnball avait son ordinateur, il n'y avait quasiment pas eu une journée où ils ne s'étaient écrit, mais Leonor refusait toute communication vidéo et Turnball savait pourquoi.

« Pour moi, tu seras toujours belle, ma chérie. »

L'Amorphobot parcourut à une allure lente et régulière le fond du Grand Canal en contournant les monticules d'ordures et les cadavres de princes assassinés, jusqu'à ce qu'il s'arrête devant une porte sous-marine équipée d'un capteur universel, la seule de ce genre à Venise. L'Amorphobot émit un rayon en direction du capteur qui lui répondit par un autre rayon. Dès que les passagers furent reconnus comme amis, la porte s'ouvrit sans que les lances à Neutrino dissimulées dans les piliers ne déclenchent leur tir.

Turnball adressa un clin d'œil à son équipe.

– Nous avons de la chance, pas vrai ? Cette porte n'est pas toujours très amicale.

Il était difficile de parler quand on sentait le gel recouvrir lentement ses dents mais Turnball pensait que sa remarque valait la peine d'être entendue. Leonor l'aurait appréciée.

Les complices de Turnball ne répondirent pas. La

place dont ils disposaient dans la masse de gel était un peu plus réduite que celle de leur capitaine. Ils étaient collés les uns aux autres comme des limaces salées au fond d'un cornet.

L'Amorphobot s'étira pour pouvoir se glisser facilement dans le passage étroit qui menait à l'embarcadère sous-marin de Turnball. Des lumières encastrées luisaient dans l'obscurité, les guidant sous la maison. Ils s'enfoncèrent de plus en plus profondément jusqu'à ce que le robot éjecte doucement Turnball sur une rampe en pente douce. Turnball ajusta sa veste, resserra son catogan et s'avança lentement en direction de la silhouette frêle qui l'attendait dans l'ombre.

– Endors les autres, ordonna-t-il à l'Amorphobot. J'ai besoin de parler avec mon épouse.

Dans un craquement, une charge de plasma traversa le robot, assommant les passagers. Unix eut à peine le temps de rouler les yeux avant de perdre connaissance.

Turnball marchait d'un pas incertain, aussi nerveux qu'un elfe adolescent sur le point de faire son premier voyage dans la lune.

– Leonor ? Ma chérie, je suis revenu auprès de toi. Viens m'embrasser.

Son épouse sortit de l'obscurité et s'avança vers lui en claudiquant, pesamment appuyée sur une canne au pommeau d'ivoire. Elle avait des doigts noueux aux jointures rougies par les rhumatismes. Son corps anguleux paraissait étrange, peu naturel, ses os pointus étirant les lourdes dentelles de sa jupe. Une de ses paupières tombait, l'autre œil était complètement fermé et les rides de son visage, que le temps avait creusées, étaient noircies par la pénombre.

– Turnball. Toujours aussi beau. C'est merveilleux de te voir enfin libre.

La voix de Leonor n'était plus qu'un grincement laborieux, douloureux.

– Maintenant que tu es de retour, dit-elle avec une lenteur infinie, je peux me permettre de mourir.

Le cœur de Turnball bondit dans sa poitrine. Il fut pris de palpitations et il lui sembla qu'un bandeau brûlant lui enserrait le front. Soudain, tout ce qu'il avait fait paraissait vain.

– Tu ne peux pas mourir, dit-il avec fougue, massant son pouce pour réchauffer la rune. Je t'aime, j'ai besoin de toi.

Les paupières de Leonor frémirent.

– Je ne peux pas mourir, répéta-t-elle. Mais pourquoi, Turnball ? Je suis trop vieille pour la vie. Seul mon désir de te revoir m'a permis de rester vivante, mais mon temps est achevé. Je ne regrette rien, sauf que je ne pourrai plus jamais voler. J'aurais voulu, mais je ne l'ai pas fait… Pourquoi ?

« Mon emprise faiblit. L'ancien sortilège est mort. »

– Tu as choisi de vivre avec moi, ma chérie, dit-il, franchissant précipitamment les derniers pas qui les séparaient. Mais à présent que j'ai découvert le secret de la jeunesse éternelle, tu pourras redevenir jeune et, bientôt, tu iras voler où bon te semble.

Lorsque la main fragile de Leonor lui serra les doigts, Turnball ne sentit qu'une infime pression.

– Cela me plairait beaucoup, mon chéri.

– Bien sûr que ça te plairait, répondit Turnball en la menant vers l'ascenseur. Mais maintenant, tu dois te reposer. J'ai beaucoup de choses à organiser avant notre départ.

Leonor se laissa guider, se sentant, comme toujours, incapable de résister au charisme de son mari.

– Je retrouve mon cher Turnball. Qui vient toujours à mon secours. Un de ces jours, c'est moi qui t'aiderai.

– Tu m'aides déjà, dit Turnball avec sincérité. *Chaque* jour.

Une pointe de culpabilité lui traversa le cœur, car il savait que jamais il n'autoriserait Leonor à voler de nouveau. Si elle pouvait voler, elle s'envolerait peut-être loin de lui.

Turnball fut choqué et effrayé de voir combien Leonor était faible. D'une certaine manière, le fait d'épouser un être féerique avait ralenti son processus de vieillissement mais à présent, il semblait qu'elle ne pouvait retarder plus longtemps son déclin. Turnball transforma la peur qu'il éprouvait pour sa femme en une rage qu'il dirigea contre son équipe.

– Nous avons une occasion historique, hurla-t-il devant le petit groupe rassemblé dans la bibliothèque du premier étage. Une occasion de frapper au cœur notre vieil ennemi et de nous assurer des réserves de magie qui ne s'épuiseront jamais. Si l'un de vous, bande de rats de cachot incompétents, échoue à accomplir la tâche que je lui ai soigneusement préparée pendant de longs mois de solitude, il n'y aura pas un seul endroit de la planète où il pourra m'échapper. Je le traquerai et lui arracherai moi-même la peau du crâne. Vous m'avez compris ?

Ils comprenaient très bien. L'Histoire avait montré que les menaces de Turnball étaient généralement de vagues figures de style mais quand il en venait à donner des détails, cela signifiait qu'il était sur le point de les mettre à exécution.

– Bien, bien, dit Turnball avant de reprendre son souffle. Tout est prêt, quartier-maître ?

Le quartier-maître Ark Sool s'avança d'un pas. Sool était un gnome exceptionnellement grand qui avait été, jusqu'à une date récente, un officier des affaires internes des FAR. Après avoir été ramené au rang de simple soldat à la suite d'une enquête portant sur l'éthique de ses propres méthodes, Sool avait touché une indemnité correspondant à ses années d'ancienneté et avait décidé de se servir des connaissances accumulées au cours de décennies d'enquêtes criminelles pour acquérir un peu de cet or qui exerce sur les gnomes une fascination presque hypnotique. Il avait proposé ses services par l'intermédiaire du *Perroquet ivre* et avait bientôt été recruté par Turnball, anonymement tout d'abord, mais à présent, ils se trouvaient face à face.

– Tout est prêt, capitaine, dit-il, le dos raide, la voix claire et précise. La navette que nous avons acquise à la fourrière des FAR a été transformée en ambulance atlante. Je me suis arrangé pour faire des économies substantielles sur le budget prévu et j'ai pris la liberté de vous commander quelques nouveaux uniformes de cérémonie.

– Très bon travail, quartier-maître, dit Turnball. Votre part vient d'augmenter de trois pour cent. L'initiative paie. N'oubliez jamais cela.

Il se frotta les mains.

– Quand pouvons-nous partir ?

– Dès que vous en donnerez l'ordre, capitaine. L'ambulance est sur la jetée, prête à appareiller.

– Le laser ?

– Modifié selon votre demande. Suffisamment petit pour tenir dans votre poche.

– Je m'aperçois que je vous apprécie beaucoup, Sool. Continuez comme ça et vous deviendrez bientôt un partenaire à part entière.

Sool s'inclina légèrement.

– Merci, monsieur.

– Des victimes pendant que vous faisiez vos courses à la fourrière ?

– Pas dans notre camp, monsieur, répondit Sool.

– Et qui se soucie de l'autre camp, pas vrai ?

Turnball aimait bien l'idée de verser le sang. Cela donnait de la valeur à l'ensemble de son projet.

– Nous savons tous désormais que je suis égoïste, c'est ce qui nous a permis de survivre et de prospérer, exception faite de notre récent séjour derrière les barreaux imposé par le bon plaisir du Grand Conseil. Si j'obtiens ce que je veux, nous en profiterons tous. Et ce que je veux, c'est une source de magie suffisamment puissante pour rendre sa jeunesse à mon épouse. Si cette magie peut également réaliser vos rêves, tant mieux. Jusqu'à une date récente, il n'existait pas de source éternelle mais à présent, les démons sont revenus des limbes, en amenant avec eux un puissant sorcier. Un jeune démon qui a pris le nom surprenant de N° 1.

– Un petit parvenu qui se prend pour quelqu'un, dit Sool. Il ne salue même pas et ne porte pas d'uniforme.

– J'enlève un pour cent de votre part pour m'avoir interrompu, dit Turnball avec douceur. Recommencez et je vous enlève un bras.

Sool ouvrit la bouche pour présenter ses excuses mais, réflexion faite, il estima qu'un nouveau petit salut serait suffisant.

– Vous êtes nouveau. Vous apprendrez. Et si vous n'apprenez pas, M. Ragby sera enchanté de faire un bon repas. Il aime beaucoup les cuisses – et les bras aussi.

Ragby confirma avec un grand claquement de dents.

– Je reprends, sans interruption cette fois, pour vous dire qu'il y a désormais un sorcier à Haven. Si nous parvenons à le capturer, il nous fournira un bouclier éternel et me ramènera ma chère Leonor. Des questions ?

Bobb Ragby leva le doigt.

– Oui, monsieur Ragby ?

– Ce N° 1 ne sera-t-il pas très difficile à atteindre ?

– Ah, excellente question. Après tout, tu n'es peut-être pas aussi stupide qu'il y paraît. Et tu as raison. *Généralement*, une personne de cette importance devrait être cachée avec soin, comme le dernier ver gluant un soir où des nains font la fête dans un bain de boue, mais dans l'éventualité d'un désastre en mer, quand le personnel médical est sollicité au-delà de ses capacités, un sorcier aussi puissant serait immédiatement appelé à participer aux secours. Nous allons donc le trouver dans l'aquanaut *Nostremius*, l'hôpital flottant.

Un large sourire s'étala sur le visage de Ragby.

– Et nous avons une fausse ambulance, dit-il.

– En effet, Bobb. Tu comprends vite.

Ching avait une question, lui aussi.

– Une personne comme ça, avec tout son pouvoir, c'est sûr que les FAR vont la rechercher ?

C'était exactement la question que Turnball souhaitait entendre poser. Il était enchanté de la tournure que prenait cette réunion.

– Je vais te répondre par une autre question, afin de faire marcher ton cerveau, car je suis convaincu que tu n'es pas simplement un stupide gobelin. Sais-tu pourquoi j'ai amené la sonde à s'écraser sur la navette de la prison ?

Le visage reptilien de Ching se plissa dans un effort de concentration et il lécha machinalement ses globes oculaires pendant qu'il réfléchissait.

– Je crois que vous avez fait ça pour que les FARceurs pensent que nous sommes morts.

– Exact, monsieur Mayle. J'ai organisé une catastrophe majeure pour que tout le monde croie que nous avons été tués.

Turnball haussa les épaules.

– Je n'ai aucun scrupule à ce sujet. Nous sommes en guerre contre les FARceurs, comme tu les appelles.

Si l'on prend parti dans une guerre, il faut s'attendre à devenir soi-même une cible. Il se peut que j'aie quelques scrupules en ce qui concerne la prochaine catastrophe. Je deviens un peu sentimental quand il est question d'hôpitaux. Je suis né dans l'un d'eux.

Bobb leva à nouveau un doigt, le même que précédemment.

– Heu… Capitaine, c'est une plaisanterie ?

Bobb lui adressa un sourire rayonnant.

– Mais oui, bien sûr, monsieur Ragby, c'en est une.

Bobb Ragby se mit alors à rire.

LA FOSSE DE L'ATLANTIDE, MAINTENANT

Artemis sentit les tentacules du calmar géant se resserrer autour de lui. Des ventouses de la taille d'une soucoupe se plaquaient contre sa combinaison pressurisée, sécrétant une substance visqueuse, essayant d'assurer leur prise. Chacune de ces ventouses était entourée d'un cercle de dents de chitine, tranchantes comme des rasoirs, qui se refermaient cruellement sur le torse et les membres d'Artemis protégés par la combinaison.

« Huit bras, si je me souviens bien, pensa Artemis. C'est-à-dire deux fois quatre. Meurs ! Meurs ! »

Artemis eut presque un petit rire. Même dans l'étreinte mortelle du plus grand calmar qu'un être humain ait jamais vu, il s'obstinait dans son comportement compulsif.

« Bientôt, je vais recommencer à compter mes mots. »

Ses ventouses hérissées de dents ne pouvant atteindre la chair tendre, le calmar éloigna Artemis du manteau qui constituait le centre de son corps.

La nouvelle technique de l'animal consista à frapper sa proie avec l'un de ses deux tentacules – plus longs que ses bras – qu'il abattit comme une masse d'armes. La force du coup ébranla Artemis mais sa combinaison ne se déchira pas.

– Un, deux, trois et quatre, d'un cinq sont suivis ! hurla Artemis sur un ton de défi. Ta combinaison te maintient en vie.

« Poésie des chiffres. On revient à la case départ. »

Le calmar frappa à nouveau à trois reprises puis il enserra Artemis dans ses énormes tentacules et engloutit sa tête tout entière dans son bec. Le bruit était exactement celui qu'Artemis avait toujours imaginé s'il arrivait un jour qu'un calmar géant essaye de broyer le casque de sa combinaison sous-marine.

« Si je me sors de là, je commencerai à penser aux filles, comme un adolescent normal de quinze ans. »

Au bout de quelques minutes terrifiantes, le calmar sembla renoncer et il jeta Artemis dans un nid d'ossements et de débris qu'il avait entassés sur une haute corniche, au flanc d'une falaise sous-marine.

Artemis resta étendu sur le dos et regarda la créature dilater la cavité de son manteau, la remplir de centaines de litres d'eau de mer puis la contracter, se propulsant dans les épaisses ténèbres des profondeurs.

Artemis pensa qu'en la circonstance, l'emploi d'un mot argotique se justifiait.

– Wouaoh, murmura-t-il. De toutes les choses qui ont failli me tuer, c'était la plus effrayante.

Au bout d'un bon moment, le rythme de ses pulsations diminua suffisamment pour que cesse de clignoter le graphique qui mesurait ses battements de cœur et il sentit qu'il pouvait enfin bouger sans avoir envie de vomir.

– J'ai changé de position, dit-il dans son casque, au cas où le téléphone de Foaly fixé au-dessus de son front serait encore en état de fonctionner. Je vais essayer de trouver des points de repère pour que vous puissiez venir à mon secours.

– Changé de position ? répondit la voix de Foaly, faiblement retransmise dans le casque par les vibrations du polymère qui donnaient l'impression qu'elle venait de partout à la fois. C'est le moins qu'on puisse dire. Nous allons essayer de vous rattraper.

– Cherchez des repères bien visibles, dit une autre voix, celle de Butler. Nous pourrons nous en servir pour établir une triangulation avec le téléphone de Foaly et calculer votre position.

C'était un plan optimiste dans le meilleur des cas, mais Artemis sentait qu'il valait mieux avoir quelque chose à faire que d'attendre l'épuisement de ses réserves.

– Combien d'oxygène me reste-t-il ?

Ce fut Foaly, bien sûr, qui répondit à cette question technique :

– La combinaison est équipée de branchies opérationnelles qui tirent l'oxygène de l'océan, elles continueront donc à respirer longtemps après votre mort, si je puis m'exprimer ainsi. Ce qui ne signifie pas que vous allez mourir.

Artemis se retourna et se mit à quatre pattes. Ses difficultés de mouvement étaient dues au choc consécutif à l'attaque du céphalopode et non pas à la combinaison pressurisée. Celle-ci, en effet, fonctionnait parfaitement et devait par la suite remporter une récompense industrielle pour les qualités dont elle avait fait preuve ce jour-là.

« Avance de cinq pas, se dit précipitamment Artemis. Cinq, ni plus ni moins. Quoi que tu fasses, ne t'arrête pas à… moins de cinq. »

D'un pas traînant, Artemis avança de cinq pas. Il suivait la corniche à tâtons, évitant soigneusement que son pied ne glisse dans le vide. Sans doute aurait-il survécu à la chute, mais il n'avait aucune envie de devoir remonter sur la falaise.

– Je me trouve sur un long rebord plat, au bord de la fosse sous-marine, dit-il à voix basse, attentif à ne pas déranger une quelconque créature sensible aux vibrations, un requin, par exemple.

Il s'aperçut que le calmar l'avait abandonné dans une sorte de nid. L'animal ne dormait peut-être pas à cet endroit, mais il semblait s'y nourrir et y rassembler les choses qui l'intéressaient. Il y avait plusieurs squelettes, notamment la gigantesque cage thoracique d'un cachalot qu'Artemis prit d'abord pour l'épave d'un navire. Il y avait également de petits bateaux, d'énormes hélices de cuivre, de gros morceaux de quartz luisants, des rocs phosphorescents, diverses caisses et même un bathyscaphe orange avec, à l'intérieur, des squelettes au large sourire.

Artemis s'éloigna en hâte du sous-marin, bien que son intellect lui assurât que les squelettes ne pouvaient lui faire de mal.

« Désolé, mais je n'ai pas très confiance dans mon intellect, ces temps-ci. »

Il remarqua que dans tout ce fatras, il n'y avait apparemment aucun objet fabriqué par des fées, malgré la proximité de l'Atlantide.

Il se rendit compte alors qu'il s'était trompé. À une dizaine de mètres devant lui, il aperçut un petit ordinateur cubique à la surface lisse, portant des inscriptions manifestement écrites en langage féerique, et qui semblait flotter juste au-dessus de la corniche.

« Non, il ne flotte pas. Il est suspendu dans du gel. »

Avec précaution, Artemis toucha le gel du bout du doigt puis, lorsqu'il vit qu'il n'y avait d'autre réaction qu'une faible étincelle, il y plongea le bras jusqu'à l'épaule et saisit le cube par un coin. Avec l'aide des servomoteurs de sa combinaison, il n'eut aucun mal à le dégager.

« Des débris de la sonde, sans doute », pensa-t-il. Il dit à haute voix :

– J'ai trouvé quelque chose qui pourrait avoir son importance. Vous voyez ça, Foaly ?

Il n'y eut pas de réponse.

« Il faut que je revienne vers l'appareil ou que je descende à l'endroit où la sonde s'est écrasée. Je dois m'éloigner du calmar géant qui veut grignoter ma chair et me sucer la moelle. »

Artemis regretta aussitôt d'avoir pensé à cette expression « sucer la moelle », c'était beaucoup trop réaliste et, à présent, il avait à nouveau envie de vomir.

« Je ne sais même pas dans quelle direction aller, se dit-il. Cette expédition était une mauvaise idée. Quelles pouvaient être mes chances de trouver un indice au fond de l'océan ? »

Une pensée qui ne manquait pas d'ironie car il ne tarderait pas à s'apercevoir qu'il avait entre les mains un indice essentiel.

Artemis tourna la tête d'un côté et de l'autre pour voir si ce qui apparaissait dans le rayon lumineux de son casque pouvait lui donner une idée. Rien, à part un poisson presque transparent qui promenait son corps bouffi aux courtes nageoires en filtrant du plancton à travers ses narines circulaires.

« J'ai besoin que quelque chose se produise », pensa Artemis, un peu désespéré.

L'idée lui était venue qu'il était perdu, seul, sous une masse d'eau écrasante de plus de dix kilomètres de profondeur, sans avoir la moindre idée de ce qu'il allait faire. Artemis avait toujours bien réagi sous la pression mais généralement, il s'agissait de la pression intellectuelle qu'on peut ressentir vers la fin d'une partie d'échecs particulièrement éprouvante, pas le genre de pression qui pouvait broyer ses os et chasser jusqu'à la dernière bulle d'air de ses poumons. La pression, au sens propre, de l'océan.

Finalement, quelque chose se produisit. Le calmar revint, tenant entre ses longs tentacules un objet qui semblait être le nez conique de la sonde spatiale.

« Je me demande ce qu'il veut faire avec ça, songea Artemis. On dirait qu'il manipule un outil. »

Mais dans quel but ? Les calmars géants n'ont pas de noix à casser.

– Si, il y a moi ! s'exclama Artemis. La noix, c'est moi.

Artemis aurait juré que le calmar lui avait adressé un clin d'œil avant de jeter le morceau de sonde de cinq tonnes sur la pièce de viande enveloppée d'une coquille bleue qu'il convoitait.

– La noix, c'est moi ! cria à nouveau Artemis, d'un ton un peu hystérique, il faut bien le dire.

Il recula le long de la corniche, les servomoteurs de la combinaison lui donnant un peu de vitesse supplémentaire. Juste quelques mètres par seconde qui lui permirent d'éviter le projectile dont il sentit l'onde au passage. Le nez de la sonde s'enfonça dans le roc comme un couperet dans un morceau de viande et creusa une tranchée en forme de v qui s'étira entre les pieds d'Artemis.

« C'est bien la peine d'être un génie, songea-t-il avec amertume. Un seul geste et je deviens de la nourriture pour calmar. »

La créature dégagea son arme et la leva à nouveau, remplissant d'eau la cavité de son manteau en vue du prochain effort. Artemis avait littéralement le dos au mur. Il ne pouvait aller nulle part et constituait une cible facile.

– Butler ! appela Artemis, par simple habitude.

Il ne s'attendait pas vraiment à ce que son garde du corps surgisse comme par miracle à son côté et même si cela se produisait, il ne pourrait que mourir avec lui.

Le calmar ferma un de ses yeux énormes, visant soigneusement.

« Ces animaux sont plus intelligents que ne le croient les scientifiques, songea Artemis. J'aurais beaucoup aimé écrire un article à ce sujet. »

Le nez de la sonde retomba violemment, repoussant l'eau autour de lui. Une masse de métal occupa le champ de vision d'Artemis et il pensa que c'était la deuxième fois qu'il se faisait presque écraser par ce morceau d'engin spatial.

« Sauf que cette fois-ci, ce n'est pas "presque". »

Mais ce serait « presque » quand même. Un cercle orange s'alluma sur l'écran d'affichage du casque et il pria pour que ce soit le signe qu'une connexion électromagnétique avait été établie entre sa combinaison et le gyroplane.

C'était le cas. Artemis sentit une légère secousse, puis une autre beaucoup plus brutale l'arracha a la corniche et le souleva droit vers l'appareil des mercenaires qui flottait au-dessus de lui. À la lumière des rayons qu'émettait sa combinaison, il vit une plaque magnétique sur le ventre de l'engin. Au-dessous, le calmar abondonna son marteau improvisé et se ramassa sur lui-même pour se lancer à sa poursuite.

« Je vais sans doute ralentir avant de heurter cette plaque », pensa Artemis avec espoir.

Il ne ralentit pas du tout mais l'impact lui fit beaucoup moins mal qu'un coup porté par un calmar géant armé d'un morceau de sonde spatiale.

Généralement, en pareille circonstance, on faisait tout de suite monter le plongeur à bord mais dans ce cas précis, Holly décida qu'il valait mieux laisser Artemis là où il était et mettre un peu de distance entre eux et le calmar. Par la suite, Artemis approuverait cette initiative même si, sur le moment, il commença par hurler dans son casque.

Artemis tendit le cou pour voir la forme massive du calmar se propulser dans sa direction, ses tentacules ondulant derrière lui comme des cordes à sauter. Des cordes à sauter équipées de ventouses bordées de dents tranchantes comme des rasoirs et suffisamment puissantes pour écraser un véhicule blindé, sans parler de leur capacité à manipuler des outils.

– Holly ! cria-t-il. Si vous m'entendez, allez plus vite !

Apparemment, elle l'entendait.

Holly pilota l'appareil au fond du cratère où avait eu lieu l'impact. Lorsqu'elle fut absolument certaine que le calmar avait disparu du champ de leurs détecteurs, elle fit pivoter la plaque magnétique et Artemis se trouva basculé dans le sas, serrant toujours contre lui l'ordinateur qu'il avait trouvé.

– Regardez, dit Mulch, lorsque le sas eut été vidé. La noix est arrivée.

Il courut en petits cercles autour de la cabine, criant d'une voix aiguë :

– La noix, c'est moi, la noix, c'est moi !

Le nain s'interrompit pour éclater de rire.

– Il me fait vraiment craquer !

Butler se précipita au côté d'Artemis.

– Laissez-le un peu respirer, Diggums. Il vient de se colleter avec un calmar géant.

Mulch n'était pas impressionné.

– Un jour, j'ai mangé une de ces bestioles. Un gros, pas une épinochette comme celui-là.

Butler aida Artemis à enlever son casque.

– Rien de cassé ? Pouvez-vous remuer vos doigts et vos orteils ? Quelle est la capitale du Pakistan ?

Artemis toussa et s'étira le cou.

– Rien de cassé. Tous les doigts et orteils sont mobiles et la capitale du Pakistan est Islamabad, notable pour avoir été bâtie en vue d'en faire précisément la capitale.

– OK, Artemis, dit Butler. Vous allez très bien. Je ne vous demanderai pas de compter jusqu'à cinq.

– J'aime encore mieux compter de cinq en cinq si ça ne vous ennuie pas. Félicitations, Foaly, pour avoir conçu un téléphone aussi solide avec un excellent logiciel de localisation.

Holly sortit les volets d'eau pour ralentir la vitesse de l'appareil.

– Vous avez trouvé quelque chose ?

Artemis lui tendit le cube.

– Un débris de la sonde. Il était recouvert d'une sorte de gel. Une texture intéressante, chargée de cristaux. C'est vous qui avez fabriqué ça, Foaly ?

Le centaure s'approcha dans un bruit de sabots et prit la petite boîte de métal.

– C'est le cœur d'un Amorphobot, dit-il d'un ton affectueux. Ces petits personnages étaient de parfaits explorateurs. Ils pouvaient absorber n'importe quoi, y compris leurs semblables.

– Peut-être ont-ils absorbé ce Turnball et ses complices ? dit Juliet en plaisantant à moitié.

Artemis s'apprêtait à expliquer en termes simples et d'un ton condescendant pourquoi c'était impossible lorsqu'il lui vint à l'esprit que c'était en fait très possible, et même probable.

– Ils n'étaient pas programmés pour jouer le rôle de véhicules de secours, assura Foaly.

Holly se renfrogna.

– Si vous me répétez encore une fois que ces Amorphobots n'étaient pas programmés pour faire quelque chose, je vous rase la croupe pendant votre sommeil.

Artemis se faufila jusqu'au banc d'acier.

– Voulez-vous dire que vous connaissiez depuis le début l'existence de ces Amorphobots ?

– Bien sûr. Ils nous ont attaqués en Islande, vous vous souvenez ?

– Non. J'étais inconscient.

– C'est vrai. On a l'impression que c'était il y a très longtemps.

– J'ai donc subi pour rien l'épreuve du calmar ?

– Oh, non, pas pour rien. Il m'aurait fallu plusieurs minutes pour faire le lien et, même dans ce cas, ce n'aurait été qu'une hypothèse.

Foaly tapa un code sur le clavier de son téléphone, le détachant du casque de la combinaison.

– Alors que maintenant, nous pouvons vérifier le programme.

Foaly connecta son téléphone au cerveau du robot et fut enchanté de voir les données s'afficher. Il procéda à diverses vérifications et parvint facilement à retrouver le programme pirate.

– C'est assez déconcertant. L'Amorphobot a reçu de nouveaux paramètres de mission qui venaient de la sphère de contrôle. C'est charmant, on a donné l'ordre à son gel de nous tuer tous et tout de suite. Voilà pourquoi nous n'avons jamais détecté d'interférences extérieures – il n'y en avait pas. Il s'agit d'un simple petit programme annexe, quelques lignes de code, rien de plus. Très simple à effacer.

Ce qu'il fit en tapotant son clavier.

– Où est cette sphère de contrôle ? demanda Artemis.

– Dans mon laboratoire, à Haven.

– Est-ce que quelqu'un aurait pu la trafiquer ?

Foaly n'eut pas à réfléchir longtemps.

– Impossible et ne voyez pas là une de mes attitudes typiques qui consistent à nier que mon matériel soit responsable. Je contrôle cette chose presque tous les jours. J'ai procédé hier à une vérification du système et je n'ai rien trouvé d'anormal dans l'historique de la sphère. La personne qui a monté le coup a envoyé des instructions à la sonde pendant des semaines sinon des mois.

Artemis ferma les yeux pour chasser les quatre qui étincelaient dans son champ de vision, flottant à l'intérieur de la cabine, sifflant avec méchanceté.

« J'ai survécu à l'attaque d'un calmar géant et maintenant je m'inquiète d'entendre des quatre siffler. Bravo. »

– Je voudrais que tout le monde s'asseye côte à côte sur le banc d'en face, par ordre de taille, du plus petit au plus grand.

– Ça, c'est le complexe d'Atlantis qui parle, Bonhomme de Boue, lança Holly. Il faut le combattre.

Artemis pressa ses mains contre ses yeux.

– S'il vous plaît, Holly. Faites-le pour moi.

Mulch était enchanté de ce jeu.

– Faut-il que nous nous tenions la main en chantant des comptines ? Par exemple : « Cinq c'est l'allégresse, quatre j'ai mal aux fesses. »

– La poésie des chiffres ? dit Artemis d'un air sceptique. C'est ridicule. S'il vous plaît, allez vous asseoir comme je vous l'ai demandé.

Ils s'exécutèrent à contrecœur et en maugréant. Foaly et Mulch se disputèrent pendant un moment pour savoir qui était le plus petit. Il n'y eut aucune discussion, en revanche, sur le plus grand. Butler s'assit à un bout du banc, le dos voûté, le menton presque au niveau des genoux. Juliet vint prendre place à côté de lui, puis Foaly, puis Mulch et enfin Holly qui avait mis l'appareil au point mort.

« Cinq, pensa Artemis. Cinq amis pour me maintenir en vie. »

Il s'assit à son tour, toujours vêtu de sa combinaison pressurisée qui formait comme un exosquelette, et observa ses amis. Il en tirait des forces, laissait les idées se former dans sa tête.

– Foaly, dit-il enfin, il doit y avoir une seconde sphère de commande.

Foaly approuva d'un signe de tête.

– Il y en avait une. Nous prévoyons toujours un matériel de secours. Dans le cas présent, nous avons utilisé le clone car l'original était abîmé. Il n'y avait que des dégâts mineurs, c'est vrai, mais on ne peut prendre aucun risque en matière de voyages spatiaux. La première sphère a été envoyée à l'incinération.

– Où ?

– En Atlantide. Ce sont les laboratoires Koboï qui ont eu le contrat. C'était évidemment avant que nous nous rendions compte à quel point Opale était folle.

– Admettons que Turnball Root ait mis la main sur la deuxième sphère et qu'il l'ait fait réparer par Thibyson, ou quelqu'un d'autre qui travaillait pour lui. Dans ce cas, est-ce que la sonde obéirait aux instructions de cette seconde sphère ?

– Bien sûr. La question ne se pose pas. Elles pourraient être envoyées par n'importe quel ordinateur disposant d'une liaison satellite.

Butler leva un doigt.

– Je peux dire quelque chose ?

– Bien sûr, mon cher ami.

– Foaly. Votre système de sécurité est nul. Quand est-ce que vous vous déciderez enfin à apprendre ? Il y a quelques années, les gobelins ont réussi à construire une navette et aujourd'hui, des détenus dans leur prison prennent le contrôle de votre programme spatial.

Foaly tapa du sabot.

– Doucement, mon vieux, vous n'êtes pas là pour juger. Nous sommes restés cachés pendant des milliers d'années. Ça prouve à quel point notre système de sécurité est efficace.

– Cinq, dix, quinze, vingt ! s'écria Artemis. S'il vous plaît. Nous devons travailler vite.

– On pourra se moquer de vous plus tard ? demanda Mulch. J'ai beaucoup de matière.

– Plus tard, répondit Artemis. Pour l'instant, nous devons découvrir la destination de Turnball et la nature de son objectif final.

Voyant que personne ne discutait, il poursuivit :

– Si nous supposons que Turnball a utilisé cette sphère pour contrôler la sonde et qu'il s'est servi des Amorphobots pour s'évader, pouvons-nous retrouver la trace des Amorphobots ?

Foaly fit un mouvement de tête qui se situait quelque part entre l'approbation et la négation.

– C'est possible. Mais pas pour très longtemps.

Artemis comprit.

– Le gel se dissout dans l'eau de mer.

– Exact. La friction entre l'eau de mer et les robots érode le gel mais, dès qu'il est séparé du cerveau, il commence à se dissoudre. Pas de charge énergétique, pas de cohésion. Je dirais qu'une boule de gel de la taille d'un melon peut durer quelques heures.

– Il s'est déjà écoulé quelques heures. Combien de temps nous reste-t-il ?

– Peut-être est-il déjà trop tard. Si j'avais l'autorisation de quitter mon pupitre d'écolier, je pourrais vous le dire.

– Bien sûr, je vous en prie.

Foaly lança les bras en avant, se levant de sa position inconfortable et trottina vers le cockpit. Il entra rapidement la composition chimique du gel dans l'ordinateur rudimentaire du gyroplane et abaissa un filtre devant chaque hublot.

– Heureusement pour nous, les mercenaires ont laissé les scanners intacts. Que chacun se poste devant un hublot. J'ai lancé un balayage pour repérer une radiation spécifique et les traces du gel devraient apparaître sous la forme d'une couleur verte lumineuse. Criez si vous voyez quelque chose.

Ils se postèrent tous devant les hublots, sauf Holly qui prit place sur le siège du pilote, prête à partir dans la direction où la trace apparaîtrait.

– Je la vois ! s'exclama Mulch. Non, attendez. C'est un calmar furieux qui cherche sa petite noix. Désolé. Je sais que c'était déplacé, mais j'ai faim.

– Là ! s'écria Juliet. Je vois quelque chose à bâbord.

Artemis la rejoignit devant son hublot. Une mince traînée de bulles luisantes serpentait en montant des profondeurs et s'effaçait peu à peu. Dans la partie inférieure, les bulles se divisaient en donnant naissance à des bulles plus petites, tandis qu'à l'autre bout, certaines disparaissaient complètement.

– Vite, Holly, dit précipitamment Artemis. Suivez ces bulles.

Holly mit les gaz.

– Je n'aurais jamais pensé qu'un jour, vous me donneriez un tel ordre, dit-elle.

Holly lança le gyroplane des mercenaires à la poursuite de la traînée de bulles, même si Foaly objecta que, d'un point de vue technique, il s'agissait non pas de bulles mais de globules. Cette information lui valut, de la part de Juliet, une bourrade sur l'épaule.

– Hé, cessez de me donner des coups de poing, protesta le centaure.

– D'un point de vue technique, c'était une tape, pas un coup de poing, rectifia Juliet. Maintenant, ça... c'est un coup de poing.

La traînée s'estompait devant leurs yeux et Holly programmait très vite une projection de trajectoire chaque fois que les globules changeaient de direction, au cas où ils disparaîtraient entièrement.

Artemis était assis dans le siège du copilote, une main cachant un œil, l'autre devant son visage.

– Le pouce est généralement considéré comme étant un doigt, dit-il à Holly. Auquel cas, nous sommes en sécurité, car cela fait cinq doigts en tout. Mais certains experts affirment que le pouce est complètement différent et que c'est une des choses qui nous distinguent des animaux. Si c'est vrai, nous n'avons alors que quatre doigts à chaque main. Ce qui est très mauvais.

« Ça devient de pire en pire », pensa Holly avec anxiété.

Butler était désemparé. Si quelqu'un menaçait Artemis, l'action à mener était généralement assez évidente : assommer le méchant et lui confisquer son arme. Mais à présent, le méchant, c'était l'esprit même d'Artemis et il le dressait contre tout le monde, y compris Butler.

« Comment puis-je me fier à un ordre qu'il me donne ? se demanda le garde du corps. Ce pourrait être une simple ruse pour se débarrasser de moi. Comme dans l'histoire du Mexique. »

Il s'accroupit à côté d'Artemis.

– Vous avez confiance en moi, maintenant, n'est-ce pas ?

Artemis essaya de le regarder dans les yeux mais il n'y parvint pas.

– J'essaye, mon vieil ami. Je le veux mais je sais que bientôt, je n'en aurai plus la force. J'ai besoin d'aide, et vite.

Ils savaient tous les deux ce qu'Artemis voulait dire : « J'ai besoin d'aide avant que je ne perde complètement l'esprit. »

Ils suivirent la trace de gel en direction de l'est, à travers l'Atlantique, puis ils passèrent le détroit de Gibraltar et arrivèrent en Méditerranée. En début d'après-midi, la traînée s'évanouit brusquement. La dernière bulle verte éclata et ils se retrouvèrent à quinze mètres de profondeur, à trois kilomètres du Golfo di Venezia, avec rien d'autre que des yachts et des gondoles dans les détecteurs du gyroplane.

– Leur destination devait être Venise, dit Holly.

Elle fit remonter l'appareil à hauteur de périscope et en profita pour remplir les réservoirs d'air et égaliser la pression.

– Nous sommes juste en face.

– Venise est une grande ville, fit remarquer Butler. Et un endroit difficile à fouiller. Comment allons-nous faire pour retrouver nos fugitifs ?

Dans la main de Foaly, le cerveau de l'Amorphobot émit soudain un bip alors qu'il établissait une connexion avec ses semblables.

– Je ne pense pas que ce soit un problème. Ils sont près de nous. Très près. Très, très près.

Cette façon de parler mélodramatique agaçait Artemis.

– *Très, très* près ? Enfin, Foaly ? Vous êtes un scientifique. Qu'est-ce que vous entendez par là ?

Foaly montra la trappe d'accès du gyroplane.

– Aussi près que ça.

Il y eut alors deux minutes frénétiques qui semblèrent à elles seules comprimer en quelques instants les événements d'une journée entière. Pour Artemis et Foaly, tout se résuma à des éclairs de couleur et des mouvements indistincts. Butler, Holly et Juliet, qui avaient suivi un entraînement militaire, en virent un peu plus. Butler parvint même à se lever du banc, ce qui ne lui fut absolument d'aucun secours.

Le panneau de la trappe d'accès du gyroplane fit un bruit semblable à celui d'une énorme bouteille de plastique écrasée par le pied d'un géant, puis il disparut purement et simplement. Ou plutôt il donna l'impression de disparaître. En fait, il fut arraché avec une force colossale qui le projeta vers le ciel. Le panneau finit par se loger dans le clocher de San Marco, ce qui provoqua une certaine consternation dans la ville. Et surtout chez le peintre retenu par une simple corde qui fut tranchée net par le morceau de métal tournoyant dans les airs. Le peintre fit une chute de trente mètres et atterrit sur le dos de son frère. Les deux frères avaient déjà tendance à se disputer et cet épisode inattendu n'arrangea rien.

Dans le gyroplane, l'eau commença aussitôt à envahir la cabine, mais la plus grande partie de l'espace disponible fut occupée par six Amorphobots qui roulèrent à l'intérieur et se mirent à criailler en choisissant leurs cibles. Tout fut terminé en moins d'une seconde. Les robots se précipitèrent sur leurs proies et les engloutirent rapidement dans leur gel turgide avant de les emporter à travers les eaux bleu azur de la Méditerranée.

Tandis qu'ils filaient vers la forme sombre et imprécise d'un vaisseau féerique flottant dans les profondeurs, chacun des prisonniers nourrissait ses propres pensées.

Artemis était frappé de voir à quel point cet enlèvement lui rappelait sa longue lutte pour essayer de franchir l'écran de son propre cerveau.

Holly se demandait si son arme fonctionnerait dans cette masse gluante ou si elle avait été à nouveau neutralisée.

Foaly ne pouvait s'empêcher de ressentir une certaine affection pour l'Amorphobot qui le retenait prisonnier. Après tout, c'était lui qui l'avait créé dans le concasseur de son laboratoire.

Juliet s'efforçait de garder l'œil rivé sur Butler. Tant qu'elle pouvait voir son frère, elle se sentait à peu près en sécurité.

Butler se débattit pendant quelques instants mais s'aperçut très vite que ses efforts étaient dérisoires et il se recroquevilla comme un nouveau-né pour conserver son énergie en attendant le moment de la faire exploser.

Mulch aussi pensait à une explosion. Peut-être ne parviendrait-il pas à s'échapper mais il pouvait certainement faire regretter à cette chose gélatineuse de l'avoir capturé. Le nain remonta lentement ses genoux vers sa poitrine pour permettre au gaz contenu dans ses entrailles de s'accumuler en longues bulles. Bientôt, il aurait suffisamment de force pour déchirer l'enveloppe du robot ou alors il flotterait dans ce qui apparaîtrait comme la plus grande lampe à lave du monde.

Turnball Root passait un assez bon moment. Il aurait pu passer un moment merveilleux si sa Leonor chérie avait été en meilleure santé. Mais s'il parvenait à lui rendre toutes ses facultés, il avait peur qu'elle finisse par s'apercevoir que le révolutionnaire pétri de principes qu'il avait toujours prétendu être n'existait pas. Et dans ce cas, il perdrait son amour. Leonor avait un sens élevé de la morale et elle ferait toute une histoire à l'idée qu'il emprisonne un démon sorcier pour lui conserver une éternelle jeunesse. Turnball jeta un coup d'œil à la rune d'asservissement, sur son pouce. Composée de spirales et de symboles complexes qui avaient conservé Leonor sous son empire mais dont le pouvoir faiblissait sans cesse. L'aurait-elle quitté sans cela ? Peut-être. Sans doute.

Turnball pouvait être considéré comme le plus éminent expert mondial en matière de runes. Elles convenaient bien à sa situation car elles ne nécessitaient qu'une minuscule étincelle de magie au départ et ensuite, elles continuaient d'opérer par le seul pouvoir des symboles eux-mêmes. Chacun réagissait différemment à l'emprise des runes. Certains leur restaient soumis pendant des décennies alors que d'autres rejetaient la magie noire et sombraient aussitôt dans la folie. Leonor avait été le sujet idéal car une large part d'elle-même voulait croire ce que Turnball lui disait.

Avec son laser modifié, Turnball pouvait asservir qui il voulait, aussi longtemps qu'il le voulait, quels que soient les sentiments de ses victimes à son égard, et sans avoir besoin de la moindre magie.

Comme ces nouveaux prisonniers, par exemple. Un véritable coffre au trésor de talents à sa disposition. On ne savait jamais à quel moment on pouvait avoir besoin d'un adolescent génial ou d'un centaure surdoué en technologie, surtout quand il était bien connu que le petit démon leur faisait entièrement confiance. Avec ces deux-là et le sorcier, il pouvait fonder sa propre principauté s'il le souhaitait.

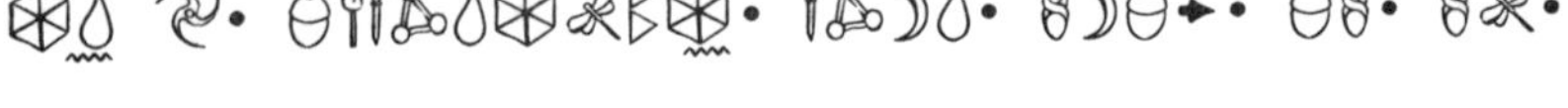

« Oui, je passe un assez bon moment, pensa Turnball. Mais ce sera bientôt un excellent moment. Il me suffira de tuer encore un petit groupe de gens. Peut-être deux. »

Les Amorphobots avaient pénétré dans l'ambulance à travers le sas et s'étaient fondus en une seule masse à l'intérieur de la cellule unique aménagée dans l'appareil. Le robot qui transportait Mulch Diggums fut exclu de la fusion, car les autres ne parvenaient pas à identifier le spectre chimique des bulles de gaz que contenait le corps du nain et, de toute façon, ils n'aimaient pas franchement son apparence. L'Amorphobot eut beau essayer de se mélanger aux autres, il fut repoussé et alla trembloter tout seul dans son coin.

Turnball Root descendit du poste de pilotage par un escalier en spirale et s'avança dans la cellule d'un pas arrogant, pour savourer sa victoire.

– Regarde ça, dit-il à Unix qui se tenait à côté de lui, la mine aussi sinistre qu'à l'ordinaire. Les meilleurs esprits qu'on puisse rencontrer parmi les fées et les humains, tous rassemblés dans une seule cellule.

Ils étaient suspendus devant lui, dans un gel doté d'une intelligence artificielle, incapables de faire autre chose que de respirer faiblement en se mouvant comme des nageurs somnolents.

– Ne vous donnez pas la peine d'appeler au secours ou de tirer au pistolet pour vous libérer, poursuivit Turnball. J'ai bloqué vos téléphones et vos armes.

Il se pencha tout près de la surface luisante du gros Amorphobot.

– Voilà une des petites protégées de Julius. Nous avons déjà eu l'occasion de lui tirer dessus, pas vrai, Unix ?

Un sourire méfiant contracta les mâchoires du lutin, sans lui donner un air plus amène.

– Et le grand Foaly. Sauveur du Peuple. C'est fini, ça, mon petit poney. Bientôt, vous serez mon esclave et ravi de l'être.

Turnball agita le pouce vers les captifs et ils purent apercevoir la rune rouge qui y était dessinée.

– Et ici, qui avons-nous ?

Turnball s'arrêta devant les Butler.

– Ours Fou et la Princesse de Jade. Je vous ai ratés la première fois mais ça ne se reproduira plus.

– Et moi ? parvint à dire Mulch.

L'Amorphobot transforma les vibrations de son larynx en un son intelligible.

– Quoi, toi ?

– Je n'ai pas droit à une description ? Moi aussi, je suis dangereux.

Turnball se mit à rire, mais doucement, pour ne pas réveiller Leonor qui dormait dans une couchette au-dessus.

– Je t'aime bien, le nain. Tu as de l'esprit mais je te tuerai quand même car tu ne m'es d'aucune utilité, à moins que tu aies envie de devenir mon bouffon personnel. Un gros bouffon malodorant. J'imagine en effet que tu sens mauvais, si j'en juge par ton apparence.

Turnball se tourna enfin vers Artemis.

– Et voici, bien sûr, Artemis Fowl. Ex-génie du crime et actuel psychopathe. Comment va ce complexe, Artemis ? Je parie qu'il y a un chiffre que vous n'aimez pas. Lequel ? Cinq ? Quatre ?

Artemis avait dû tressaillir car Turnball sut qu'il avait deviné juste.

– Alors, c'est le quatre. Et comment ai-je appris que vous souffriez du complexe d'Atlantis ? Vous devriez poser la question à votre *ami* Foaly. C'est lui qui me fournit des images.

Artemis n'était pas du tout surpris d'apprendre que sa paranoïa était en partie justifiée.

Turnball marchait de long en large devant eux comme un général s'adressant à ses troupes avant un combat.

– Je suis ravi que vous soyez tous là, sincèrement ravi. Parce que vous pouvez m'être utiles. Mon épouse, voyez-vous, est très âgée. Pour lui sauver la vie et lui redonner la jeunesse, j'ai besoin d'un sorcier aux pouvoirs très puissants.

Les yeux d'Artemis s'écarquillèrent. Il comprit aussitôt. Tout cela avait pour but d'attirer N° 1 hors de Haven.

– Votre ami N° 1 doit sûrement aider à soigner les blessés sur le *Nostremius* et nous avions prévu de monter à bord en nous faisant passer pour des patients, puis de le sortir de là grâce à mes prodigieux lasers modifiés, mais nous aurions toujours eu ce problème agaçant : le petit bonhomme n'allait-il pas nous expédier un éclair de magie avant que j'aie eu le temps de lui imposer mon pouvoir ? À présent, je n'ai plus à m'inquiéter. Holly

Short, l'une de ses meilleures amies au monde, ira le chercher pour nous.

Turnball se tourna vers Unix.

– Dis au robot de recracher le capitaine Short.

Unix consulta sur un écran mural une représentation informatique de l'Amorphobot et de son contenu. D'un mouvement du doigt, il arracha l'image de Holly Short à la masse de gel. Presque instantanément, le robot l'imita. Holly se sentit régurgitée du ventre de la bête et tomba sur le plancher de métal froid. Elle resta là, haletante, pendant que ses poumons se réhabituaient à respirer librement. Lorsqu'elle ouvrit les yeux, elle vit un Turnball au large sourire se dresser au-dessus d'elle.

– À mesure que le temps passe, je me souviens de mieux en mieux de vous, dit-il.

Du bout de sa botte noire, il lui donna un violent coup de pied dans les côtes.

– Je me souviens que c'est vous qui m'avez envoyé en prison. Mais ça ne fait rien, aujourd'hui, vous pouvez vous racheter en me rendant service.

Holly cracha par terre une boule de gel.

– Sûrement pas, Turnball.

Turnball lui donna un nouveau coup de pied.

– Vous allez vous adresser à moi en mentionnant mon grade.

– J'en doute, dit Holly entre ses dents.

– Moi, je n'en doute pas, répliqua Turnball.

Il posa sa botte sur la gorge de Holly et tira de sa poche ce qui ressemblait à une lampe-stylo.

– On dirait une lampe-stylo, n'est-ce pas ?

Holly ne pouvait parler mais elle devinait que le mince cylindre devait être quelque chose de beaucoup plus redoutable qu'une simple lampe de poche.

– Mais c'est bien plus que ça. Vous avez peut-être deviné que les runes de magie noire sont pour moi une sorte de violon d'Ingres. Illégal, certes, mais presque toutes mes activités sont illégales, alors je ne vais pas commencer à m'en inquiéter maintenant. Ce que fait ce petit laser, c'est imprimer la rune, comme au fer rouge, directement sur la peau de la personne que je veux asservir. Il n'est besoin d'aucune magie. Tant que j'aurai sur mon corps la rune correspondante, vous serez à tout jamais soumise à ma volonté.

Turnball montra son pouce à Holly, celui qui portait le dessin de la rune de Thibyson, dont la magie pouvait être reportée sur elle à présent que Thibyson était mort.

– Et vous savez quoi, ma chère ? Un poste vient de se libérer dans mon organisation.

Root activa le laser et chantonna bouche fermée jusqu'à ce que l'extrémité du cylindre devienne rouge, puis il l'enfonça dans le cou de Holly, marquant dans sa chair la rune qui devait la soumettre.

Holly se cabra et hurla, saisie d'une crise de nerfs due à la magie noire.

– Beaucoup moins douce que moi, remarqua Turnball qui s'éloigna d'un pas au cas où elle vomirait.

La crise dura moins d'une minute, laissant Holly raide sur le plancher, la respiration anormalement rapide, les paupières frémissantes.

Turnball lécha sur son propre pouce la rune tracée avec son sang.

– Maintenant, Miss Short, que diriez-vous d'aller kidnapper un sorcier ?

Holly se leva, les bras rigides le long de ses flancs, le regard lointain.

– Oui, capitaine, répondit-elle.

Turnball lui donna une tape dans le dos.

– C'est beaucoup mieux comme ça, Short. N'est-ce pas une libération de ne plus avoir le choix ? Vous faites ce que je vous dis et vous ne serez plus jamais responsable de rien.

– Oui, capitaine. C'est une grande libération.

Turnball lui tendit un Neutrino.

– N'hésitez pas à tuer quiconque se mettra en travers de votre chemin.

D'un œil expert, Holly vérifia le niveau de chargement de la batterie.

– Quiconque se met en travers de mon chemin, je le tue.

– J'aime beaucoup ces lasers, dit Turnball en tournant entre ses doigts le stylo à rune. On va faire autre chose. Unix, dis au robot d'expulser le jeune Fowl de sa bulle. Ce sera très amusant d'avoir un génie comme animal de compagnie.

Unix passa son doigt sur l'écran tactile et Artemis tomba sur le sol, haletant, tel un poisson hors de l'eau.

AQUANAUT *NOSTREMIUS*, FOSSE DE L'ATLANTIDE

Le jeune démon sorcier qui avait choisi de s'appeler N° 1 se sentait terriblement triste. C'était un petit être sensible, même si on ne l'aurait pas deviné en voyant sa peau grise recouverte de plaques dures comme une cuirasse et sa tête épaisse qui semblait se pousser pour sortir d'entre ses épaules noueuses. Il ressentait la douleur des autres et, à en croire son maître, c'était ce trait particulier qui faisait de lui un aussi bon sorcier.

En ce jour, la douleur était grande dans le monde des fées. La double catastrophe provoquée par la sonde martienne en Islande et dans la fosse de l'Atlantide était le pire désastre qui se soit produit dans l'histoire récente. Pour les humains, un malheur à cette échelle n'aurait sans doute pas fait la une des grandes chaînes de télévision, mais le Peuple des fées était moins nombreux et prudent par nature. Aussi, voir une sonde spatiale causer tant de dégâts dans la même journée leur paraissait effroyable. Mais au moins, une catastrophe encore plus grande avait été évitée grâce à l'efficacité de l'évacuation de l'Atlantide.

N° 1 avait à peine eu le temps de déplorer la perte de ses amis en Islande que les FAR lui annonçaient la nouvelle : Holly, Foaly et Artemis avaient en fait survécu. Le commandant Baroud Kelp lui demanda aussitôt de se rendre en Atlantide sur le vaisseau-hôpital *Nostremius* pour soigner ceux qui avaient été blessés par l'onde de choc de la sonde. Le petit démon avait tout de suite accepté, espérant que pour une courte période au moins, il pourrait penser à autre chose en employant ses pouvoirs à soulager les autres. Or, le bruit courait à présent que la capsule de survie de Holly avait coulé en mer et que tous les passagers qui se trouvaient à bord étaient considérés comme perdus. C'était plus qu'il ne pouvait endurer : morts, vivants, morts à nouveau. Si Holly avait encore eu un peu de magie en elle, N° 1 aurait pu sentir sa présence quelque part mais il ne sentait rien du tout.

Ainsi, ces dernières heures, N° 1 s'était épuisé à soigner les blessés. Il avait raccommodé des os, refermé des plaies béantes, réparé des organes déchirés, vidé des poumons remplis d'eau salée, apaisé dans un voile de sérénité les crises d'hystérie et, dans certains cas extrêmes, effacé des mémoires la collision elle-même. Pour la première fois depuis qu'il était devenu un sorcier à part entière, N° 1 sentait qu'il se vidait un peu de ses forces. Mais il ne pouvait partir maintenant car on venait d'annoncer dans les haut-parleurs de l'aquanaut l'arrivée d'une autre ambulance.

« J'ai besoin de dormir, pensa-t-il avec lassitude. Mais pas de rêver. Je ne rêverais que de Holly. Je n'arrive pas à croire qu'elle ne soit plus là. »

Au même instant, quelque chose lui fit lever les yeux et il vit Holly Short qui s'avançait dans le couloir en direction de la salle de quarantaine. Cette vision était si inattendue que N° 1 n'en éprouva étrangement aucune surprise.

« C'est Holly, mais elle se déplace d'une manière bizarre. Comme si elle était sous l'eau. »

N° 1 acheva de réparer une fracture et laissa à une infirmière le soin de nettoyer la blessure. Il se dirigea d'un pas vacillant vers la porte de sécurité où un scanner analysait la rétine de Holly. L'ordinateur reconnut son appartenance aux FAR et la porte s'ouvrit dans un sifflement pneumatique.

N° 1 se glissa au-dehors pour empêcher Holly d'entrer.

– Nous devons protéger cette zone des germes extérieurs, dit-il, navré de n'avoir que ces premières paroles à offrir à son amie ressuscitée. Et vous avez l'air échappée d'une décharge de déchets toxiques.

Puis il la serra étroitement contre lui.

– Vous sentez aussi le déchet toxique, ajouta-t-il, mais vous êtes vivante. Le ciel soit loué. Dites-moi, Foaly a-t-il survécu ? Rassurez-moi. Et Artemis ? Je n'ai pas pu le supporter quand j'ai entendu dire que vous aviez disparu.

Holly ne le regarda pas dans les yeux.

– Artemis est malade. Il faut que vous veniez.

N° 1 se montra désolé, son humeur changeant rapidement comme celle d'un petit enfant.

– Artemis est malade ? Oh, non. Amenez-le ici, nous allons le soigner.

Holly fit demi-tour et repartit dans la direction d'ou elle était venue.

– Non, on ne peut pas le transporter. Il faut que vous me suiviez.

N° 1 courut derrière son amie sans un instant d'hésitation.

– Il a une fracture, c'est cela ? Artemis ne peut être transporté ? Foaly va bien ? Où étiez-vous tous ?

Mais le petit démon n'obtint aucune réponse et il ne put que suivre les épaules carrées de Holly qui se frayait un chemin à travers la foule des blessés encore capables de marcher, passant devant les lits de camp disposés dans les couloirs. L'odeur de désinfectant brûlait les narines de N° 1 et les cris des victimes lui serraient le cœur.

« Je vais vite soigner Artemis. Peut-être que je m'allongerai une minute et ensuite je retournerai au travail. »

N° 1 était une âme confiante, il ne pensa pas un seul instant à sonder un peu Holly pour s'assurer qu'elle était bien elle-même. À aucun moment il ne lui vint à l'esprit que l'une de ses amies les plus proches puisse le mener vers une vie de servitude.

Turnball était assis à côté du lit de Leonor, dans la navette volée transformée en ambulance, lui tenant la main pendant qu'elle dormait. Être obligé de changer ses plans à la dernière minute l'avait un peu étourdi. C'était un geste chevaleresque et la poussée d'adrénaline lui rappelait ses jeunes années.

– Avant que j'aille en prison, j'improvisais toujours, confia-t-il à Leonor endormie. J'étais capitaine dans les FAR et en même temps je dirigeais la pègre. À vrai dire, la pègre n'existait pas beaucoup avant que j'arrive. Le matin, je présidais la réunion d'un détachement spécialement constitué pour m'appréhender et le soir, je traitais des affaires de marché noir avec les gangs de gobelins.

Turnball sourit et hocha la tête.

– C'était le bon temps.

Leonor ne réagit pas car Turnball avait jugé préférable de lui donner une goutte de sédatif en attendant que le sorcier lui rende sa jeunesse. Il savait, à la manière dont elle parlait de la mort, qu'il était en train de perdre son pouvoir sur sa femme et qu'elle n'était pas assez résistante pour survivre à une autre rune d'asservissement.

« Dors, ma chérie, dors. Bientôt, tout sera comme avant. »

Dès que le capitaine Short sera revenue avec le démon. Et si elle ne revenait pas ? Alors, il monterait à bord du *Nostremius* et emmènerait le sorcier de force. Peut-être perdrait-il un ou deux membres de son équipe mais ils seraient sûrement heureux de mourir pour l'épouse de leur chef.

Au-dessous, dans la prison, Bobb Ragby était de garde, une garde qui lui procurait une joie immense car il estimait que c'était une revanche sur les années qu'il avait lui-même passées à se faire traiter de haut par des geôliers. Peu importait à Bobb que les prisonniers enfermés dans leur gel n'aient rien à voir avec ceux qui l'avaient surveillé. C'était une simple malchance pour eux. Il prenait un plaisir particulier à taquiner Mulch qu'il avait longtemps considéré comme un concurrent dans le concours du *nain le plus dangereux* auquel il jouait dans sa tête pendant les longues heures que le régime alimentaire de la prison l'obligeait à passer sur le siège des toilettes.

Turnball lui avait donné l'ordre de séparer à nouveau les Amorphobots pour des questions de sécurité et, à présent, il y en avait un dans chaque coin de la cellule, telle une gigantesque poche d'œufs de poisson.

– Si l'un d'eux fait des siennes, n'hésite pas à lui envoyer une décharge, avait dit Turnball. Et s'ils essayent de tirer pour s'échapper, ne manque pas de les filmer, qu'on puisse rigoler plus tard.

Ragby était bien décidé à envoyer quelques décharges électriques à la première provocation, peut-être même avant la première provocation.

– Hé, Diggums, pourquoi tu n'essayes pas de manger un peu de ce gel, comme ça, j'aurai une raison de t'électrocuter.

Mulch ne gaspilla pas son énergie à parler, il se contenta de montrer ses énormes dents.

– Ah ouais ? dit Ragby. Elles ne sont pas si grandes que ça. Plus je te regarde, Diggums, moins je crois à toutes les salades que tes groupies racontent sur toi au *Perroquet ivre*. Je pense que tu es bidon. Un imposteur, un menteur, un inventeur d'histoires.

Mulch mit la main devant sa bouche, en bâillant ostensiblement.

Artemis avait été rendu à son Amorphobot après que la marque de la rune eut été imprimée sur sa peau. N'ayant rien d'autre à faire que de réfléchir dans la masse poisseuse du robot, il sentait s'échapper ce qui restait de sa personnalité dévastée. La rune, sur son cou, enserrait sa volonté comme dans un étau. Pour le moment, il pouvait encore penser et parler, mais au prix d'un gros effort, et il devina que, s'il avait conservé ces facultés élémentaires, c'était parce que Turnball ne lui avait pas donné d'instructions particulières. Dès qu'il recevrait ses ordres, il n'aurait plus aucun moyen de résister.

« Turnball pourra m'ordonner de faire n'importe quoi », se dit-il.

À travers l'épaisseur du gel qui distordait sa vision, Artemis voyait Ragby se moquer de Mulch et il pensa que participer à l'échange serait peut-être une bonne idée.

Parler à l'intérieur d'un Amorphobot était une affaire complexe qui nécessitait de former les mots sans desserrer les dents, afin de ne pas avaler de gel tout en transmettant les vibrations du larynx.

– *Hello*, monsieur Ragby, dit-il.

Un haut-parleur à gel apparut à la surface de l'Amorphobot et transforma les vibrations en mots.

– Hé, voyez-vous ça, s'exclama Ragby. L'esclave parle. Qu'est-ce que tu veux, Bonhomme de Boue ? Un petit choc électrique, c'est ça qui te ferait plaisir ?

Artemis estima qu'une discussion intellectuelle n'était pas ce qui convenait le mieux à ce personnage et il décida de recourir directement à l'insulte personnelle.

– Je veux prendre un bain, le nain. Tu empestes.

Ragby fut enchanté de ce petit divertissement.

– Wouaoh ! On parle comme un homme qui cherche

la bagarre ? Est-ce que tu sais que ton garde du corps est hors service ?

Si Butler avait été équipé d'yeux à laser, le crâne de Bobb aurait été percé de trous.

« Qu'est-ce que mijote Artemis ? se demanda Butler. Ce genre d'insulte n'est pas dans son style. »

– Je n'ai pas besoin d'un garde du corps pour me débarrasser de toi, Ragby, poursuivit Artemis. Un seau d'eau et une serpillière me suffiront amplement.

– Très drôle, dit Ragby, bien qu'il parût un peu moins amusé qu'auparavant.

– Peut-être aussi un peu de désinfectant pour éviter que tes germes se propagent.

– J'ai des champignons, se plaignit Ragby. C'est une vraie maladie et il est très blessant pour moi qu'on mette ce sujet sur le tapis.

– Aïe ! aïe ! aïe ! dit Artemis. Le gros dur souffre beaucoup ?

Ragby en eut assez.

– Pas autant que toi, répliqua-t-il.

Et il ordonna à l'Amorphobot d'envoyer une décharge dans son gel.

Artemis fut attaqué par de petites étincelles blanches piquantes comme des échardes. Il se contorsionna pendant un moment, comme une marionnette dans les mains d'un enfant, puis il se détendit, flottant, inconscient, dans le gel.

Ragby éclata de rire.

– C'est beaucoup moins drôle, maintenant, pas vrai ?

Butler émit un grognement qui aurait été menaçant si

le haut-parleur de l'Amorphobot ne l'avait transformé en un ronronnement artificiel, puis il tendit les mains et poussa devant lui. Sans point d'appui, son geste n'aurait pas dû avoir le moindre effet, mais il se débrouilla pour distendre le gel, déclenchant chez l'Amorphobot un petit son aigu, comme si on l'avait chatouillé.

– Vous êtes vraiment hilarants, les gars, lança Ragby.

Il laissa Butler se fatiguer pendant quelques minutes, puis le spectacle cessa de l'amuser et il envoya aussi une décharge au garde du corps. Pas assez forte pour assommer le géant humain, mais suffisante pour le calmer un peu.

– En voilà deux hors course, dit Ragby d'un ton joyeux. Qui veut être le prochain ?

– Moi, répondit Mulch. C'est moi, le prochain.

Bobb Ragby se tourna et vit Mulch Diggums roulé en boule, le postérieur directement pointé sur le garde. Aucun vêtement ne le recouvrait, en d'autres termes, c'était un derrière nu qui semblait bien décidé à agir.

Ragby étant lui-même un nain et un abonné au mensuel *Où souffle le vent* savait exactement ce qui allait se passer.

– Pas question, murmura-t-il.

Il savait qu'il aurait dû envoyer une décharge à Diggums mais c'était un spectacle trop divertissant pour ne pas en profiter. Si les choses se gâtaient, il appuierait sur le bouton, mais en attendant, il n'y avait pas de mal à regarder. Il pensa juste à temps à déclencher l'enregistrement vidéo des caméras de surveillance au cas où le capitaine aurait voulu voir ça plus tard.

– Vas-y, Diggums. Si tu arrives vraiment à te libérer, je te présenterai mon propre postérieur pour que tu lui donnes un bon coup de pied.

Mulch ne répondit pas. Il était trop difficile de respirer à l'intérieur du gel pour gaspiller une énergie précieuse à échanger des insultes avec Bobb Ragby. Il noua ses bras autour de ses tibias et se concentra sur son côlon qui s'était gonflé comme un très long ballon en forme de serpent.

– Vas-y, Mulch ! s'écria Ragby. Fais la fierté de tes semblables. Je te préviens que ce sera sur l'Ethernet dans cinq minutes environ.

La première bulle qui émergea avait la taille d'un cantaloup. Ces grosses poches de gaz étaient connues chez les nains perceurs de tunnel sous le nom de « bouchonneurs », un terme qui remontait au temps où l'on fermait les bouteilles avec des bouchons de liège. Souvent, il fallait commencer par expulser un bouchonneur avant que le flot soit libéré.

– Très beau, ton bouchonneur, admit Bobb Ragby.

Lorsque la première bulle fut sortie, Mulch la fit suivre d'une salve de pétards plus petits qui jaillirent à une vitesse initiale rapidement neutralisée par le gel de l'Amorphobot.

– C'est tout ? lança Bobb, un peu déçu, en vérité. Tu n'as rien d'autre à nous montrer ?

Mais ce n'était pas tout. Une bonne centaine d'autres pétards suivirent très vite, ainsi que des bulles sphériques, d'autres ellipsoïdales. Ragby aurait même juré avoir vu un cube.

– Tu cherches à épater la galerie, dit-il.

Les bulles continuaient de se succéder, de formes et de tailles diverses. Certaines étaient transparentes, d'autres d'une opacité suspecte, d'autres encore contenaient des volutes de gaz qui crépitaient au contact du gel.

L'Amorphobot émit de petits cris nerveux, son cœur de métal brillant d'une lumière orange tandis que le spectromètre dont il était équipé s'efforçait d'analyser les composants du gaz.

– Ça, je ne l'avais jamais vu, reconnut Bobb, le doigt suspendu au-dessus du bouton qui envoyait les décharges électriques.

Les bulles continuaient d'affluer, dilatant l'Amorphobot qui avait à présent doublé de volume. Ses criaillements grimpèrent les octaves jusqu'à pulvériser des vases à bec qui se trouvaient juste à côté et atteindre la gamme des ultrasons, trop aigus pour être perceptibles par des oreilles humaines ou féeriques.

« Les hurlements ont cessé, songea Bobb. Ça doit vouloir dire que le danger est passé. »

Il n'aurait pu se tromper davantage.

Mulch était devenu pratiquement invisible derrière les bulles, son image déformée, réfractée par leurs formes arrondies. Les bulles ne cessaient de se multiplier. Mulch était un peu comme ces voitures de clown qui peuvent contenir plus de passagers que ne devraient le permettre les lois de la physique. L'Amorphobot était distendu jusqu'aux limites de sa résistance et sa surface était tachetée par la pression. Il se mit à bondir sur place, laissant échapper des bouffées du gaz mystérieux.

– Bon, on s'est bien amusés, Mulch, dit Ragby.

À regret, il appuya sur le bouton qui déclenchait le choc électrique, ce qui apparut très vite comme une erreur. Même l'Amorphobot essaya de refuser cet ordre mais Ragby insista, enfonçant le bouton à plusieurs reprises jusqu'à ce que l'étincelle familière jaillisse de deux électrodes qui dépassaient de son cœur métallique.

N'importe quel élève ayant assisté à son premier cours de chimie aurait pu dire à Ragby de ne jamais produire d'étincelle à proximité d'un gaz inconnu.

Malheureusement, Ragby n'avait jamais rencontré d'élève qui ait assisté à son premier cours de chimie et ce fut donc pour lui une surprise totale lorsque le gaz émis par Mulch Diggums s'enflamma, bulle après bulle, dans une réaction en chaîne de mini-explosions. L'Amorphobot se dilata encore plus et finit par se déchirer, des giclées de gel jaillissant à sa surface. Il rebondit du sol au plafond, puis roula à travers la cellule, tel un pneu géant qui renversa Ragby. C'était un hommage au talent de concepteur et de constructeur de Foaly de voir que l'Amorphobot pouvait conserver son intégrité physique même dans des circonstances aussi extrêmes. Il transférait du gel intact vers les endroits où il avait été abîmé et le greffait instantanément pour réparer les dégâts.

Ragby demeura étendu sur le sol, assommé, pendant que le robot terminait sa course contre la trappe d'accès, frémissant, palpitant. Dans des cas comme celui-ci, son programme comportait dans sa racine un ordre d'autopréservation que Turnball n'avait pas pensé à neutraliser.

Si un échantillon collecté par l'un des robots se révélait dangereux d'après son analyse interne, il était immédiatement éjecté. Et ce nain à l'odeur âcre paraissait indiscutablement dangereux. L'Amorphobot endommagé jeta donc Mulch Diggums sur le plancher noirci où il resta allongé, fumant de toutes parts.

– Je n'aurais jamais dû manger ce curry de rat des champs, marmonna-t-il avant de s'évanouir.

Bobb Ragby fut le premier des deux nains à reprendre connaissance.

– C'était quelque chose, dit-il.

Il cracha un morceau de gel carbonisé.

– Tu as réussi à sortir, ça c'est sûr, alors tu as le droit de me donner un coup de pied dans le derrière.

Ragby abaissa son large postérieur vers le visage de Mulch évanoui mais n'obtint aucune réaction.

– Tu n'es pas preneur ? dit Ragby. Très bien, tu ne pourras pas dire que je ne te l'ai pas proposé.

– Ici, lança une voix dans son dos. Je vais me charger de le botter à sa place.

Il tourna la tête juste à temps pour voir une énorme botte se lever vers son postérieur. Derrière cette botte, il y avait une tête furieuse qui, bien qu'étant un peu floue vue de l'endroit où se trouvait Bobb, appartenait sans erreur possible à l'humain du nom de Butler.

Mulch n'avait jamais vraiment cru qu'il parviendrait à sortir du ventre de l'Amorphobot mais il avait espéré distraire Bobb Ragby suffisamment longtemps pour que

Foaly puisse mettre en œuvre un de ces plans technologiques dont son génie avait le secret.

C'était exactement ce qui s'était produit. Pendant que Ragby était occupé à regarder les gastrobaties de son congénère, Foaly s'était appliqué à synchroniser le cerveau d'Amorphobot découvert par Artemis avec celui de son propre robot. Dans un laboratoire, il aurait mis environ dix secondes à établir la connexion et à envoyer une série de codes pour annuler les instructions de la sphère de contrôle volée mais, suspendu à l'intérieur d'un Amorphobot, il fallut au centaure une demi-minute pour réaliser l'opération. Dès que le voyant passa au vert, Foaly se connecta en réseau aux autres robots et leur donna l'ordre de se dissoudre.

Une demi-seconde plus tard, Juliet et Foaly tombèrent sur le sol, les yeux larmoyants, les voies respiratoires encombrées de gel. Artemis ne bougeait pas, toujours inconscient à la suite de son électrocution.

Quant à Butler, il atterrit sur ses pieds, cracha et attaqua.

Le malheureux Bobb Ragby n'avait pas la moindre chance. Non que Butler ait eu besoin de lui faire grand-chose. Il lui suffit d'un coup de pied. La terreur s'empara alors du nain et le jeta contre le bord d'une couchette en métal. Il s'effondra, assommé, en émettant une plainte qui, étonnamment, avait quelque chose d'enfantin.

Butler se tourna aussitôt vers Artemis et lui prit le pouls.

– Comment va le cœur d'Artemis ? demanda Juliet qui s'était penchée sur Mulch pour l'examiner.

– Il bat, répondit son frère. C'est la seule chose que je puisse dire. Il faut que nous le transportions dans ce vaisseau-hôpital. Mulch aussi.

Le nain toussa et marmonna quelque chose à propos de bière et de tartes au fromage :

– Vous voulez dire de la bière et des tartes au fromage ? Ou des tartes à la bière et au fromage ?

Juliet lança un regard à son frère.

– Mulch est peut-être en train de délirer. Difficile à dire.

Après lui avoir pris le pistolet qu'il portait à la ceinture, Butler jeta sans ménagement Bobb Ragby sur le large dos de Foaly.

– OK. Voilà la stratégie. On emmène Artemis et Mulch à bord du *Nostremius* puis je récupère Holly si nécessaire.

Juliet tourna vivement la tête.

– Mais Foaly peut…

– Dépêchons-nous, tonna Butler. Partons immédiatement. Je n'ai pas envie de parler.

– OK, mais si tu n'es pas revenu dans cinq minutes, je viens te chercher.

– Je t'en serais très reconnaissant, assura Butler qui cala Mulch, puis Artemis toujours évanoui, sur le dos de Foaly. Et si tu croises quelques soldats en chemin, amène-les avec toi, ce serait parfait.

– Des soldats sur un vaisseau-hôpital ? dit Foaly en essayant de ne pas respirer l'odeur qui s'élevait de son dos. Vous auriez de la chance.

La langue de Mulch pendait de sa bouche. Elle se posa sur le cou du centaure.

– Mmmh, marmonna-t-il, la langue entre les dents. Du cheval. Très bon, ça.

– Allons-y, dit Foaly, mal à l'aise. Allons-y tout de suite.

L'ambulance était un petit appareil comparé au massif aquanaut qui se dressait au-dessus d'eux. Elle comportait deux niveaux : une infirmerie et une cellule à l'étage inférieur et, en haut de l'escalier en spirale, un poste de pilotage avec une cabine pas plus grande que celle d'un camion. C'était tout, en dehors de quelques recoins destinés au rangement et au recyclage. Heureusement pour Butler et les autres, le conduit ombilical qui les reliait au *Nostremius* se trouvait au niveau inférieur.

Posté à l'entrée du conduit, Ching Mayle attendait manifestement le retour de Holly accompagnée du démon sorcier.

– S'il te plaît, chuchota Juliet lorsqu'ils virent le gobelin. Laisse-moi faire.

Butler maintenait Mulch et Artemis en équilibre sur le dos de Foaly. Le sort de Bobb Ragby l'inquiétait beaucoup moins.

– Amuse-toi bien, dit-il. Ou plutôt, arrange-toi pour que l'autre ne s'amuse pas du tout.

Étant catcheuse de profession, Juliet ne pouvait se contenter de se ruer sur Ching Mayle et de l'assommer – il fallait qu'elle ajoute un peu de spectacle.

Elle se précipita dans la coursive en poussant des hurlements hystériques.

– Au secours, monsieur Gobelin, sauvez-moi !

Ching ôta ses doigts des marques de morsure qu'il ne cessait de gratter sur son crâne, ce qui signifiait, bien sûr, qu'elles n'avaient jamais cicatrisé convenablement.

– Heu... Vous sauver de quoi ?

Juliet pleurnicha.

– Il y a un gros gobelin très laid qui essaye de nous empêcher de sortir d'ici.

Mayle porta la main à son pistolet.

– Il y a un quoi ?

– Un gros type très laid avec des marques purulentes sur le crâne.

Ching lécha ses globes oculaires.

– Des marques purulentes ? Hé, attendez un peu...

– Ah, enfin, dit Juliet.

Elle fit une pirouette, telle une patineuse artistique, en frappant violemment Ching Mayle avec l'anneau de jade qui avait fait sa célébrité. Le gobelin tomba dans le conduit ombilical, glissant sur toute sa longueur, jusqu'à son extrémité. Juliet rattrapa son arme avant qu'elle ne touche le sol.

– Encore un de moins, dit-elle.

– Tu n'aurais pas pu lui donner un coup sur la tête, tout simplement ? grommela Butler qui passa devant elle en guidant Foaly. Ouin, aidez-moi, je ne suis qu'une pauvre jeune fille sans défense. C'est ça, une femme moderne ?

– Une femme intelligente, en tout cas, répliqua Juliet. Il n'a même pas pu tirer.

Butler n'était pas impressionné.

– Il n'aurait jamais dû avoir le temps de toucher son arme. La prochaine fois, frappe d'abord. Tu as de la chance qu'il ne t'ait pas envoyé une boule de feu.

– Oh, non, dit Foaly, en s'engageant dans le passage ombilical à travers un rideau de cordes apparemment imprégné de désinfectant. Jamais de flamme près du conduit. C'est un tube pressurisé avec un mélange d'oxygène et d'hélium, qui comporte surtout de l'oxygène à cause de la pression. Une étincelle là-dedans et d'abord, on explose, ensuite, le tube éclate et l'océan nous aplatit comme une galette.

Un par un, ils pénétrèrent dans le conduit ombilical. C'était une extraordinaire construction, un tube à double paroi de plastique transparent ultra-résistant, renforcé par un grillage octogonal. Des pompes à air bourdonnaient avec force sur toute sa longueur et des globes lumineux attiraient des créatures des grands fonds, y compris le calmar géant d'Artemis qui s'était enroulé autour de la partie centrale et mordillait le grillage métallique avec son bec. Ses ventouses entourées de chitine raclaient le plastique, en traçant de longues rayures le long du tube.

– Ne vous inquiétez pas, dit Foaly d'un ton rassurant, cette créature ne peut pas passer au travers. Nous avons fait un bon millier de tests de résistance.

– Avec un vrai calmar géant? demanda Juliet, saisie d'une inquiétude compréhensible.

– Non, admit Foaly.

– Simplement des tests avec des ordinateurs?

– Pas du tout, répliqua Foaly, offensé. Nous avons utilisé un calmar normal et un minuscule modèle réduit de tube. Tout a très bien marché jusqu'à ce que l'un de mes assistants nains ait une soudaine envie de calamar en sauce.

Juliet frissonna.

– Il y a quelque chose qui ne me plaît pas chez les calmars géants.

– N'est-ce pas le cas de tout le monde ? répondit Foaly.

Dans un bruit de sabots, il passa devant elle et poursuivit son chemin dans le conduit ombilical.

Le passage mesurait une quinzaine de mètres de longueur avec une faible pente qui descendait vers l'autre extrémité. Sous leurs pieds, le sol était recouvert d'une substance légèrement adhésive pour éviter qu'une étincelle ne jaillisse accidentellement et des extincteurs à explosion, fixés à intervalles réguliers, devaient automatiquement recouvrir les parois de poudre chimique au cas où un feu se serait déclaré.

Foaly montra l'un des extincteurs.

– Soyons honnêtes, ils ne servent qu'à la décoration. Si une simple étincelle jaillit ici, même le calmar ne survivra pas.

Ils s'avancèrent vers l'aquanaut, sentant la froidure de l'océan irradier à travers les cloisons, respirant un air piquant, chargé d'oxygène. Le *Nostremius* se dressait au-dessus d'eux, haut de quatre étages, sa coque verte et arrondie constellée de mille hublots scintillants. Il était maintenu immobile par une douzaine d'ancres de la taille d'un autobus. D'autres conduits ombilicaux donnaient accès au bâtiment et l'on voyait des silhouettes aux ombres mouvantes se déverser de leurs propres vaisseaux pour monter à bord d'un pas traînant. C'était une image sombre, surréelle.

Portant sur son dos Artemis, Mulch et un Bobb Ragby qui ronflait, Foaly marchait en tête et se plaignait à chaque pas :

– Des passagers, maintenant. Les centaures ne transportent pas de passagers. Ce n'est pas parce que nous avons un torse de cheval que nous avons un tempérament chevalin. C'est dégradant, voilà ce que c'est.

Ni Juliet ni Butler n'y prêtaient attention. Ils étaient entourés de dangers et il fallait réagir très vite à toute agression, sinon, l'océan deviendrait leur tombeau.

Sur le dos de Foaly, Artemis gémit et remua. Butler lui tapota l'épaule.

– Continuez à dormir, jeune homme. Inutile de se réveiller maintenant.

Quelque respect qu'eût Butler pour les capacités d'Artemis, il ne voyait pas en quoi elles pourraient l'aider dans cette situation, surtout avec cette rune menaçante imprimée sur son cou.

Ils avaient parcouru les deux tiers du tube lorsque le panneau d'accès au *Nostremius* coulissa, laissant passer Holly suivie de N° 1.

Il n'y avait aucune émotion dans le regard de Holly. Elle évalua calmement la situation et dégaina son Neutrino, visant aussitôt le front de Butler. À en juger par l'expression de son visage, elle aurait pu tout aussi bien s'apprêter à jeter une fléchette sur une cible, dans un stand de fête foraine.

– Non, capitaine Short, dit la voix de Turnball derrière Butler. Pas de pistolet, ici.

Turnball se tenait à l'entrée de l'ambulance, entouré d'Unix d'un côté et d'Ark Sool de l'autre.

Juliet se trouvait à l'arrière.

– Voilà le joyeux pirate, annonça-t-elle à son frère. Et ses imbéciles heureux. Sans pistolets, je crois que ça se présente bien pour nous. Tu veux que j'aille leur enseigner le respect de la vie ?

Butler leva deux doigts. « Attends. »

Pour n'importe quel garde du corps, c'était un scénario de cauchemar : coincé au milieu d'un tube transparent, à plusieurs kilomètres sous l'eau, avec d'un côté une bande de fugitifs assassins et de l'autre un officier de police réduit en esclavage, mais qui n'avait rien perdu de ses capacités.

Le malheureux N° 1 n'avait aucune idée de la pièce qui était en train de se jouer.

– Holly, que se passe-t-il ? S'agit-il d'une de vos grandes aventures ? Dois-je foudroyer quelqu'un ?

Holly restait impassible, attendant des instructions, mais Butler avait entendu N° 1.

– Pas de magie, N° 1. Une seule étincelle pourrait faire sauter ce tube.

N° 1 soupira.

– Vous ne pourriez pas vous contenter d'aller faire un pique-nique ou quelque chose dans ce genre-là ? Pourquoi faut-il qu'il y ait toujours des explosions avec vous ?

Artemis gémit à nouveau, puis il glissa du dos de Foaly et tomba sur le sol.

Debout à la porte de la fausse ambulance, regardant Butler à l'autre bout du conduit ombilical, Turnball comprit qu'il avait quelques cartes biseautées dans son jeu.

– Ah, dit-il, mon petit génie se réveille. Voilà qui devrait rendre la partie intéressante.

Butler se tourna de côté pour offrir une cible moins large. Les pistolets étaient exclus, mais on pouvait utiliser des armes blanches.

– Retournez à l'intérieur, lança-t-il à N° 1. Allez-y et fermez le panneau derrière vous.

Le démon sorcier tapota l'épaule de Holly.

– Faut-il que je rentre, Holly ? Est-ce la meilleure chose à faire ?

Holly ne répondit pas mais en la touchant, N° 1 sentit la malédiction de la rune, tapie comme un parasite dans son esprit. Elle lui apparaissait violette, malfaisante, et d'une certaine manière consciente d'elle-même. Dans son imagination, la rune reptilienne lovée dans le cerveau de Holly sifflait vers lui, essayait de le mordre avec ses crochets venimeux.

– Oh ! s'exclama N° 1 en retirant vivement sa main.

« Je pourrais la libérer du sortilège, pensa-t-il. Mais ce serait difficile sans occasionner des dommages cérébraux et il y aurait forcément des étincelles. »

Il fit un lent pas en arrière, mais Holly le contourna rapidement et écrasa du plat de la main la commande du mécanisme de la porte, fermant le panneau qui resterait hermétiquement clos tant qu'une fée de la maintenance ne viendrait pas l'ouvrir. Ce qui prendrait beaucoup trop de temps.

– On ne s'enfuit pas, mon jeune démon, lança Turnball. J'ai besoin de ta magie.

« Ma magie, pensa N° 1. Je dois pouvoir faire quelque chose. Le mesmer ne nécessite aucune étincelle. »

– Écoutez-moi, Holly, dit le démon sorcier, d'une voix aux intonations magiques. Regardez-moi dans les yeux.

Ce fut tout ce qu'il put dire avant que Holly, du tranchant de la main, le frappe d'un coup sec qui l'atteignit à l'endroit précis où un mince intervalle séparait les plaques de sa poitrine de celles de son cou. En plein sur la trachée. Le démon s'effondra par terre, le souffle coupé. Il faudrait plusieurs minutes avant qu'il ne puisse émettre ne fût-ce qu'un couinement.

Turnball eut un sourire cruel.

– La rune est un atout qui coupe le mesmer, si je puis m'exprimer ainsi.

Butler essaya d'ignorer les éléments les plus extrêmes de leur environnement, tels le gaz explosif qu'ils respiraient et le calmar géant qui le regardait d'un œil noir à l'extérieur du tube. Il s'efforçait de traiter la situation comme s'il s'agissait d'une simple bagarre dans une rue sombre.

« Je me suis trouvé une douzaine de fois dans des circonstances semblables. Il est vrai que nous sommes pris en tenaille, mais Juliet et moi, nous pourrions nous débarrasser d'eux, même s'ils étaient douze de plus. Holly sait se battre mais elle est mesmérisée, ce qui va la ralentir. Pourquoi Turnball est-il si confiant en n'ayant à ses côtés qu'un gnome et un lutin ? »

– Prête, petite sœur ? dit-il.

– Quand tu veux.

– Je prends Turnball et ses amis. Tu t'occupes de neutraliser Holly sans trop de dégâts si possible.

– D'accord, grand frère.

– Et moi, qu'est-ce que je dois faire ? demanda Foaly en essayant de ne pas laisser percer de hennissement dans sa voix.

– Restez près d'Artemis et de Mulch. Protégez-les.

– Très bien, Butler, dit le centaure, qui se sentait totalement impuissant, comme toujours dans les situations violentes. Vous pouvez compter sur moi.

Butler et Juliet changèrent de côté, se touchant brièvement la main au passage.

– Fais attention, Holly est rapide.

– Toi aussi, fais attention. Je me méfie de ce Turnball.

Ces deux remarques allaient bientôt se révéler d'une grande pertinence. Malheureusement, Butler avait établi leur plan d'action sans disposer de deux éléments d'information essentiels. D'abord, Holly n'était pas mesmérisée, elle était asservie par une rune et s'il était vrai que le mesmer ralentissait les gestes de sa victime, ce n'était pas du tout le cas des runes. Elles donnaient même à la personne qui y était soumise une plus grande force vitale qu'en temps ordinaire. C'est d'ailleurs la raison pour laquelle il ne fallait jamais laisser un esclave s'agiter trop longtemps sous peine de le voir épuiser littéralement ses forces. La deuxième information qui manquait à Butler était que Turnball avait prévu l'éventualité d'un combat dans le conduit ombilical et qu'il s'était armé en conséquence.

En quelques secondes, les Butler passèrent à l'action. Juliet se rua sur Holly, sans bavardage et sans ses habituelles poses de catcheuse – Holly était une adversaire sérieuse. La sérieuse adversaire attendait, immobile, les bras ballants. Puis, au tout dernier moment, elle se baissa, si vite qu'une image fantôme sembla suspendue en l'air à l'endroit où elle se tenait une fraction de seconde auparavant, et balaya les jambes de Juliet qui tomba sur le sol en se cognant la tête. Lorsque sa vision redevint à peu près claire, Holly était assise sur sa poitrine, son Neutrino pointé sur sa tête.

– Pas d'étincelles, haleta Juliet. Pas d'étincelles.

– Pas d'étincelles, répéta Holly d'une voix morne.

Puis elle enfonça le canon du pistolet sous le devant du justaucorps de la Princesse de Jade et pressa la détente. Juliet fut secouée d'un spasme et s'évanouit. Il n'y avait eu aucune étincelle.

À l'autre bout du conduit, Butler ne s'était pas précipité avec autant de fougue. Si les choses étaient telles qu'elles le paraissaient, il ne lui serait pas difficile de vaincre Turnball et ses petites fées. Peut-être même qu'une approche menaçante suffirait à leur faire assez peur pour qu'ils prennent la fuite.

Turnball sembla un peu agacé et pas du tout effrayé.

– Monsieur Butler, en tant que serviteur d'un grand stratège, ne vous est-il pas venu à l'esprit qu'un autre grand stratège tel que moi pouvait avoir anticipé cette situation ou une situation semblable ?

Butler sentit son estomac se nouer. « Turnball est armé. »

La seule option qui lui restait était de couvrir la distance qui le séparait de Turnball avant que celui-ci n'ait le temps de pointer une arme sur lui. Il y parvint presque, mais dans un combat, *presque* est à peu près aussi utile que des aiguilles en caoutchouc dans un concours de tricot.

Turnball saisit l'arme à canon court accrochée à une sangle derrière son dos et tira sur Butler à huit reprises dans la poitrine et dans la tête. Les yeux du garde du corps se révulsèrent, mais son élan le porta en avant et Turnball dut faire un habile pas de côté pour ne pas être écrasé. Ark Sool et Unix n'eurent pas autant de chance. Butler atterrit sur eux comme un météore, vidant leurs poumons du moindre souffle d'air et leur brisant plusieurs côtes.

– Olé ! s'exclama Turnball, qui ne manquait jamais d'assister aux corridas chaque fois qu'il se trouvait en Espagne.

La perte de ses acolytes ne sembla pas l'émouvoir outre mesure.

Les vibrations déclenchèrent un extincteur particulièrement sensible qui répandit dans le tube ombilical une poudre blanche flottant dans l'air comme un nuage.

Turnball se mit à chanter une chanson de Noël qui commençait par « Il fait dehors un temps horrible ». Il avait pointé son pistolet sur Foaly et le centaure essaya au moins de se montrer courageux.

– Vous aimez bien mon arme ? Elle a été conçue pour assurer le maintien de l'ordre à l'époque des premières émeutes de gobelins. Entièrement chimique. Elle tire des pastilles paralysantes de tartrate de zolpidem à cartouches solubles, actionnées par un gaz. Pas d'étincelles. Parfois, la basse technologie offre la meilleure solution.

Artemis prit soudain une profonde inspiration comme s'il venait d'émerger à la surface de l'océan.

– Ah, mon petit génie retrouve ses esprits. Levez-vous, Artemis, je vous l'ordonne.

Artemis se remit sur pied, vacillant, la tête et les vêtements maculés de poudre blanche.

– Étranglez ce centaure pour moi, voulez-vous ?

Il y eut un moment de malaise pendant lequel Artemis essaya de trouver un point d'appui sur la large encolure de Foaly, puis il serra de toute la force de ses doigts qui n'était pas très impressionnante. Foaly était plus gêné qu'incommodé.

Turnball essuya une larme.

– Oh, c'est trop drôle. Mais je ne devrais pas perdre du temps à me faire plaisir, Leonor m'attend. Venez, Artemis, et vous aussi, capitaine Short. Amenez le démon. Il faut que nous soyons partis d'ici avant que le générateur de l'ambulance ne grille.

Artemis et Holly obéirent avec autant d'émotion qu'un automate. Holly traîna derrière elle le malheureux N° 1 en le tenant par le col de sa tunique et Artemis passa devant Foaly sans lui accorder un regard. À l'extérieur du conduit, les poissons et le calmar suivaient avec la plus grande attention ce fascinant spectacle qui les changeait agréablement de l'ennui de la vie quotidienne dans les grandes profondeurs.

Soudain, Turnball se montra impatient de partir.

– Allons, mes esclaves. Qu'avez-vous fait de cette rapidité qui vous a rendus célèbres ?

Artemis se dépêcha, manifestant une agilité dont ceux qui le connaissaient ne l'auraient jamais cru capable.

– C'est mieux comme ça, dit Turnball. Je vais peut-être vous garder, Artemis.

– C'est gentil, répondit le jeune humain. Je lui dirai quand je le verrai.

– Hum, lâcha Turnball, déconcerté.

Le garçon qui avait l'apparence d'Artemis Fowl lui enfonça ses doigts tendus dans le plexus solaire.

– Butler a montré ça à Artemis au moins mille fois, dit-il. Il n'a pas écouté, mais moi si.

Turnball aurait voulu dire quelque chose, mais il avait le souffle coupé et quand bien même il aurait pu parler, il n'avait aucune idée de ce qu'il aurait dit.

– Car je ne suis pas Artemis Fowl, elfe infâme, déclara Orion en arrachant le pistolet des mains de Turnball. Je suis le jeune homme romantique qui a toujours su que son jour viendrait. Aussi ai-je écouté Butler et me voilà prêt.

Turnball retrouva tout juste assez de souffle pour demander :

– Comment ?

– Artemis savait qu'il devait échapper au pouvoir de la rune qui contrôle son esprit mais pas le mien, il a donc

incité votre crétin de laquais à lui envoyer une décharge, ce qui m'a libéré.

Turnball se tenait le ventre à deux mains. « Bien sûr. Atlantis, phase deux. » Accroupi, il posa les coudes sur ses genoux et dit à Holly d'une voix rauque :

– Tuez-le. Tuez ce garçon.

Orion pivota et pointa le pistolet sur Holly.

– De grâce, gente demoiselle. Ne me forcez pas la main car je serais obligé de frapper pour le bien de tous.

Holly repoussa N° 1 et se précipita, courant à toutes jambes d'un bout à l'autre du tube.

– Artemis serait incapable de tirer, gronda-t-elle.

Orion redressa les épaules, tendit les bras, soutenant sa main droite de sa main gauche. Artemis et Orion étaient tous deux ambidextres mais, à la différence d'Artemis, Orion préférait utiliser sa main droite. Il se souvint de ce que Butler avait répété maintes et maintes fois.

– Visez dans le prolongement du bras. Respirez et tirez.

La première pastille toucha Holly à la joue, la deuxième au front, la troisième à l'épaule dans laquelle elle mit une seconde à pénétrer. Holly courait si vite qu'elle parvint à remonter la moitié du tube avant que son corps se dérobe et qu'elle redescende la pente en glissant à plat ventre.

Orion se tourna vers Turnball qui essayait de l'attaquer par-derrière.

– Tenez-vous tranquille, ignoble démon.

– Hé là, dit N° 1 qui retrouvait son souffle.

– Toutes mes excuses, gentil mage, répondit Orion. Je m'adressais à l'ignominieux pirate.

– Quatre, lança Turnball, avec un certain désespoir. Quatre, quatre, quatre.

Orion éclata de rire, le rire hautain du héros.

– Vous n'avez aucune chance, Turnball Root. Vos plans maléfiques ont été annihilés. Acceptez donc votre sort.

Le visage de Turnball prit peu à peu une teinte violette, un trait commun dans la famille.

– J'ai besoin de ce démon, vociféra-t-il, des postillons jaillissant de ses lèvres. Livrez-le-moi ou nous mourrons tous.

– Trop tard pour les menaces creuses, mon ami. Notre ruse a surpassé la vôtre. Et maintenant, restez tranquille pendant que mon compère, le noble étalon, vous ligote les mains.

Turnball prit une bruyante inspiration et se releva de toute sa hauteur.

– Non. Il me reste une carte à jouer. Cette ambulance doit exploser. Le pilote automatique est détruit et le générateur n'est plus protégé. Il est impossible de revenir. Donnez-moi le démon et je piloterai l'appareil dans les profondeurs de la fosse puis je m'échapperai dans le ventre d'un Amorphobot. En dehors de Leonor, il y a encore de la place pour une personne. Je peux vous emmener, au lieu de N° 1.

Foaly passa sa langue sur ses lèvres.

– Ah oui, d'accord. Sauf qu'il y a un petit problème. J'ai dissous les robots.

– Ainsi, telle était votre machination, dit Orion d'un ton féroce en brandissant le pistolet comme un coutelas. Vous vouliez prendre ce que vous désiriez avant d'effacer toute trace dans l'explosion.

Turnball haussa les épaules, soudain très calme. Il avait toujours su qu'un jour comme celui-ci arriverait.

– Cela m'avait déjà réussi auparavant.

Il consulta un cadran horaire sur l'ordinateur de son poignet.

– Dans cinq minutes, la navette explosera et nous mourrons tous. Si vous voulez bien m'excuser, je dois me rendre au chevet de mon épouse.

Il tourna les talons et trouva celle-ci à plus proche distance qu'il ne s'y attendait. Leonor se tenait devant lui, encadrée par le rideau du tube ombilical, lourdement appuyée sur sa canne, le visage pâle à la lueur des globes lumineux.

– Turnball, que se passe-t-il ? demanda-t-elle, la respiration sifflante.

Mais elle avait les yeux ouverts et le regard clair. Plus clair qu'il n'avait jamais été depuis leur première rencontre.

Turnball se précipita à son côté, la soutenant d'une main.

– Ma chérie, tu devrais aller t'allonger. Tout va bientôt s'arranger.

Leonor parla sèchement, comme elle ne l'avait plus fait depuis très longtemps :

– Tu viens de dire que l'appareil allait exploser.

Turnball ouvrit des yeux ronds de surprise – son

épouse bien-aimée ne lui avait jamais parlé sur ce ton, mais ses lèvres conservèrent un doux sourire.

– Quelle importance, du moment que nous sommes tous les deux ? La mort elle-même ne pourra nous séparer.

Leonor trouva quelque part en elle la force de se redresser.

– Je suis prête pour mon long sommeil, Turnball. Mais toi, tu es jeune, ces gens-là sont jeunes aussi et ne sommes-nous pas amarrés à un vaisseau-hôpital ?

– Si, bien sûr. Mais eux, ce sont mes ennemis. Ils m'ont persécuté.

Turnball lécha la rune sur son pouce, mais Leonor était à présent hors de son pouvoir.

– Je pense que tu étais loin d'être irréprochable, mon chéri, mais j'étais aveuglée par l'amour. Je t'ai toujours aimé, Turnball. Je t'aimerai toujours.

Orion commençait à s'inquiéter. Les secondes passaient et il ne souhaitait pas voir Holly, sa bien-aimée, se retrouver au cœur d'une explosion.

– Écartez-vous, madame, dit-il à Leonor. Je dois piloter cet appareil au fond de la fosse.

Leonor leva sa canne d'un mouvement tremblant.

– Non, j'entreprendrai seule ce voyage. J'ai dépassé le temps qui m'était accordé sur cette terre et j'ai fermé les yeux sur ce qui se passait autour de moi. Maintenant, enfin, je vais m'envoler là où je ne pensais pas que c'était possible.

Elle caressa la joue humide de Turnball et l'embrassa.

– Je peux enfin voler à nouveau, Turnball.

Turnball prit tendrement son épouse par les épaules.

– Tu peux voler, tu voleras. Mais pas maintenant. Ce vol est celui de la mort et je ne peux vivre sans toi. Ne veux-tu pas retrouver tout ce que nous avions ?

– Ce temps-là est révolu, répondit simplement Leonor. Peut-être n'aurait-il jamais dû exister. À présent, tu dois me laisser partir, ou alors il faudra que tu essayes de m'arrêter.

C'était l'ultimatum que Turnball avait redouté depuis qu'il avait appliqué pour la première fois la rune sur le cou de Leonor. Il était sur le point de perdre son épouse et il ne pouvait rien faire pour l'empêcher. Ses sentiments se lisaient sur son visage et un réseau de rides apparut autour de ses yeux comme dessinées par un stylo invisible.

– Je dois partir, Turnball, dit Leonor à voix basse.

– Envole-toi, mon amour, répondit-il.

Il paraissait en cet instant aussi âgé que sa femme.

– Laisse-moi faire cela pour toi, mon amour. Laisse-moi te sauver comme toi-même tu m'as sauvée il y a tant d'années.

Leonor l'embrassa à nouveau et se retira derrière le rideau.

Turnball resta là un moment, les épaules tremblantes, la tête basse, puis il se reprit.

Il se tourna vers Orion et montra l'ambulance d'un geste du pouce.

– Je dois y aller. Leonor n'arrivera jamais à remonter les marches toute seule.

Ce fut sur cette remarque très banale qu'il disparut, le panneau de la trappe d'accès se refermant derrière lui.

– Simple mais élégant, dit Orion. Une belle sortie.

Les Butler étaient tous deux inconscients, ce qui donnerait lieu un peu plus tard à quelques railleries et une certaine gêne. Ils ne virent donc pas la fausse ambulance se détacher du conduit ombilical et s'éloigner du *Nostremius*, Leonor et Turnball nettement visibles aux commandes de l'engin. Ils ne la virent pas non plus plonger dans les profondeurs de la fosse de l'Atlantide en décrivant une courbe gracieuse.

– Cette femme est un grand pilote, remarqua Orion. J'imagine qu'ils doivent se tenir la main et sourire avec courage.

Quelques instants plus tard, une gerbe de feu jaillit du fond de la fosse, mais l'explosion fut très vite engloutie sous des millions de tonnes d'eau. L'onde de choc, cependant, se propagea au long de la crête rocheuse, elle arracha des coraux vieux de plusieurs siècles et secoua l'extrémité du conduit ombilical qui ondula comme une corde à sauter entre les mains d'une fillette. Le calmar terrifié fila se mettre à l'abri.

Les occupants du tube furent précipités pêle-mêle, héros et bandits confondus, et projetés contre la porte du *Nostremius* qui fut bientôt ouverte de l'intérieur par un technicien stupéfait. C'était un gnome de mer endurci qui, à sa plus grande honte, se mit à crier comme un bébé lutin lorsqu'il se trouva face à face avec un géant humain couvert de poudre blanche.

– Un zombie ! hurla-t-il.

Malheureusement, deux de ses collègues se trouvaient derrière lui dans le sas et il dut leur laisser pendant trois semaines sa part de gâteau réglementaire pour prix de leur silence.

ÉPILOGUE

Lorsqu'il se réveilla, Artemis vit Holly et Foaly penchés sur lui. Holly semblait inquiète tandis que Foaly l'examinait comme s'il avait été l'objet d'une expérience de laboratoire.

« Je n'ai pas mal, pensa Artemis. Ils ont dû me donner quelque chose. Puis : Je devrais détendre l'atmosphère. »

– Ah, ma princesse ! Noble destrier ! Cette matinée vous est-elle agréable ?

– Nom de nom ! s'exclama Holly. C'est le chevalier dans sa brillante armure.

– Mmmh, dit Foaly. C'est toujours comme ça avec Atlantis. À mesure que la maladie progresse, on ne sait jamais ce qui va déclencher une crise. Je pensais que ce cocktail de médicaments nous ramènerait Artemis, mais au moins Orion va pouvoir nous dire ce qu'Artemis nous prépare.

Il se pencha un peu plus.

– Orion, noble jouvenceau. Connaîtriez-vous le mot de passe du pare-feu d'Artemis ?

– Bien sûr que oui, répondit Artemis. C'est Â-N-E espace B-Â-T-É.

Foaly en avait écrit la moitié lorsqu'il comprit enfin.

– Oh, ha ! ha ! Artemis. Hilarant. Je savais depuis le début que c'était vous.

Holly ne rit pas.

– Ce n'était pas drôle, Artemis. Le complexe d'Atlantis n'est pas une plaisanterie.

À la simple mention de la maladie, Artemis sentit les quatre remuer dans leur nid délétère, au fond de sa tête.

« Ça ne va pas recommencer », pensa-t-il.

– J'aimerais bien que vous échangiez vos places tous les deux, dit-il, essayant d'apparaître calme et maître de la situation. Et pourriez-vous fermer complètement les stores de ces deux hublots ? Ou les ouvrir complètement ? Mais ne les laissez pas à moitié fermés. Ça n'a aucun sens.

Holly aurait voulu secouer Artemis jusqu'à ce qu'il sorte de son état, mais elle avait parlé au docteur Argon, de la Confrérie des psys, qui lui avait conseillé de ménager l'humain en attendant qu'ils puissent le faire entrer à la clinique.

« L'ancienne chambre d'Opale Koboï est toujours libre », avait dit le docteur d'un ton joyeux et Holly le soupçonna de penser déjà à des titres pour l'inévitable livre qui s'ensuivrait.

– D'accord, Artemis, je m'occupe des stores, dit-elle.

Alors que Holly laissait entrer la lumière en appuyant sur la petite icône représentant un soleil, derrière le store, elle remarqua les bancs de poissons exotiques qui baignaient dans la clarté projetée par les feux de position des ailerons arrière du *Nostremius*.

« Nous nageons tous vers la lumière », se dit-elle. Elle se demanda à quel moment elle s'était mise à avoir des pensées philosophiques. « Trop penser, voilà l'une des raisons pour lesquelles Artemis en est arrivé là. Nous devons traiter ce problème. »

– Artemis, dit-elle d'un ton qu'elle s'efforçait de rendre positif, le docteur Argon se demandait si vous aviez un quelconque dossier concernant votre…

– Ma descente dans la folie ? acheva Artemis.

– En fait, il a parlé de la « progression du complexe ». D'après lui, les personnes qui en souffrent tiennent souvent un journal, sous une forme ou une autre. Ils éprouvent un grand besoin d'être compris après…

Cette fois encore, Artemis acheva la phrase :

– Après leur mort. Je sais. Je continue à ressentir cette nécessité.

Il ôta l'anneau qu'il portait au majeur.

– C'est mon communicateur féerique, vous vous souvenez ? J'ai tenu un journal vidéo. Ce devrait être passionnant à voir.

Foaly prit l'anneau.

– Je vais expédier le contenu à Argon. Ça lui donnera quelques informations avant qu'il vous attache dans le fauteuil des fous.

Le centaure prit conscience de ce qu'il venait de dire.

– Désolé. Caballine n'arrête pas de me dire à quel point je suis insensible. Il n'y a pas de fauteuil des fous, c'est plutôt un canapé ou un futon.

– On a compris, Foaly, dit Holly. Merci beaucoup.

Dans un bruit de sabots, le centaure se dirigea vers la porte automatique qui donnait accès à la salle de l'hôpital.

– D'accord, j'envoie ça. À tout à l'heure et faites bien attention aux méchants quatre.

Artemis grimaça. Holly avait raison, le complexe d'Atlantis n'avait rien de drôle.

Holly s'assit sur une chaise, à côté de son lit. C'était un lit de haute technologie avec des stabilisateurs et des coussins anti-impact, mais malheureusement un peu court.

– Vous grandissez, Artemis, dit-elle.

Artemis eut un faible sourire.

– Je sais. Pas assez vite, d'une certaine manière.

Holly lui prit la main.

– Si vous y tenez vraiment, vous pouvez essayer de vous tourmenter, mais vous n'y parviendrez pas. Foaly vous a administré suffisamment de sédatifs pour endormir un cheval.

Cette remarque les fit sourire tous les deux, mais Artemis était d'humeur mélancolique.

– Cette aventure était différente, Holly. D'habitude, quelqu'un remporte la victoire et nous nous en trouvons mieux à la fin. Cette fois, tant de gens sont morts, tant d'innocents, sans que personne en tire profit. Et tout cela par amour. Je n'arrive même pas à considérer Turnball comme un être malfaisant, tout ce qu'il voulait, c'était retrouver sa femme.

Holly serra les doigts d'Artemis entre les siens.

– Les choses auraient été bien pires si nous n'avions pas été là. N° 1 est vivant, grâce à vous, sans parler de tous ceux qui étaient à bord du vaisseau-hôpital. Et dès que vous aurez retrouvé votre personnalité, nous pourrons travailler à sauver le monde avec votre Cube de Glace.

– Très bien. C'est toujours ma priorité, mais je voudrais renégocier un peu mes conditions.

– Mmmh. Je m'y attendais.

Artemis prit un gobelet sur sa table de chevet et but une gorgée d'eau.

– Je ne veux pas redevenir exactement moi-même. C'est mon ancienne personnalité qui m'a amené au complexe d'Atlantis.

– Vous avez commis quelques mauvaises actions, Artemis. Mais vous ne recommenceriez pas. Alors, laissez cela derrière vous.

– Vous croyez ? On peut laisser les choses derrière soi ?

– Ce n'est pas si simple, mais nous pouvons vous y aider, si vous le voulez vraiment.

Artemis leva les yeux au ciel.

– Des potions et des psychothérapies, mon Dieu.

– Le docteur Argon a tendance à courir après la célébrité mais c'est un bon médecin. Et même le meilleur. Je suis sûre aussi que N° 1 peut vous désintoxiquer de la magie, faire disparaître de votre corps les dernières étincelles.

– Ça doit faire mal.

– Peut-être, mais vous aurez des amis autour de vous. De bons amis.

Artemis se redressa sur ses oreillers.

– Je sais. Où est Mulch ?

– Où croyez-vous qu'il soit ?

– Dans la cuisine. Peut-être même à l'intérieur d'un réfrigérateur.

– Vous avez sans doute raison.

– Et Juliet ?

Le soupir que poussa Holly était à la fois affectueux et agacé.

– Elle a organisé un match de catch entre elle et un félutin géant qui a exprimé une opinion sur sa queue-de-cheval. Je fais comme si je n'étais pas au courant, mais il faudra bientôt que j'aille arrêter ça.

– Pauvre félutin, dit Artemis. Et Butler ? Pensez-vous qu'il pourra un jour retrouver sa confiance en moi ?

– Je crois que c'est déjà fait.

– Je veux lui parler.

Holly jeta un coup d'œil en direction du couloir.

– Accordez-lui une minute. Il est en train de donner un coup de téléphone délicat.

Artemis devina à qui il téléphonait. Lui-même devrait bientôt passer le même appel.

– Alors, attendons, dit-il en essayant de paraître plus joyeux qu'il ne l'était en réalité, le complexe d'Atlantis continuant de bouillonner à la base de son lobe temporal.

« Mets de l'ordre dans ceci, lui disait-il.

« Compte cela.

« Méfie-toi du quatre. Le quatre, c'est la mort. »

– J'ai entendu dire que vous étiez sortie avec Baroud Kelp. Vous avez l'intention d'établir un camp tous les deux ?

Butler pensa qu'il devenait peut-être claustrophobe. Il avait la nette impression que les murs se refermaient sur lui. Le fait que le couloir dans lequel il était coincé ait été conçu pour des gens moitié moins grands que lui ne l'aidait pas. Le seul endroit où il pouvait se mettre debout était le gymnase et ce n'était pas vraiment le lieu idéal pour donner un coup de téléphone privé. Sa petite sœur, en effet, devait être en train d'infliger la correction de sa vie à un félutin géant en faisant du spectacle pour amuser la foule des patients et des médecins qui allaient bientôt vénérer la Princesse de Jade.

Butler glissa le long de la cloison pour se mettre en position assise, le téléphone d'Artemis à la main.

« Peut-être qu'il n'y a pas de réseau », pensa-t-il avec espoir.

Mais il y en avait un. Quatre barres. Artemis avait fabriqué ce téléphone pour avoir accès à tous les réseaux existants, y compris militaires et féeriques. Il aurait fallu que son correspondant se trouve sur la lune pour que le téléphone d'Artemis ne parvienne pas à le joindre.

« OK. Arrête de reculer. Appelle. »

Butler sélectionna dans la liste des contacts le numéro du portable d'Angeline Fowl. Il fallut quelques secondes pour que la connexion se fasse car le signal devait passer par Haven, remonter vers un satellite et redescendre en Irlande. Lorsque la communication fut établie, il entendit un triple bip, la sonnerie caractéristique des fées.

« Peut-être qu'elle dort. »

Mais Angeline décrocha à la deuxième sonnerie.

– Artemis ? Où es-tu ? Pourquoi ne m'as-tu pas appelée ?

– Non, madame Fowl. C'est moi, Butler.

Angeline comprit que Butler l'appelait sur le téléphone d'Artemis et en tira aussitôt les pires conclusions.

– Mon Dieu ! Il est mort, n'est-ce pas ? Je n'aurais jamais dû le laisser partir.

– Non, non, Artemis va très bien, répondit Butler précipitamment. Il n'a pas la moindre égratignure.

Angeline pleurait dans son téléphone.

– Dieu merci. Je m'en serais tellement voulu. Un garçon de quinze ans, parti sauver le monde, avec des *fées*. Où avais-je la tête ? Ça suffit, maintenant. Fini. Désormais, il vivra une vie normale.

« Je ne me souviens même pas de ce que signifie "normal" », songea Butler.

– Je peux lui parler ?

« Nous y voilà. »

– Pas tout de suite. Il est… heu… sous sédatif.

– Sédatif ? Vous m'avez affirmé qu'il n'était pas blessé, Butler. Vous venez de me dire qu'il n'avait pas la moindre égratignure.

Butler fit une grimace.

– Il n'a pas d'égratignure. Pas à l'extérieur en tout cas.

Butler aurait juré qu'il entendait Angeline Fowl bouillir de colère.

– Qu'est-ce que vous entendez par là ? Vous filez la métaphore sur vos vieux jours ? Artemis est-il blessé, oui ou non ?

Butler aurait préféré de très loin affronter un commando armé plutôt que d'annoncer cette nouvelle. Aussi choisit-il ses mots avec soin.

– Artemis a attrapé une maladie, une maladie mentale. Qui ressemble un peu au trouble obsessionnel compulsif.

– Oh, non, dit Angeline.

Pendant un instant, Butler crut qu'elle avait lâché le téléphone, puis il entendit sa respiration, brève et précipitée.

– On peut la contrôler, assura-t-il. Nous allons l'emmener dans une clinique dès maintenant. La meilleure clinique du monde des fées. Il ne court absolument aucun danger.

– Je veux le voir.

– Vous le verrez. Ils envoient quelqu'un vous chercher.

Ce n'était pas vraiment le cas, mais Butler se promit de s'en charger dès qu'il aurait raccroché.

– Qui s'occupera des jumeaux ?

– La nounou peut coucher ici. Le père d'Artemis est à São Paulo pour un sommet. Il faudra que je lui raconte tout.

– Non, dit précipitamment Butler. Ne prenez pas cette décision maintenant. Parlez-en d'abord à Artemis.

– Est-ce que… est-ce qu'il va me reconnaître ?

– Bien sûr, répondit Butler.

– Très bien. Je vais tout de suite faire une valise. Dites aux fées de me passer un coup de téléphone dix minutes avant leur arrivée.

– Comptez sur moi.

– Et, heu… Butler ?

– Oui, madame Fowl ?

– Prenez bien soin de mon fils en attendant que je sois là. La famille, il n'y a que cela qui compte, vous le savez.

– Bien sûr, madame Fowl. Je m'occupe de lui.

La communication fut coupée et l'image d'Angeline Fowl disparut du petit écran.

« La famille, il n'y a que cela qui compte, songea Butler. Quand on a de la chance. »

Mulch passa la tête derrière la porte, la barbe dégoulinant d'un liquide coagulé dans lequel des navets entiers semblaient collés. Son front était couvert d'un gel antibrûlure d'un bleu éclatant.

– Hé, le garde du corps. Vous feriez bien de descendre au gymnase. Ce félutin géant est en train de tuer votre sœur.

– Vraiment ? dit Butler, peu convaincu.

– Vraiment. Juliet ne semble plus elle-même. Elle n'arrive pas à faire deux gestes coordonnés. C'est absolument pitoyable. Tout le monde parie contre elle.

– Je vois, dit Butler, en se redressant autant qu'il le pouvait dans cet espace étroit.

Mulch tint la porte ouverte.

– Ça va être très intéressant quand vous allez venir l'aider.

Butler eut un large sourire.

– Je ne vais pas l'aider. Je veux simplement être là quand elle cessera de faire semblant.

– Ah, dit Mulch, dont le visage s'éclaira lorsqu'il comprit enfin. Alors, je devrais plutôt parier sur Juliet ?

– Sans aucun doute, répondit Butler.

Et il s'avança d'un pas lourd le long du couloir, contournant une mare de soupe aux navets.

TABLE DES MATIÈRES

Eoin (prononcer Owen) **Colfer** est né en 1965 à Wexford, en Irlande. Enseignant, comme l'étaient ses parents, il vit avec sa femme Jackie et ses deux fils dans sa ville natale, où sont également installés son père, sa mère et ses quatre frères. Tout jeune, il s'essaie à l'écriture et compose une pièce de théâtre pour sa classe, une histoire dans laquelle, comme il l'explique, « tout le monde mourait à la fin, sauf moi ». Grand voyageur, il a travaillé en Arabie Saoudite, en Tunisie et en Italie, puis est revenu en Irlande. Avant la publication d'*Artemis Fowl*, Eoin Colfer avait déjà publié plusieurs livres pour les moins de dix ans et c'était un auteur pour la jeunesse reconnu dans son pays. *Artemis Fowl*, le premier volume de la série, est un livre événement que se sont arraché les éditeurs du monde entier et qui a propulsé son auteur au rang d'écrivain vedette de la littérature pour la jeunesse. Mais ce soudain succès international n'a pas ébranlé Eoin Colfer, qui se dit simplement chanceux. Et, même s'il a interrompu un temps ses activités d'enseignant pour se consacrer à l'écriture des aventures d'Artemis, ce qu'il souhaite avant tout, c'est rester entouré de sa famille et de ses amis qui « l'aident à rester humble ». Et lorsqu'il a reçu les premiers exemplaires de son livre, il s'est précipité pour voir ses élèves, à qui il avait promis de lire l'histoire en priorité. Doté d'un grand sens de l'humour, il a également prouvé ses talents de comédien dans un one-man-show.

RETROUVEZ ARTEMIS FOWL
DANS TOUTES SES AVENTURES !

1. ARTEMIS FOWL

Artemis Fowl, génie de douze ans, appartient à une dynastie de voleurs célèbres. Son père est porté disparu et sa mère, folle de chagrin, a perdu la tête. Aidé par son fidèle serviteur Butler, Artemis projette de voler l'or des fées. Celles-ci se sont réfugiées sous terre depuis des milliers d'années et ne font que de rares incursions à l'air libre, équipées comme des cosmonautes. Artemis, aidé par son intelligence hors du commun et sa technologie sophistiquée, sera-t-il plus fort que le Peuple des fées ?

Ouvrage disponible également dans la collection Folio Junior n° 1332

2. MISSION POLAIRE

Artemis n'a plus qu'une idée en tête : retrouver son père. Persuadé que celui-ci est vivant, quelque part en Russie, il va déployer des moyens techniques et financiers colossaux pour le rechercher. Il devra se battre contre la Mafiya russe, contre les gobelins, se retrouver au beau milieu des glaces arctiques et s'allier au Peuple des fées. En échange d'un petit service...

Ouvrage disponible également dans la collection Folio Junior n° 1381

3. CODE ÉTERNITÉ

Message urgent de : Artemis Fowl
Destinataire : Peuple des fées
Je pense que je n'ai pas à me présenter, ma réputation n'est plus à faire. Je suis un jeune génie du crime, j'ai monté les mauvais coups les plus audacieux. Mais pour la première fois de ma vie, je me retrouve dans une situation désespérée. Je vous lance un appel au secours et, si vous n'y répondez pas, je suis perdu. Et vous aussi, Peuple des fées...

Ouvrage disponible également dans la collection Folio Junior n° 1391

4. OPÉRATION OPALE

Depuis qu'une partie de sa mémoire a été effacée par le Peuple des fées, Artemis est revenu à ses affaires terrestres. Il prépare le vol d'un célèbre tableau. Mais au cours de l'opération, le voilà victime d'un attentat. Il est sauvé *in extremis* par l'intervention d'une étrange créature qui dit s'appeler Holly Short et prétend être une fée... La situation est grave car Holly a besoin de l'aide d'Artemis pour sauver le Peuple des fées. Opale Koboï s'est échappée et prépare sa vengeance...

Ouvrage disponible également dans la collection Folio Junior n° 1444

5. COLONIE PERDUE

Incroyable ! Il existe sur cette terre un cerveau aussi brillant que celui d'Artemis Fowl. Une personne aussi géniale que le célèbre bandit... Elle se nomme Minerva, elle est française et n'a que douze ans ! L'ambitieuse prend Artemis de vitesse alors que les démons – les êtres les plus redoutables parmi le Peuple des fées – menacent de quitter leur colonie perdue pour débarquer chez les humains. Dans cette partie diabolique, il n'y aura qu'un gagnant. Et cette fois, il n'est pas sûr que ce soit Artemis !

Ouvrage disponible également dans la collection Folio Junior n° 1485

6. LE PARADOXE DU TEMPS

Artemis, de retour chez lui, fait la connaissance de ses deux petits frères jumeaux, âgés de deux ans, Beckett et Myles. Mais sa mère est dans un état alarmant : elle souffre d'une maladie magique. Hélas, lui-même a tué autrefois le lémurien qui aurait pu fournir un antidote. Il n'a qu'une solution : remonter le temps pour le retrouver vivant ! Avec l'aide de son amie la fée Holly Short, il repart donc dans le passé, mais il se heurte à sa redoutable adversaire, la fée Opale Koboï, qui veut aussi s'emparer de l'animal. Et une personne inattendue lui met des bâtons dans les roues : c'est lui-même, âgé de dix ans ! Il doit faire appel à toute son ingéniosité pour se sortir de cet imbroglio temporel, revenir avec le lémurien et pouvoir, enfin, sauver sa mère !

Ouvrage disponible également dans la collection Folio Junior n° 1539

Le Supernaturaliste

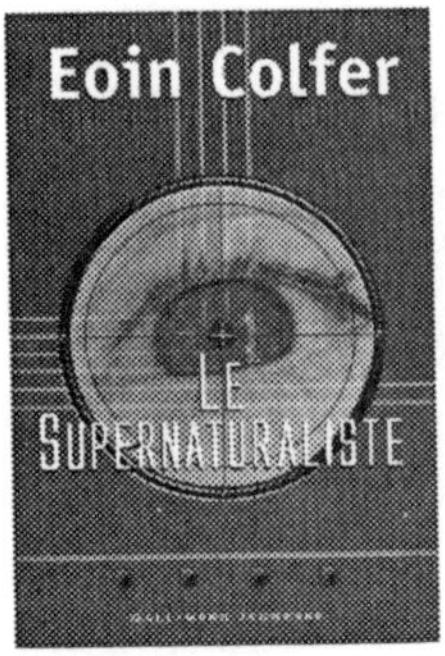

Satellite City, la cité du IIIe millénaire. Un rêve, pensez-vous ? Non, un véritable cauchemar pour la plupart de ses habitants. Prenez Cosmo Hill, quatorze ans, qui n'a jamais rien connu d'autre qu'un orphelinat dont les pensionnaires sont utilisés comme cobayes. Mais il se passe des choses plus terrifiantes encore dans cette sombre mégapole. Des créatures invisibles rôdent, des parasites se nourrissant de l'énergie vitale des humains. De rares personnes possèdent cependant la faculté de les voir : les Supernaturalistes. Lorsque, à la suite d'un terrible accident survenu pendant sa tentative d'évasion, Cosmo hérite à son tour de ce pouvoir, il est loin de se douter que les puissants dirigeants de la ville s'intéressent de très près à ses nouveaux amis. Et qu'il n'est pas vraiment conseillé de contrarier leurs plans...

Airman

En cette fin de XIXe siècle, les hommes rêvent de construire la machine qui les fera voler. Mais pour le jeune Conor Broekhart la conquête de l'air est plus qu'un rêve – une destinée. Né à bord d'un ballon dirigeable, il grandit dans les îles Salines, au large de l'Irlande. Lors d'une nuit tragique, la pire des trahisons détruit sa vie et lui confisque son futur. Pour sauver sa famille et son île, Conor n'a plus d'autre choix que de prendre son envol.

H2G2 ENCORE UNE CHOSE...

Depuis que notre Terre, malencontreusement placée sur le tracé d'une voie express intergalactique, a été détruite, Arthur Dent, un jeune Anglais flegmatique, est devenu malgré lui héros des plus incroyables aventures spatiales. Le voici à nouveau propulsé dans l'univers. Continuant sa quête sans fin d'une bonne tasse de thé, il trouve refuge à bord d'un vaisseau-drakkar grébulon, en compagnie de son ami extraterrestre Ford Perfect, de l'excentrique président à deux têtes de la galaxie, Zaphod, et de sa fille Aléa en pleine crise d'adolescence...

Pas de panique, les catastrophes planétaires sont ici monnaie courante, et *Le Guide du voyageur galactique* est là pour vous aider !

Eoin Colfer donne ici une suite magistrale à l'œuvre culte de Douglas Adams, *H2G2, le guide du voyageur galactique.*

Le papier de cet ouvrage est composé de fibres naturelles, renouvelables, recyclables et fabriquées à partir de bois provenant de forêts plantées et cultivées expressément pour la fabrication de la pâte à papier.

Loi n° 49-956
du 16 juillet 1949
sur les publications
destinées à la jeunesse

Mise en pages : Dominique Guillaumin

ISBN : 978-2-07-063701-0
Numéro d'édition : 176680
N° d'impression : 102695
Imprimé en France
par CPI Firmin Didot

Dépôt légal : février 2011